国家社科基金
后期资助项目
GUOJIA SHEKE JIJIN HOUQI ZIZHU XIANGMU

语言冲突视角下非洲三国语言
教育政策研究

李 丹 著

科学出版社

北 京

内 容 简 介

　　本书是国内并不多见的同时囊括多个非洲国家的语言政策与规划专题研究,在后殖民非洲国家的复杂语境中展开多元、立体的考察与反思,具有鲜明独特的问题意识。本书选择三个具有代表性的撒哈拉以南非洲国家作为研究对象,探讨对象国的语言教育状况及语言教育政策和语言冲突的辩证关系,揭示后殖民国家中前殖民语言和本土语言的权力关系及各语言群体间的博弈态势,提出语言政治化、精神殖民化、教育精英化、语言选择国际化等趋势是现阶段后殖民非洲国家语言冲突背后的推动力量,重视对象国语言教育实践的启示效应。

　　本书的读者群体包括语言政策与规划研究方向的硕士研究生和博士研究生、学习非洲语言或国际关系的高年级学生、从事中非研究的学者及任何对非洲社会和文化感兴趣的读者。

图书在版编目(CIP)数据

　　语言冲突视角下非洲三国语言教育政策研究 / 李丹著. —北京:科学出版社,2022.3
　　ISBN 978-7-03-071693-4

　　Ⅰ. ①语… Ⅱ. ①李… Ⅲ. ①语言教学-教育政策-研究-非洲
Ⅳ. ①H09

　　中国版本图书馆 CIP 数据核字(2022)第 034246 号

责任编辑:王 丹 赵 洁 / 责任校对:贾伟娟
责任印制:徐晓晨 / 封面设计:蓝正设计

科 学 出 版 社 出版
北京东黄城根北街 16 号
邮政编码:100717
http://www.sciencep.com
北京建宏印刷有限公司 印刷
科学出版社发行 各地新华书店经销
*

2022 年 3 月第 一 版 开本:720×1000 1/16
2022 年 3 月第一次印刷 印张:14 1/4
字数:256 000
定价:98.00 元
(如有印装质量问题,我社负责调换)

国家社科基金后期资助项目
出版说明

　　后期资助项目是国家社科基金设立的一类重要项目，旨在鼓励广大社科研究者潜心治学，支持基础研究多出优秀成果。它是经过严格评审，从接近完成的科研成果中遴选立项的。为扩大后期资助项目的影响，更好地推动学术发展，促进成果转化，全国哲学社会科学工作办公室按照"统一设计、统一标识、统一版式、形成系列"的总体要求，组织出版国家社科基金后期资助项目成果。

全国哲学社会科学工作办公室

序

　　语言政策国别区域研究有着极为重要的现实意义，对增进我们了解对象国的国情、语情、民情有不可估量的价值。非洲是一片我们熟悉而不熟知的土地。许多国家对我们而言是，知其国名而不知其国体，知其现状而不知其历史，知其困顿而不知其缘由，凡此种种。非洲国家历史上备受西方列强的侵略、掠夺、殖民和欺凌，在追求民族解放及独立的运动中，语言扮演着重要角色。毋庸置疑，研究非洲国家的语言政策（尤其是语言教育政策）能打开一扇透视其国情、民情及追求现代化的窗口。

　　在语言政策与规划学科创建与发展之初（20世纪六七十年代），西方学者和本土学者试图解决新兴国家的语言问题，谋求独立的非洲国家为该学科的实践和发展提供了丰沃土壤。非洲国家语言生活中的群体冲突与对立及各方利益的难以调和，在教育领域突出体现为本土语言和殖民语言间的博弈。独立后的非洲国家大多继承了殖民地时期的语言等级结构，语言教育政策延续了语言群体间的不平等。非洲国家内部语言冲突是多重因素共同作用的结果，是后殖民国家遭遇国际不平等秩序的形象脚注，亦是全球语言系统局部运作的缩影。

　　李丹博士的著作聚焦于南非、尼日利亚和坦桑尼亚的语言教育政策。三个国家虽不毗邻，但是有着值得探讨的共性（当然也有很大差异），正如作者在书中所述，"南非、尼日利亚、坦桑尼亚三国语言教育政策演变史折射出在语言冲突过程中，语言因素如何与其他社会变量交相呼应。后殖民非洲国家的语言冲突是英语全球化视野下，语言政治化、精神殖民化、教育精英化、语言选择国际化等多股力量共同作用的产物"。该书以李丹攻读博士学位期间的成果为基础，经后期精雕细刻打磨而成，是国内鲜见同时囊括多个非洲国家语言政策与规划的专题研究。

　　该书对后殖民非洲国家的复杂语境展开多元、立体的考察与反思，具有独特鲜明的问题意识，剖析南非、尼日利亚和坦桑尼亚的语言教育状况及语言教育政策和语言冲突间的辩证关系，揭示后殖民国家中前殖民语言和本土语言的权力关系及各语言群体间的博弈态势。李丹提出的语言政治化、精神殖民化、教育精英化、语言选择国际化等观点非常精辟地概括了南非、尼日利亚和坦桑尼亚三国的语言教育特点。

由于语言政策与规划学科理论尚处于探索阶段，目前学界没有提出一套自洽的、普遍接受的理论体系。为了打通社会学理论和语言政策与规划研究间的隔阂，李丹的著作根据非洲国情、语情和民情实际状况尝试在社会冲突理论基础上建构了语言冲突理论及分析框架，是对打破社会学和语言学之间学科壁垒的有益尝试。该书从政治、经济、历史、文化、教育、语言、民族、宗教等多重视角，探讨了诸多社会行为、社会关系及社会现象，将抽象的研究问题具体化，充实了理论研究。可以说，该书建构的语言冲突理论及分析框架能有效揭示非洲国家语言教育政策的两面性及语言冲突背后的多重影响因子，避免了论证过程以偏概全，做到了分析有理有据。该书的另一贡献是，通过国别对比研究生动展示了后殖民非洲国家，尤其是前英、法殖民地国家的社会语言状况，从特殊性中发现了隐含的规律性，探究了后殖民国家语言抉择和语言规划导向的共性与个性。

该书的问题意识为语言政策与规划研究提供了参考，系统描述了对象国语言教育政策制定和实施过程中目标无法调和的语言群体间关系，揭示了由此形成的语言失衡格局，深刻分析了语言群体博弈过程中语言政策所扮演的角色。该书关注了非洲国家的语言平等主义思想，即任何一种语言都应被视作可以有效利用的资源，语言政策需要尊重、支持并鼓励所有语言和谐共处，语言保护一定要建立在尊重文化多样性的基础之上。

该书视角新颖，可为语言政策领域的研究者、非洲问题研究者提供可资借鉴的参考，还可以帮助对非洲有兴趣的读者拓宽视野。

是为序。

戴曼纯

北京外国语大学中国语言文学学院

2022 年 1 月 18 日

目　　录

绪　论

从《圣经》中的巴别塔（Babel）神话和"示播列"（shibboleth）传说到中世纪法语凌驾于其他欧洲语言之上，从古希腊人把不会讲希腊语者视为"野蛮人"到近代美国的"唯英语"（English-only）运动，人类历史不乏语言群体互相接触继而敌视和斗争的场景。从语言本体层面考虑，世界上现存七千种左右的语言并无优劣之分，语言与语言之间不应存在等级关系。不同类型的语言可能处于不同的发展阶段，但每一种语言都能够充分满足使用者的交际意图。

西方国家炮制出的国际语言等级结构透视出欧洲中心主义（Eurocentrism）情结和意识形态。西欧各语言之所以能在亚洲、美洲、非洲、大洋洲及太平洋地区获得优势甚至强势地位，完全是 1492 年①开始的多股殖民浪潮所带来的西欧国家全球扩张的直接结果。这些语言拥有强大的政治和经济影响力，毫无例外，每种语言成功的背后都有军事力量的支持。进入后殖民时期，曾经的殖民国家又通过垄断国际货币基金组织、世界银行等国际金融机构，继续操控前殖民地国家。赤裸裸的经济掠夺和资本输出已不适用于当今世界局势，西方国家转而采用更为含蓄的文化输出，其中尤以语言输出最为常见。在中西方文化交融和交锋的当今世界，西方国家不断加大文化输出和思想渗透的力度，以维护西方主导的国际文化格局。英国、法国、德国、西班牙等国积极推动本国语言的对外教学与传播，在国外建立语言学习和文化学习基地，为开设本国语言课程的发展中国家或不发达国家提供语言教师培训或教材编写等帮助，以此确保本国语言在世界范围内继续享有话语主导地位。②

撒哈拉以南非洲（Sub-Saharan Africa）③是西方语言、文化和意识形态的主要注入地区之一。随着殖民者一同来到非洲大陆的是他们的语言，这

---

① 1492 年哥伦布远航美洲，使东西两半球会合，西方国家在全球范围内的殖民活动就此展开。

② 参见光明网：http://epaper.gmw.cn/wzb/html/2019-03/14/nw.D110000wzb_20190314_1-03.htm.

③ 撒哈拉以南非洲地区泛指撒哈拉沙漠中部以南的非洲地区，居民以黑种人占绝大部分，因此常被称为"黑非洲"或"热带非洲"。

些外来语^①自此在非洲语言版图上占据一席之地。在此之前，非洲地区的语言多样性格局已经形成。除博茨瓦纳、莱索托和斯威士兰等为数不多的语言同质（linguistically homogeneous）国家外，其他国家都呈现不同程度的语言马赛克化。语言与多重社会变量纵横交错，民族便是常见变量之一。民族构成成分复杂是撒哈拉以南非洲国家的常态，民族与语言的共生关系使得语言成为敏感的政治议题。在撒哈拉以南非洲国家，民族构成繁杂，相互矛盾错综复杂，人为赋予一种民族语言以国语（national language）^②或官方语言（official language）地位的做法，常常被视作将一个民族凌驾于其他民族之上，由此引发族际争端。语言特有标记民族身份认同的功能，是一个民族有别于其他民族的情感标记。语言与民族认同感相互关联、互相强化。因此，在讨论非洲民族问题时，必须将语言规划考虑在内，语言规划在一定程度上是民族身份认同规划。非洲各国在国家民族建构（nation-building）过程中，无一不需要处理语言与民族之间棘手且又无比微妙的关系。

20世纪60年代，多数非洲国家获得独立。几乎在同一时期，语言政策与规划（Language Policy and Planning，LPP）发展成为一门独立学科，将帮助新兴国家确立国语作为学科创立初始的核心目标。在早期西方语言规划学者眼中，语言同质性是现代化的重要标志，这一备受推崇的理想模式将非洲国家牢牢捆绑在西方语言政策参考框架内。深受西方思维定式制约，非洲国家普遍接纳"一个国家、一个民族、一种文化、一种语言"的一元化建国理念。在"语言作为问题"（language-as-a-problem）的导向下，语言多样性被视为导致国家分裂的潜在动因。外来语的所谓"中立性"特征被无限放大，甚至被标榜成缓和族际关系、彰显国家统一的完美选项。然而，非洲国家与西方国家拥有迥然不同的历史发展轨迹和语言现状，西方意识形态注定在非洲行不通。独立半个世纪有余，非洲国家非但未能迎来希冀中的"民主之花"绽放和经济腾飞，反而愈加依赖西方；外来语非但未能融洽民族关系、培养国族情感，反而成为导致社会阶层分化的因素

---

① 需要特别强调的是，本书提及的"外来语"专门用来指称前宗主国语言，即西方语言，是与"本土语言"相对应的概念。

② 国语通常是一个民族的标准语言，而官方语言是在正规场合进行严肃交流的语言。一般来说，一些国家的官方语言和国语基本等同，但也有不少国家的官方语言和国语并不是同一种语言。一般认为，国语可以在使用众多不同本土语言的族体中产生一种归属感，并有助于在各族体间形成一种平等关系，有利于构建和谐的族际关系（李文刚，2008）。国语的选择与确立有时是一种政治决策或带有某种情感色彩，与该语言的使用人数和通用程度并无直接关联，因此"国语"和"国家通用语言"两个概念并不等同。

之一。

通常情况下，基于个体在政治地位和经济地位上的差距，非洲社会可被笼统划分为精英阶层和非精英阶层。两大阶层在言语库（linguistic repertoire）储备上存在明显差异：作为一个跨越民族界限的群体，精英阶层从殖民者手中接过国家权杖，并依靠垄断前宗主国语言建立特权地位，他们常被称为"拥有黑色皮肤的非洲白人"（the black white men of Africa）；相较而言，非精英阶层缺乏外来语知识储备，并很可能由此失去个人发展和向精英阶层流动的机会。作为决策者的精英阶层，其语言决议使得一部分人从中受益，另一部分人丧失特权、地位和权利。与此同时，决策层深切意识到教育具有传播并塑造意识形态的巨大潜能，遂借此实现了一个阶层对另一个阶层的隐性压迫。外来语有助于各民族精英阶层间的横向融合，却不利于民族内部社会阶层间的纵向融合，且横向融合大有超越纵向融合的潜力。

政治实体通常借助语言政策以协调内部若干个语言群体间的关系。必须指出的是，语言政策不仅仅局限于法律文本或法规，而是一个观念体系，是许多与语言相关的构想、主张和态度。国家宪法中与语言和语言使用相关的法律文本构成语言政策的最高形式。除宪法外，语言政策大致可分为两种类型：一是政策内容并非专门与语言相关，仅能满足有限需求，往往是其他类型政策（如移民政策）的附属品；二是系统正规且专门针对语言问题的政策（Ingram，1989）。据统计，在世界 186 个国家和地区中，有 26 个国家的宪法没有语言立法的内容（苏金智，2018）。官方语言政策既可能具有实际法律效用，也可能仅仅表达象征意义；既可能以改变现有语言状况为目的，也可能意在安抚各语言团体，避免语言矛盾。语言政策有时是一把双刃剑，在语言多样性特征显著、社会结构复杂的国家和地区，语言政策的"双面性"特征得以最大限度地发挥作用。

在教育领域，如何设置教学媒介语往往成为各方关注的焦点，原因在于语言是教育和发展进程中的核心要素，极有可能成为个人获取知识、接受教育和建构知识体系的障碍。任何教育的成功都以教学媒介语的可理解性（comprehensibility）为前提。教学媒介语不仅用于传授知识、实现知识的生产与再生产，而且承担着塑造和培养社会所需人才的重任。因此，选择和确定教学媒介语成为教育领域最为复杂的话题之一。能力和教育与语言紧密相关，只有通过语言，教育才能实现，教学内容才能传达给学习者。因此在多语国家中，如何选择教学媒介语的问题至关重要，因为在多语言环境中，选择教学媒介语的尝试有时很难达成令大多数人满意的结果。正因为非洲各国教育领域中的语言问题十分突出，且极有可能引起政治反应并影响个人的生存境遇，所以用以规范教学媒介语选用的语言教育政策（language-in-education policy）才特别值得深入探究。

语言政策诞生于真实的语言生活，本书期待透过这扇窗，深入探究非洲国家中语言与民族、种族、阶层等多重社会变量的共变和异变关系。语言政策研究往往以国别研究为突破口，本书之所以选择南非、尼日利亚、坦桑尼亚作为对象国，原因之一在于三国语言生活特色极其鲜明：南非种族矛盾尖锐，语言政治化倾向明朗，现行 11 种官方语言仍无法消弭民众的语言不安全感；尼日利亚民族关系紧张，主体民族相互倾轧，国家通用语问题悬而未决；坦桑尼亚本应成为非洲大陆最有希望实现教育本土化的国家，虽在本土语言推广方面卓有成效，却最终难逃"教学媒介语危机"。原因之二在于三国分别为南部非洲、西非和东非地区极具代表性的国家，其政策导向定会对周边国家产生巨大的辐射作用，有望借此提升本书的区域研究意义；同时三国均为前英属殖民地，相似的殖民经历和语言政策导向造就了英语和本土语言间的非对称关系，横向比较有助于透视英语全球化背景下前英属殖民地国家的语言抉择及参与这一过程的若干个影响因子。

第1章 现实与理论背景

语言问题看似简单，实则错综复杂，其与政治学、社会学、教育学、民族学、人类学、历史学等学科均有所关联。国别语言政策研究的相关资料通常包括超国家层面、国家层面和地方政府层面的官方文件和法律文本，国际或区域组织的调研报告以及语言政策与规划学科领域内的学术文献。本章通过分析和解读上述资料，深入探讨与语言教育密切相关的各种社会行为、社会关系及社会现象，并在此基础上，搭建研究框架，开展研究设想。

1.1 非洲三国的标本意义

国外学界针对三国语言教育政策的国别性研究起步较早，大多遵循历时维度，以政治历史事件为时间节点划分政策演变的各个阶段。国内相关研究起步较晚，研究成果相对有限。本节首先以国别为划分依据，进而依据对象国语言教育实践过程中的政策导向调整和标志性事件，进一步细化整理相关文献。

1.1.1 种族隔离制度影响下的南非

南非种族隔离制度虽已退出历史舞台，其消极影响却未消散，语言教育问题依然能够煽动起本国黑人民众的极端情愫。种族隔离制度结束后，南非政府倡导践行多语制，但这仍无法消除黑人学生家长对本土语言教育的敌视与警觉。据此，本小节划分为本土语言教育和多语教育两部分：本土语言教育是南非语言教育政策研究中无法回避的话题，多语教育实践则越来越呈现出英语单边主义倾向。

1. 本土语言教育的消极联想

与本土语言教育相关的文献占据南非语言教育政策研究的较大比重，研究者普遍关注种族隔离制度对本土语言教育及南非民众语言态度的消极影响。谢帕德（Shepherd，1955）言辞尖锐地指出，白人在种族隔离时期倡导的语言教育模式，其实质在于将黑人永远置于被奴役的底层，语言由此沦为实现阶级压迫的工具。多位研究者（Alexander，2003b；Bekker，2005；Dalvit et al.，2009；Heugh，2000；Kamwangamalu，2004；Lafon，2009；Mclean，1999）刻画了南非民主政府成立后，本土语言教育政策实施不力的诸多表现，如本土语言教学实践仅限基础教育前三年、本土语言教师极度缺乏、高等教育无视本土语言等。其中大多数研究者（Kamwangamalu，2003；Lafon，2009；Mclean，1999；Novick，2009；Prah，2006；Webb，1996）指出，这些现象一部分归因于接受过西式教育的统治精英缺乏改变现状的意愿，另一部分则归因于黑人民众对本土语言教育的敌对情感，这种消极情绪体现了种族隔离制度对南非社会持久且负面的影响。选择教学媒介语、协调英语和本土语言间关系、有效落实多语制是南非各级学校需要面临的一系列问题。

针对这些问题，布洛克-尤特等（Brock-Utne，2007；Dalvit et al.，2009；Soudien，2010；Parker et al.，1999）认为任何指责非洲本土语言不适用于教学的观点都属无稽之谈，实现本土语言和英语地位平等是双语教育成功的关键所在。另有研究者从不同角度为民主新南非的教育理念出谋划策，如休（Heugh，2000）详细分析了与双语教育和多语教育相关的多个错误理念，并指出这些误解源于本土语言群体对母语教育的消极联想；卡姆万戈玛鲁（Kamwangamalu，2004）认为只有"清洗"掉劣等耻辱的烙印，本土语言才能够真正登上与英语公平竞争的舞台；涅托（Nieto，2002）指出投资本土语言、提升其使用价值、目标群体积极参与等条件对提升本土语言地位、扩展其社会职能必不可少。

南非现行宪法规定了 11 种官方语言，其中包括 9 种本土语言。面对如此众多的本土官方语言，实现所有语言在教育领域内的均衡使用并非易事，有研究者便提议在各级学校、各教育阶段使用英语作为教学媒介语（Kola，2018）。出人意料的是，本土语言母语者并不反感此类建议，他们虽然将本土语言视为身份认同的一部分，但面对学会英语能够获取的便利条件和资源，他们很难拒绝，这正是南非多语教育面临的最大困境（Hazeltine，2013；Heugh，2003；Mkhize，2018；Thiong'o，2019；Webb et al.，2010）。

2. 多语教育困境

为了与种族隔离制度划清界限、重塑国民的国家认同情感，民主新南非政府出台了一系列语言法律和语言教育政策，其中包括 1996 年《南非共和国宪法》（Constitution of the Republic South Africa）、1996 年《南非学校法第 84 号令》（South African Schools Act No. 84）、1997 年《南非语言教育政策》（Language in Education Policy of South Africa）、2002 年《南非高等教育语言政策》（Language Policy for Higher Education of South Africa）、2004 年《发展本土语言作为高等教育教学媒介语》（The Development of Indigenous African Languages as Mediums of Instruction in Higher Education）、2014 年《学后教育与培训白皮书》（The White Paper for Post-school Education and Training）等，努力打造一个多语并行、种族平等的社会氛围。

然而，多年沿袭下来的英语传统使得民众对英语大加追捧，以本土语言为核心、英语和本土语言并行的多语教育难以顺利开展。南非语言教育面临两难境地，英语成为阶层分化工具，黑人学生在后殖民教育系统中被迫"他化"（othered）（Alexander，1999a；McKinney，2010；Soudien，2009）。诺威克（Novick，2009）将英语教育和多语教育视为"胁迫"（coercion）与"选择"（choice）的辩证关系，强调两种教育模式并非相互排斥，而应互为补充。面对多语教育政策实施不力的状况，研究者纷纷献计，多以协调英语和本土语言间关系、扩展本土语言功能域和使用域为出发点。巴尔克赫伊曾和高夫（Barkhuizen & Gough，1996）主张重新审视民主新南非教育领域中英语的角色和地位，英语不应再是一种特权语言；苏狄恩（Soudien，2010）发现多文化教育（multicultural education）有望纠正种族隔离制度犯下的错误；亚历山大（Alexander，2003c）则探讨了非洲复兴、本土语言与高等教育的关联性，强调在当今世界语言系统中，本土语言用于高等教育是非洲复兴的关键所在。

近年来，国际社会对语言权利和语言资源保护的倡议逐渐增多。即便如此，多语教育在南非依然是一个具有较大争议性的话题，尤其是在高等教育中，本土语言在高等教育中的"合法性"常常遭到质疑（Balfour，2010；Hill，2019；Maseko，2014）。一些高校，如开普敦大学（University of Cape Town）、夸祖鲁-纳塔尔大学（University of KwaZulu-Natal）、比勒陀利亚大学（University of Pretoria）、斯坦陵布什大学（Stellenbosch University）等纷纷出台了与本土语言教育相关的语言政策。

国内南非研究较多关注种族隔离制度对南非政治格局、经济发展、民族关系、社会态势、教育公正性等方面的影响，如陈庆安和王剑波（2009）、庄晨燕（2013）、刘晓绪和陈欣（2015）、杨立华（2015）、马正义和谭融（2016）、王昊午（2017）、尚宇晨（2018）、公钦正和薛欣欣（2019）等，语言常常是被忽视的一个方面。国内与南非语言政策相关的研究屈指可数，中国知网上仅能查询到牛长松（2011）、杜韡和王辉（2012）、王亚蓝和杨涛（2014）、梁砾文和王雪梅（2018）、马秀杰（2019）、王辉和杜鞯（2019）等学者的论文，且均在不同程度上欠缺系统性。由此可见，开展南非语言教育政策的系统性研究十分必要。

在对文献梳理后发现，南非语言教育政策研究普遍以种族隔离时期为分水岭，划分为本土语言教育和多语教育两个历史阶段。前一阶段的政策导向直接影响后一阶段政策的制定与实施。相关研究大多以描述事实、勾勒历史、罗列语言事件为主，对语言事实的理论性阐释显然不足。

1.1.2 大族语言视野下的尼日利亚

在尼日利亚，民族作为一个社会变量，具有极强的支配力，民族语言由此被赋予了不同的政治含义。对于拥有 250 多个民族、500 多种语言的尼日利亚而言，三大主体民族、主体民族与少数民族及各少数民族间关系始终影响并制约着该国语言法律、语言政策以及其他各类社会政策的制定与实施。作为尼日利亚独立后最为重要的教育政策，1977 年《国家教育政策》（National Policy on Education，NPE）倡导母语教育和多语教育，但就其后续实施效果而言，收效甚微。

1. 母语教育政策

母语教育政策是尼日利亚语言教育的基石，吸引了众多研究者关注（如 Bamgbose，1983；Adegbija，1989；Adegbite，2011；Akinnaso，1991，1993；Awobuluyi，1998；Obanya，1998；Adegoju，2008a；Igboanusi，2008；Ihemere，2009；Orekan，2010；Ugal，2011；Imam，2012；Ojetunde，2012；Olagbaju，2014；Uwajeh，2019）。易米尔（Ihemere，2009）肯定了母语教育对国家和民主事业蓬勃发展的预期贡献。另有研究者（Bamgbose，1983；Obanya，1998；Ojetunde，2012）对尼日利亚创新试行的"伊夫六年基础教育工程"（Ife Six Year Primary Project）（简称"伊夫工程"）和"河流州读者计划"（Rivers Readers Project）①等举措大加赞赏，同时也提醒留意政策实施过程中拖沓、半途而废等不良倾向。阿金那索（Akinnaso，1991）一针见血地指出尼日利亚母语教育政策本质上是过渡性质的双语教育（transitional bilingual education）政策，以实现本土语言过渡到英语为最终目标。究其原因，研究者从多个层面探讨了这一问题。阿金那索（Akinnaso，

---

① "河流州读者计划"由河流州政府在建州不久后发起，旨在为州内小学提供尽可能多的本土语言读物和学习资料，保证儿童能够在具备英语阅读能力之前养成母语阅读的习惯。该计划旨在将州内 34 种语言/方言全部用于基础教育前两年除英语外其他科目的教学。

1993）认为母语概念的模糊性、其他非语言因素的作用、精英阶层对母语教育的逆反情绪以及英语不断提升的象征性价值等因素导致了母语教育政策实施状况不容乐观；其他研究者（Igboanusi，2008；Orekan，2010；Olagbaju，2014）则从现行政策实施方案不详、内容模棱两可、教学资源匮乏、语言标准化程度不高、消极语言态度等方面呈现出尼日利亚语言教育的混乱局面。除此之外，也有研究者（Imam，2012；Iwara，2019）从宏观的社会、政治因素出发，指出政局不稳、军人长期执政、政权频繁更迭等因素均阻碍了本土语言教育的顺利开展。

至于如何解决这一问题，研究者纷纷献计献策。阿德尼仁（Adeniran，2019）指明本土语言学习与消除贫困之间的关联，认为只有语言与人的生存需要紧密结合才能实现语言在真正意义上的发展；阿德比贾（Adegbija，1989）提议摆脱语言政策制定和实施过程中的惰性，将母语教育延长至中等教育阶段，创造性地提出历时 30 年的"五步走"实施方案；阿沃布鲁伊（Awobuluyi，1998）指出英语教学和本土语言教学间的矛盾是教育系统中最为突出的问题，即便如此，政府依然不能采取高压语言政策；阿德高竹（Adegoju，2008a）号召政府部门、机构相互合作，强调目标语言群体的广泛参与是拯救本土语言的关键所在；阿德比特（Adegbite，2011）建议实行双语政策，建立本土语言为主、英语次之的双语格局，并就《国家教育政策》和宪法中的语言条款给予建议性修正。当然，各级教育机构通力合作、政府加大对私立学校的监管力度、设计本土语言正字法、培训本土语言教师、丰富教学资源等举措都将有力保障母语教育顺利开展（Olagbaju，2014）。

2. "他语"教育政策

学者萨拉米（Salami，2004，2005）将《国家教育政策》中要求学生除母语外，另学一门主体民族语言的规定称为"他语"政策（"other tongue" policy）。学界对此早有关注，阿德比特等研究者（Adegbite，2011；Adegoju，2008b；Akinnaso，1989，1991；Egbokhare，2001；Ibekwe，2006；Olagbaju，2014；Oyetade，2003；Ufomata，1999；Ugal，2011）主张采用循序渐进的方法鼓励其他民族学习主体民族语言，最终实现一种语言胜出当选国语。

然而，其他研究者却对此持不同观点，他们并不看好这项政策，如奥伊拉然（Oyelaran，1988）担心推广主体民族语言会在非主体民族中产生排斥；阿德比贾（Adegbija，1994a）提醒语言群体间彼此猜疑所产生的语言偏见和敌视情感会直接影响语言学习，甚至引发语言冲突；阿沃布鲁伊

（Awobuluyi，1998）则深入探讨了"他语"政策的有失明晰之处，并指出政策内容上的模糊性极易导致政策实施不力。奥拉格巴竹（Olagbaju，2014）支持上述观点，并指出在私立学校中开展多语教育更是举步维艰。

当然，在一些持中立观点的研究者看来，"他语"政策旨在解决尼日利亚的"国语难题"，虽颇具其实用色彩，却是对建立多语制度、实现民族融合和国家统一的有益尝试（Ajulo，1995；Awobuluyi，1998；Bamgbose，1992；Igboanusi，2008；Iwara，2019；Mustapha，2010；Orekan，2010；Oyetade，2003）。在这一过程中，前殖民语言英语、尼日利亚英语变体及一度备受青睐的法语能否实现相同目标也在一定程度上引发了关注（Adeniran，2005；Afolayan，1984；Iwuchukwu & Iwuchukwu，2018；Omoniyi，2003）。

国内学界对尼日利亚民族问题的关注由来已久，相关文献并不鲜见，其中偶有对该国语言政策片言只字的阐述，如蒋俊（2012）、于春洋（2017）等。以语言问题为主要切入点的文献包括李文刚（2008）、孙晓萌（2009）、李丹（2017）、张荣建（2017）等，为数不多的期刊文章可借鉴性不足。由此可见，国内对尼日利亚语言教育政策的研究仍有较大的空白需要填补。现有研究十分贴合尼日利亚"民族中心性"这一社会现实，却在较大程度上忽视了社会阶层这一社会变量。精英阶层是一个超越了民族界限的群体，尼日利亚社会状况和语言状况纷繁复杂，阶层间的纵向关联同样值得深入探讨。

1.1.3 "教学媒介语危机"笼罩下的坦桑尼亚

相较南非和尼日利亚，坦桑尼亚语言生活和谐，这在很大程度上归功于斯瓦希里语所发挥的族际通用语职能。在撒哈拉以南非洲地区，坦桑尼亚是最有希望实现教育本土化的国家。然而独立至今，英语逐渐侵占斯瓦希里语的使用空间，进而引发席卷全国的"教学媒介语危机"。

1. "教学媒介语危机"

坦桑尼亚政府自诩以双语教育政策为特色，并要求学生同时学习斯瓦希里语和英语。然而，斯瓦希里语在教育领域内的应用程度远落后于英语，这一劣势突出体现在教学媒介语选择过程中。实际上，斯瓦希里语已经具备了作为各教育阶段教学媒介语的潜质，但在实际教学实践中，斯瓦希里语教学仅限基础教育阶段，这便是严重阻碍坦桑尼亚实现教育本土化的"教学媒介语危机"。

坦桑尼亚语言教育政策研究大多与教学媒介语转换以及由此引发的

诸多争议相关。多位研究者（bin Kassim，1991；Biswalo，2011；Blommaert，2005；Brock-Utne，2002a；Kiango，2005；Rubagumya，1991；Petzell，2012；Qorro，2018；Roy-Campbell，1995）对这一现象表示不解与担忧。就教学媒介语争论而言，坦桑尼亚国内存在界限分明的亲英语派（pro-English）和亲斯瓦希里语派（pro-Kiswahili），社会各界（包括政府决策者、教师、学生家长和语言活动家）在教学媒介语选择问题上存有巨大分歧（Brock-Utne，2005，2007；Bwenge，2012；Mohr，2018；Neke，2002；Ngonyani，1995；Roy-Campbell & Qorro，1997）。

坦桑尼亚"教学媒介语危机"客观存在且影响深远，对其具体表现形式和深层次动因的挖掘工作不可或缺。布洛克-尤特（Brock-Utne，2007）以 LOITASA[①]项目的研究结果为依据，佐证了只有少数人能够成功驾驭英语，大多数人成为英语教育牺牲品的社会现实。在罗约-坎贝尔等（Roy-Campbell，1995；Rubagumya et al.，2007；Sumra & Rajani，2006；Swilla，2009；Tibategeza，2009；Vuzo，2018）笔下，坦桑尼亚中等教育深陷困境，政治决议完全凌驾于教学事务之上。比斯瓦罗等（Biswalo，2010；Brock-Utne，2002a；Qorro，2013；Swilla，2009；Vavrus，2002）认为，上述状况的根本原因在于如下四个方面：第一，自由化思潮席卷全球，国际环境并不利于斯瓦希里语积累语言资本；第二，西方国家借助经济援助干涉他国文化事务；第三，教学媒介语是精英阶层捍卫自身利益的工具，由此制定出的语言教育政策极易脱离实际需要；第四，相关政策条款内容自相矛盾，一面倡导各教育阶段使用斯瓦希里语教学，一面却鼓励将英语继续用作教学媒介语的实践。

2. 双语教育倡议

面对"教学媒介语危机"引发的诸多争议和不良影响，坦桑尼亚政府出台了一系列法律、政策、法规，重申了鼓励国民拥有双语能力、打造双语国家的重要性，具体包括 1995 年《教育与培训政策》（Education and Training Policy）、1997 年《文化政策》（Cultural Policy）、2003 年《教育部 2 号教育公告》（Education II Project）等。

双语教育有望缓解"教学媒介语危机"，然而对本土语言根深蒂固的偏见增加了实际操作难度。民众普遍混淆"教英语"（teach English）和"使用英语教"（teach in English）这两个概念，并认为英语教学和英语学习间

---

① LOITASA，即 Language of Instruction in Tanzania and South Africa 的英文缩写，是一个专项研究坦桑尼亚和南非教学媒介语及语言教育状况的科研项目。

不存在必然联系（Qorro，2007；Rubagumya，1991）。提巴特盖泽和杜·普莱西斯（Tibategeza & du Plessis，2010）从更为宏观的角度，将双语教育实施效果不佳的原因归结为国民对本土语言的消极态度和精英阶层维护特权再生产的企图，并创造性地提议"均衡双语教育模式"（50-50 bilingual education model），即在基础教育和中等教育阶段同时使用英语和斯瓦希里语作为教学媒介语。双语教育失败的多个缘由包括政策制定与实施间存在断层、政策条款内容欠缺明确性和指导性、政府一意孤行、统治阶层缺乏政治意愿、误读双语教育的基本概念等（Saronga，2019；Tibategeza & du Plessis，2012）。至于如何走出这一困境，研究者（Rubanza，1996；Sumra & Rajani，2006；Tibategeza & du Plessis，2010）纷纷给出创新性提议。鲁班扎（Rubanza，1996）构建了三层（three-tier）语言政策模式，具体表现为小学和中学使用斯瓦希里语用作教学媒介语、英语作为教学课程，并有选择性地将其他本土语言用于基础教育前四年。萨姆拉和拉贾尼（Sumra & Rajani，2006）则提议选择几所私立、公立中学作为先导对象，在其中开展斯瓦希里语教学，观察教师和学生的课堂表现，并邀请社会各界就相关问题开展基于可靠证据的公开讨论。

国内与坦桑尼亚语言政策相关的研究并不多见，中国知网上仅能查询到包括李丹（2017）、徐丽华等（2019）、魏媛媛（2019）、杨西彬和徐丽华（2020）在内的期刊文章及魏媛媛在 2013 年完成的博士学位论文。国内外研究者虽从多角度剖析了英语为何能够在教育领域击败斯瓦希里语，但整体研究导向依然缺乏理论聚焦，单纯描述语言历史和语言现实无法清晰地展示出语言因素与非语言因素间的关联。

将上述文献梳理后发现，"不和谐"（disharmony）局面普遍存在于三国语言生活中。这种不和谐并非源于语言之间的不可相容，而是产生于语言群体间的冲突与对立及群体利益的难以调和。在三国语言教育政策现有研究中，研究者普遍欠缺理论意识。究其根本原因，恐与语言政策与规划学科理论基础薄弱，对社会生活和社会语言问题调查、研究不够，对有些问题的论证不够充分等密切相关（陈章太，2005）。在相关文献中，对语言事实和政策内容的介绍性文字占据大幅空间，偶有提及政策制定和实施过程中的诸多不利因素，却也未曾尝试寻找适宜理论对语言群体间动态关系展开深入剖析。正因为如此，大多数研究缺乏对语言因素和其他社会变量间作用与反作用的详尽分析。

英国学者约·雷克斯（Jo Rex）认为，对于任何一个进行政治和社会学研究的人而言，功能主义[①]可以说是特别无足轻重的，研究者应该着眼于相互冲突地位中的各个集团。[②]这是一种转变研究取向的倡议。事实上，冲突视角不仅适用于南非，而且适用于整个非洲大陆。非洲国家深受殖民历史和后殖民时期对西方的依附情结困扰，在教育领域突出地体现为本土语言和前殖民语言间的博弈，语言选择变得尤为敏感，"语言冲突"字眼常被弱化，并委婉地表达为"语言问题"（Wolff，2006）。这种粉饰语言冲突的做法并不可取，冲突局面必须得以正视、深挖和探寻，但就语言政策与规划学科的研究现状而言，尚不存在可行性理论用以阐释语言群体间的对立和不平等关系。正因为如此，本书计划建构可行性理论框架，进而解构非洲国家语言教育政策制定与实施过程中多股势力交织及语言和多种非语言因素之间的相互作用。以此为目的，如下与理论相关的设想得以萌生。

1.2　有关语言冲突的理论探索

作为一种社会现象，语言冲突是一个动态过程。研究者不仅需要充分描写冲突现状，还应透过已存在的语言事实，追溯冲突产生的历史渊源，明晰其现象表征，预测其未来走向。因此，本书设想建构这样一个框架：既能理清语言冲突产生、发展、弱化的全过程，又能阐释语言冲突、语言教育和诸多社会因素间的辩证关系，发掘语言教育的本质和语言政策的作用机制。

鉴于此，最初的设想涵盖如下两方面内容：其一，选择冲突视角，全面描述对象国语言教育政策制定和实施过程中目标无法调和的语言群体间关系以及由此形成的语言失衡格局；其二，在语言事实基础上，找寻一种理论用以诠释语言冲突背后隐藏的非语言变量，实现对语言群体博弈过程中语言教育政策所扮演角色的分析与讨论。前一设想是后一设想的事实依据，后一设想是前一设想的理论升华。

---

① 需要强调的是，社会冲突论诞生之前，社会学领域中的结构功能主义流派盛极一时。以塔尔科特·帕森斯（Talcott Parsons）为首的社会学功能论者将整个社会看作一个系统，内部各部分相互依赖，共同协作达成平衡。20 世纪 60 年代后，随着世界格局变动，冲突现象越来越受到西方社会学界的广泛关注，社会冲突论由此诞生。在功能论者认为一派祥和的地方，冲突论者却视其为角斗场。与强调稳定、持久、秩序的社会学功能主义不同，社会冲突论以社会变迁为理论导向，将社会冲突视为社会变迁的原动力。

② 参见 Boundless Sociology 网：https://courses.lumenlearning.com/boundless-sociology/chapter/theoretical-perspectives-in-sociology/.

综合考虑多方面因素，社会冲突理论是一个不错的选择。具体原因如下：一方面，社会学领域中的冲突研究已十分成熟，语言作为社会产物，社会冲突研究必然对语言冲突研究具有借鉴意义，可在一定程度上解救语言冲突研究于"无源之水"的理论困境；另一方面，语言政策与规划研究又作语言社会学，语言政策本是一道社会命题，规划语言就是规划社会，只有好的社会变革理论才会产生好的语言规划理论（Cooper，1989）。社会冲突理论便是关于社会变革的理论，以社会变迁为理论导向（宋林飞，1997）。将建构在社会冲突理论基础之上的语言冲突理论框架具体应用在语言政策与规划研究中，有望满足研究者对现实考察和理论价值的追求。

1.2.1   社会冲突理论

社会学界普遍认可德国社会学家马克斯·韦伯（Max Weber）是社会冲突理论的早期创立者之一，他分析社会的多维视角和对权力、权威、社会变迁的强调为冲突论的发展奠定了坚实基础（于海，2010）。权力（power）、权威（authority）、支配（dominance）、合法性（legitimacy）、地位群体（status group）等概念是韦伯社会学思想的核心概念，其中体现出的"权力中心说"是社会冲突理论的核心所在。韦伯的社会学著作大多为德语版本，但其代表作品已被后人翻译成英文。格斯和米尔斯（Gerth & Mills，1946）两人将韦伯用德文发表的论文翻译成英文并编辑成《马克斯·韦伯社会学文集》出版，其中收录了韦伯在社会学方面的主要经典著作，内容涉及政治、权力、宗教和社会结构四部分。罗思和维迪西（Roth & Wittich，1978）将韦伯最为重要的作品《经济与社会》译为英文出版，此书涵盖了宗教、经济学、政治学、公共管理、社会学等多个主题，其中对于权力及其合法性、权力角逐的探讨成为学界了解韦伯冲突理论的主要渠道。《韦伯社会学理论》（Collins，1986a）与《马克斯·韦伯：一把万能钥匙》（Collins，1986b）两部专著专辟章节就权力合法性问题深入诠释，强调韦伯将合法性视为权力争夺过程中占据中心地位的一种资源。

韦伯之后的社会学家继承了韦伯的思想，普遍将冲突视为社会常态，重视权力合法性、权力分配以及权力格局调整的研究。德裔英国社会学家拉尔夫·达伦多夫（Ralf Dahrendorf）是韦伯众多追随者中最广为人知的一位。他主张采用广义冲突观，充分认可冲突的普遍性。在其代表作《工业社会中的阶级和阶级冲突》一书中，冲突不仅可以指群体间激烈交锋，也包含任何目标不相容群体间的非和谐关系。冲突群体（conflict groups）最初的存在形式是社会群体，当社会群体意识到群体间存在权力分配不均的情况并质疑权力合法性时，这便是冲突群体形成的前提条件（Dahrendorf，1959）。与达伦多夫同时期的美国社会学家刘易斯·A. 科塞（Lewis A. Coser），其代表作《社会冲突的功能》开辟了社会冲突类型和功能研究的先河。在科塞看来，社会冲突是常态，其功能和可能产生的影响是不可或缺的观察视角（Coser，1956）。随着冲突理论逐渐发展成熟，这一理论开始应用在其他领域中，产生了许多交叉学科，如教育社会学。兰德尔·柯林斯（Randall Collins）是教育社会学冲突流派的杰出代表，他继承了韦伯社会学理论中的"地位群体"概念，将学校教育比作不同地位群体争夺利益的竞技场（Collins，1979）。法国社会学家皮埃尔·布尔迪厄（Pierre Bourdieu）进一步将"权力"概念具体应用，在其代表作《再生：谈论一种关于教育体系的理论》《区隔：品味判断的社会批判》《语言和象征权力》等中，详尽地诠释了教育场景中的语言选择和语言使用，通过文化资本（cultural capital）、生存心态（habitus）、场域（field）、象征性权力（symbolic power）等概念生动描绘了在特定社会背景下，优势语言转化为文化资本进而生成语言权力的过程（Bourdieu & Passeron，1977；Bourdieu，1986，1991）。

国内学界对社会冲突论的研究常见于教科书式的社会学书籍，其中包含冲突流派及其代表人物的主要观点。如《西方社会学思想史》（于海，2010）、《西方社会学经典读本》（谢立中，2008）、《国外社会学理论》（刘少杰，2006）等作品对韦伯、达伦多夫、科塞、柯林斯等冲突论社会学家的主要理念进行了总结陈述，这些著作为深入研究社会学冲突理论开启了最初尝试，成为本书最初的理论铺垫。国内学者还大量翻译国外作品，主要集中于国外社会学经典作品的译作和对代表人物主要观点的简要陈述与评价。其中，阎克文所译《经济与社会》（2020 年）、何蓉所译《马克斯·韦伯与经济社会学思想》（2007 年）等译作都是近年来研究韦伯社会学思想的经典力作。孙立平等译科塞的代表作《社会冲突的功能》（1999年）、林荣远所译达伦多夫①的作品《现代社会冲突：自由政治随感》（2000年）、邢克超所译布尔迪厄和让-克劳德·帕斯隆（Jean-Claude Passeron）的作品《再生产：一种教育系统理论的要点》（2021 年）、褚思真和刘晖所译布尔迪厄的作品《言语意味着什么——语言交换的经济》（2005 年）、陶东风所译戴维·斯沃茨（David Swartz）的作品《文化与权力：布尔迪厄

---

① 因翻译版本不同，Ralf Dahrendorf 也译作拉尔夫·达仁道夫。

的社会学》（2012 年）等译作都是有针对性地研究冲突论代表人物及其学术观点不可多得的宝贵资源。

除专著和译作外，国内研究经典冲突论的论文资源也十分丰富。马和鸣（1988）、朱志勇（1997）、李政涛（1997）、贺晓星（2006）、刘旺洪和徐梓文（2017）、陈涛（2019）等介绍了韦伯冲突思想在教育领域的具体体现。沃尔夫和郑欣龙（1983）、王彦斌（1996）、苑国华（2010，2011）、朱玲琳（2013）、张凤娟（2016）、伊竹（2018）等对达伦多夫的理论主张尤其是对冲突团体的形成过程进行了深入挖掘与探究。戴桂斌（2005）、金娜（2008）、霍韩琦（2013）、尹新瑞和王美华（2018）赞同科塞所提倡的辩证看待社会冲突的研究视角，尤其是社会冲突的"社会安全阀"功能，但同时指出科塞理论功能性痕迹过重，极易为他人所诟病。黄骏（2001）、熊俐嘉和宋鹭（2012）深入阐释了柯林斯所提出的"文凭社会"和"文化通货"概念。李全生（2003）、徐瑞和郭兴举（2011）、陈治国（2011）等深入解析了"文化资本"概念在教育社会学中的具体应用。

纵观国内社会冲突理论研究现状，不难发现研究高峰出现在近十几年，这说明我国社会学冲突理论研究起步较晚。从研究成果类型来看，多局限于对西方冲突理论家代表思想的转述和代表作品的翻译。本书期待以多位西方冲突理论家的理论为基础，从中提取出普遍适用的冲突构成要素，这对于即将开展的语言冲突研究必定大有裨益，这也是本书尝试并期望达到的理论高度。

通观国内外社会学研究文献，发现社会冲突理论往往受时代局限，研究背景单一，对冲突现象的分析往往拘泥于或依托于资本主义国家这一特殊背景。冲突理论家对资本主义社会发展进程中的特定阶段和特有现象进行聚焦式观察和探究，致使冲突理论内部整合性不强，解释力降低，导致理论"高高在上"，实际应用有限。因此，对普遍意义上的冲突开展研究则变得十分必要。国内外学术界对这一尝试显然不够，迫切需要整体性研究视域。国内首部语言冲突研究专著《语言冲突研究》（何俊芳和周庆生，2010）一定程度上填补了上述空白。该书对语言冲突若干理论问题进行了有益的分析与总结，选取了十几个语言冲突比较外化的国家和地区加以描述。针对该书存在的一些不足与遗憾，如对语言冲突构成成分涵盖不够全面，对语言冲突类型的认识有待进一步提升，对尚未外化为语言冲突行为的语言群体关系的描述不够充分，等等，本书从各家冲突理论提取出适用于社会冲突分析的各要素，又充分考虑了语言在社会生活中的重要性及特殊性，搭建起具有相对普遍应用价值的理论模型，并最终能够将理论框架再次应用于诠释某一社会场景中的语言冲突，从而完成"理论→实践→理论修正"这一理论升华与沉淀过程。

1.2.2　社会冲突理论的多个维度

多位冲突理论家由抽象到具体论证了社会冲突的诸多构成要素及其在教育场景中的发生机制和作用机制，据此可提取出普遍意义上的社会冲突构成成分，以搭建社会冲突分析框架。在此之前，必须对"冲突"概念加以界定。

1. "冲突"概念

明晰核心概念是应用一种理论的前提条件，冲突理论自然也不例外。然而，社会学界缺乏对冲突概念的统一认识，从根本上反映出研究者的研究取向。社会冲突研究包含五个核心思想：社会冲突普遍存在且能够产生益处；社会冲突的破坏性分等级；社会冲突包含相互冲突的社会结构；社会冲突可以转变；社会冲突并非一成不变，通常经历多个发展阶段（Kriesberg & Dayton，2011）。社会冲突构成一种社会关系，参与其中的两个或两个以上群体（或它们的代言人）相信群体间的目标不可调和（Kriesberg，1973）。麦克和斯奈德（Mack & Snyder，1957）认为冲突既包括争夺社会地位，也包含争夺稀缺资源和引起巨大社会变革的机会。海姆斯（Himes，1980）指出冲突是社会群体击败或消灭对手以获得地位、权力、资源或其他稀缺价值的有意识的斗争。冲突可被设想为一种社会场景，其中冲突参与者运用冲突行为，实现不相容的目标和/或表达某种敌意（Bartos & Wehr，2002）。冲突还可能源于冲突各方不同的价值观，当一方坚持让对方接受自己的价值观，而另一方对此颇有异议时，也会产生冲突。

在与冲突相关的概念中，竞争最为常见。路易斯·克里斯伯格（Louis Kriesberg）主张严格区分竞争和冲突，指出竞争中的人不会爆发冲突，他们可能并没有意识到自己处于竞争状态，往往争夺属于第三方而非对手拥有的东西（Kriesberg，1973）。科塞（Coser，1956）则认为，冲突是对价值和稀缺地位、权力和资源的争夺，在这一过程中，对立双方以破坏乃至伤害对方为目的；竞争中存在事先确定的标准用以衡量竞争双方并选出优胜方，但冲突双方间事先并不存在这种标准。换言之，相对于冲突而言，竞争更具有规范性和隐蔽性，其破坏性和影响力也要远远小于冲突。

然而，冲突与竞争间存在区别这一观点并未获得所有冲突论者的认同，达伦多夫便是反对者之一。在他看来，"冲突"概念涵盖竞赛、竞争、争论、紧张态势以及外显的碰撞形式。目标不相容通常是指双方都期待获得只有一方拥有的东西，在这种情况下，便可以说双方处于冲突关系中。普遍意义上的冲突概念并没有暗含任何对冲突强度或烈度的判断。严格区分冲突与紧张态势、冲突与争论、冲突与竞争等几组术语，倒也符合常规，但并不十分必要，因为"冲突"并非总是用来指社会力量间有形的碰撞。竞争不过是冲突的表现形式之一，是一种"得以调节的冲突"（regulated conflict）（Dahrendorf，1959）。冲突理论中最具争议性的话题之一便是冲突的界定问题。

　　虽然学界对"冲突"概念的界定不尽相同，却也包含一些共有因素。冲突既是包含两个或多个目标难以调和的群体在内的一种社会关系，又是获取某样东西的一种手段。所谓"东西"既可以是物质的，也可以是非物质的，如社会地位、权力、声望等，它们的唯一共同点便是稀缺性。冲突观有狭义和广义之分，达伦多夫是广义冲突观的代表人物。在广义冲突观中，冲突是一个包含从紧张状态到激烈碰撞行为等多种表现形式的连续统（continuum）。特纳（Turner，2004）曾评论说，一个人越是要证明社会矛盾关系普遍存在，他便越倾向于采用宽泛的冲突定义，这样对于冲突普遍性的论证也就相对容易得多。因此，选择狭义还是广义冲突观实际上反映出研究者对"冲突是否具有普遍性"这一问题的基本立场。

　　2. 冲突构成要素

　　标准的冲突分析框架通常包括冲突背景、原因、参与者、类型、功能以及调节等多个构成要素（Kriesberg & Dayton，2011）。各要素环环相扣，记录着冲突产生、发展、成熟到弱化的全过程。必须强调的是，这是将"社会冲突"这一概括性的伞式术语（umbrella term）具体化的过程，社会冲突将被具体化为带有不同特征的、不同类型的冲突。冲突作为一种普遍存在的社会现象，往往因两类物质而起：利益和价值。冲突双方可能会就资源或财产发生争吵，并相信他们获得的必须以牺牲对方的利益为代价。这些资源可能是物质资源如土地、资金、石油、水源，亦可能是社会资源，如社会地位或者不受他人干扰独立做出决定的能力。冲突还可能源于冲突各方持有不同的价值观。当一方坚持让对方接受自己的价值观，而另一方对此颇有异议时，也会产生冲突。上述有形或无形存在于社会群体间的资源差异或各群体间的价值观念差异、差异产生的历史背景、某一社会对待冲突的基本考量等，构成冲突发生的背景。

1）冲突原因

社会冲突论者普遍坚持"权力中心性"原则。权力通常情况下指的是个人或群体让另一方依照本人或本群体意愿采取行动的能力。权力可以通过强迫（coercion）的方式实施，也可以依赖于权力下级对行使权力者在某种程度上的认同感，认同后者的劝服而得以实施。换言之，权力指个人或群体让另一方依照本人或本群体意愿采取行动的能力，有时但并不总是违背对方意愿（Kriesberg & Dayton，2011）。权力也被认为是行为主体在社会关系中排除他人抗拒贯彻自己意志的机会，不论这种机会的基础是什么（Weber，1946；林格，2011）。也就是说，如果行为主体拥有将自己的意愿强加于他人的力量或能力，那么就可以说他拥有权力。卢梭曾指出，即使最强大的人也不会永远凌驾于他人之上，除非权力被转化为权利，顺从被转化为责任（Singh & Peccei，2004）。这段话揭示出权力若期待永远为他人接受，获得合法性的过程不可或缺。那么权力如何才能获得合法性呢？

韦伯十分关注权力合法性（legitimacy of power），在他看来，合法性是促使人们服从某种命令的动机，任何群体服从统治者命令的可能性主要依赖于他们是否相信统治具有合法性。如果他们相信统治是正当的，即拥有合法性，权力持有者的地位才能稳固（Weber，1978）。合法性在权力争夺过程中占据核心位置。韦伯对权力合法性的论述体现出浓厚的冲突情结，成为社会冲突论的理论基石。任何一个统治集团都会致力于将权力合法化，以巩固统治并实现权力的代际再生产。韦伯冲突论思想可总结如下：当被支配群体（dominated group）认为现存权力结构不再具有合法性时，其与支配群体（dominant group）爆发冲突的可能性增大；如果社会下层阶层向上层流动的概率较低，那么从属群体则更有可能质疑现存权力结构的合法性（Turner，2004）。

在韦伯社会学思想基础上，达伦多夫将强制（即行使权力）视为社会组织内部整合的主要原因。也就是说，社会正常运作主要依赖权力关系的强制执行，权力本质上具有强制性。一些社会角色总是被赋予支配另一些社会角色的权力，权力在社会角色间的不均衡分配是社会冲突爆发的决定性因素（Dahrendorf，1959）。达伦多夫的思想深刻反映出"权力中心性"原则，该原则构成本书理论框架的核心命题。权力差异存在于每一个等级组织和社会结构中，正因为如此，冲突不可避免。实际上，权力虽然可以通过胁迫的方式实施，却也可以依赖于权力下级对权力上级抱有的某种程度的认同感或认同观念而得以发挥作用。冲突一方有时将自己视为某个社会系统的代表，仅将对方视为这个系统的组成部分。然而，这种主张和观点有时会获得对方的认同，对方认可其拥有代表某一系统的合法权力。这种认同感常常导致从属群体处于一种进退两难的尴尬境地。

布尔迪厄将"权力合法化"过程延伸至文化领域。与政治、经济、军事权力等通过胁迫方式实施的权力不同，文化领域中的权力具有象征性，这种权力通过荣誉、地位和他人认可而获得。象征性权力是一种"无形"权力，由于被"误识"（misrecognize），从而被"认为"（recognize）具有合法性。"误识"意味着有意识主体错误认识了某一场域中的社会权力关系，是象征性权力发挥作用的关键。象征性权力以特定形式的认可或信仰为前提，致使处于权力等级结构低端的那些人也参与到让自己屈从于行使权力者的过程中来。他们在没有任何抵抗的情况下，或直接或间接地默认了权力与权力等级结构的合法性，无从看清权力等级结构是以满足某些群体的利益为最终目标。简言之，象征性权力若要成功施行，从属于权力者必须认可权力及行使权力者的合法性（Bourdieu，1991）。象征性权力是在实施者和承受者共谋的前提下存在着的一种暴力形式（Bourdieu et al.，1992）。作为一种无形权力，象征性权力具有合法化现存不平等政治、经济关系的能力，反映不平等的社会关系并有助于这种关系的代际再生产（斯沃茨，2012）。文化因素在决定并再生产社会权力等级结构过程中的作用比经济因素更为强大。

2）冲突参与者

通常情况下，人类具有的为他人和社会现象分类的能力，有助于分划出"内群体"（in-group）和"外群体"（out-group），允许个人依据他人与自己的相似性与非相似性对社会加以分类，这样的分类可能导致产生对"外群体"的成见和本群体中心主义情结，这两种情绪会最终引发冲突。个人或群体将本人或本群体视为优于他人或他群体的程度很大程度上决定了冲突的开展形式。冲突双方如何看待自己和对方是冲突的重要组成部分，宗教、民族、意识形态认同是相关观念构成的主要来源，也是身份认同冲突的核心部分。零和局面（all-or-nothing positions）较易滋生冲突。

在社会冲突中，冲突参与者可能以国家、民族、某一组织或个人为单位。抽象地说，冲突单位可进一步依照如下标准细化：冲突单位对本群体和他群体的观念、冲突各方界限的清晰程度、冲突单位的内部组织结构。这些特点不仅可以区分不同类型的冲突，还能够改变冲突的运行轨迹。冲突各方的界限通常依赖于社会标记，譬如服饰或方言。界限的清晰度对社会冲突的出现、发展轨迹和最终解决都具有重要作用。冲突各方常常就群体界限问题产生异议。如北爱尔兰的天主教徒，自认为是少数群体，受基督教徒和英国政府的压迫；北爱尔兰的基督教徒则认为在爱尔兰岛上，他们才是少数派，备感威胁。

冲突群体形成于社会权力关系之上。依据权力分配原则，整个社会被笼统划分为支配群体和被支配群体，形成具有等级性的社会结构。当被支配群体质疑支配群体的权力合法性，要求改变现有权力结构，而支配群体竭力维持现状，拒绝做出任何改变时，冲突便会爆发（Dahrendorf，1959）。质疑现存权力的合法性是冲突群体诞生的必要条件。

在韦伯社会学理论体系中，地位群体被界定为非经济因素作用于社会的产物。韦伯详细论述了地位群体的形成基础和表现形式。地位的典型基础是生活方式（包括正规教育），教养和教育造就了共同的生活方式（韦伯，2020）。韦伯将社会地位与教育、家庭传承联系起来，突出教育在地位群体转化为冲突群体过程中的工具性职能。柯林斯从冲突视角出发，聚焦学校教育中的地位群体，将教育发展（例如学校扩招）归因于地位群体对地位、声望和利益的争夺。布尔迪厄主张学校教育在塑造地位群体的过程中发挥一定作用，通常情况下，地位群体间冲突往往不会诉诸"明争"，更为常见的是"暗斗"。

3）冲突类型

社会学领域最早将冲突作为一种互动类型加以分类研究的是德国社会学家格奥尔格·齐美尔（Georg Simmel）。齐美尔在《冲突与群体关系网络》一书中论述如下。

> 假如冲突是由一个对象，由一种想拥有或控制某种事物的愿望，由愤怒或复仇引起的，那么每一种结果都可以用两种以上的手段获得……反之，在冲突完全由主观感情决定，内在能量只有经由战斗才能满足的情况下，其他手段的替代是不可能的；（冲突）本身就是目标和内容。
>
> （Simmel，1955；科塞，1991）

前一种冲突是实现某种目标的手段，后一种冲突本身即是目标。科塞随后将这一论述条理化和清晰化，以冲突现实性为分类标准划分为现实性冲突和非现实性冲突。现实性冲突仅仅是达到目的的一种手段；非现实性冲突则完全由一种寻求占有的进攻性冲动引发，至于占有什么无关紧要，冲突本身才是目的。非现实冲突并非旨在获取某种结果，而是要将进攻性能量发泄出来。冲突作为手段还是目标是区分两种冲突类型的核心标准。

每个社会系统中都包含现实性冲突的成分，若得不到释放，便可能转化为非现实性冲突。非现实性冲突往往对现实性冲突具有加强效应，二者共存会增加冲突强度（Coser，1956；科塞，1991）。

齐美尔继而以冲突单位为变量，将冲突分为群体内部冲突和群体间冲突（Simmel，1955）。社会学家普遍接受冲突用以区分我们群体（we-group）或内群体（in-group）与其他群体（others-group）或外群体（out-group）的观点（Coser，1956；科塞，1991）。因此，社会学中的"群体"概念十分具有包容性和延展性，可覆盖上至国家、民族，下至民族内部次级分支或更小规模的政治、文化实体或组织。

除齐美尔外，乔治·辛普森（George Simpson）依据冲突基础划分出了共有（communal）冲突和非共有（non-communal）冲突（Simpson，1937）。共有冲突以双方共同承认的基本目的为基础，具有整合性；当双方不存在共有目的，或双方认为无法找到能够使对方妥协的共有目的时，便会产生具有破坏性和分裂性的非共有冲突。换言之，当人们的分歧建立在一致基础上，产生共有冲突；当人们的一致建立在分歧基础上，产生非共有冲突。受此启发，科塞进而区分了发生在基本一致内部的冲突（conflicts within the basic consensus）与针对一致基础的冲突（conflicts over the basis of consensus）（Coser，1956；科塞，1991）。前一类冲突有助于消除双方关系中的分裂因素，重建统一；后一类冲突挑战双方的核心目标、利益和价值观，本身已构成分裂要素，冲突双方难以整合（Kriesberg，1973）。出于精简术语考虑，本书将这两类冲突简称为共识性冲突和非共识性冲突。

在冲突类型划分中，依据冲突领域的划分最为常见，包括经济冲突、政治冲突、民族冲突、种族冲突、宗教冲突、语言冲突等。然而，没有一种类型的冲突完全孤立于其他类型，各类冲突间总是有着千丝万缕的联系。经济、政治、民族冲突往往隐藏在语言冲突幕布之后，语言往往被赋予超过自身所能承受的重担。语言冲突往往由非语言因素引起，反映出更深层次的社会动因。

不难发现，社会冲突有时并不仅仅表现为一种类型，各种类型的冲突有可能叠加作用，但并不呈现在同一层面上。社会冲突可依据表现形式划分为隐性冲突和显性冲突。隐性冲突是显性冲突的预备阶段。在隐性冲突中，被支配群体还未形成群体意识，误识支配群体权力的合法性。冲突处于潜伏状态，但并不意味着群体间不存在不和谐和敌对情感。一旦被支配群体对权力合法性产生疑问，隐性冲突即有可能转化为显性冲突，具体表现为一方争夺权力，一方守护权力。冲突无处不在，隐性冲突比显性冲突更为普遍。隐性冲突转化为显性冲突的过程也是冲突群体形成的过程，是研究冲突动力机制的关键。区分隐性与显性冲突有利于明晰社会冲突如何从无到有，群体间关系如何从共存转化为对立。

社会冲突广泛存在，分类标准纵横交错，不同类型冲突相互交织。在某一地域或时间范围内，某类冲突可能比其他类型冲突的作用更为凸显。虽然研究者往往为满足研究需要而关注某一特定类型的冲突，但真实状况却更为复杂。

4）冲突的功能

受社会学功能派别影响，冲突一度被视为避之唯恐不及的反常现象。功能论者认为冲突打破了原有社会和谐，对社会发展有百害而无一利，应对其予以遏制和消灭。科塞打破了这一局面，他指出尽管冲突具有破坏社会整合、导致社会解体的消极功能，但冲突同样具有积极功能。实际上，科塞并非首位对此有所关注的社会学家。早在 20 世纪初，齐美尔就从社会交往的复杂性出发，反对社会只有协调没有冲突的观点（Simmel，1955）。通常情况下，冲突具有如下功能。

第一，冲突是社会关系的一部分，依赖人际关系而生。冲突为互不联系的群体建立起关联，有时甚至是建立联系的唯一方式，不可否认冲突在一定程度上可以促进群体交流。

第二，冲突具有群体聚合（group-binding）功能，一定程度的不一致、内部分歧和外部争论，都与最终将群体团结在一起的因素存在有机联系（Simmel，1955）。冲突既能够在群体间建立边界，确立群体身份；也可以经由不同群体建立一种平衡，维持整个社会系统。与外群体的冲突增强内群体成员的群体意识，只要外部威胁被认为是针对整个群体，内部冲突并不会妨碍对外部敌人的一切行动。在一定条件下，外群体不一定非得成为敌意对象才有利于内群体聚合，外群体成为仿效和表达不满的目标同样可以实现预期效果。在垂直流动制度化的社会中，较低社会阶层对较高社会阶层的敌意与后者强大的吸引力相结合，前者并非对后者真正拒绝，而是表示出一种"酸葡萄"心理（sour-grapes attitude）：被指责的正是暗中渴求的（Coser，1956；科塞，1991）。

第三，冲突具有"社会安全阀"功能，可以维持群体关系、净化空气、防止敌意累积（Simmel，1955；Coser，1956）。冲突是释放敌意的出口（outlet for the release of hostilities），如果不存在这样的出口，双方关系就会受到损害。社会结构僵化程度越高，越需要安全阀制度来避免不良情绪堆积。"社会安全阀"制度有助于阻止其他方面可能的冲突或减轻其破坏性，从而维护整个社会系统（Coser，1956；科塞，1991）。

第四，冲突导致新规则不断被创造，旧规则不断被改进。冲突创造出原有规范、规则不再适用的新环境，成为产生新规则、新规范的催化剂（Simmel，1955）。冲突导致原法律修改、新条款制定，进而产生与这种新规则或法律实施相关的新制度结构调整，使对手和整个群体对潜在的规范和规则产生自觉意识（Coser，1956；科塞，1991）。

第五，冲突具有建立并维持群体权力平衡的作用，最有效抑制冲突的办法即展示双方相对力量，冲突往往是展示实力的唯一途径（Simmel，1955）。冲突显然成为重要的社会平衡机制，冲突双方透过冲突确定各自实力，建立新的平衡，相互关系随之展开。冲突作为一个平衡机制有助于维持和巩固社会秩序（Coser，1956；科塞，1991）。

由此可见，冲突无论对群体内部还是群体间关系都具有积极作用。全面认识冲突需要采用辩证的视角，应以更加开明的眼光接纳和看待冲突，但这并不意味着鼓励冲突发生。冲突一旦发生，如何对其开展制度化调节值得深入思考。

5）冲突的调节

冲突论者认为冲突永恒存在，既不可能被消灭也不可能被彻底解决。冲突调节（conflict regulation）旨在调控冲突，实现冲突消极功能的最小化。

达伦多夫指出，冲突的有效调节至少应具备以下三个因素。第一，达成共识。冲突双方需认清冲突的必然性和现实性，承认冲突是社会权威结构的必然产物，并认可双方的分歧与对立（Dahrendorf，1959）。否认或以简单粗暴的方式压制冲突，只能使其暂时处于潜伏状态，一旦骤然爆发，后果更为严重。第二，建立谈判、仲裁、调停等机构。谈判并不总能保证解决社会冲突，还须建立第三方参与的仲裁和调停等机构。如协议不成，冲突双方还可诉诸这一机构，以此避免冲突激化（叶克林和蒋影明，1998）。第三，约定规则。冲突双方必须就如何处理相互关系制定正式的游戏规则（Dahrendorf，1959）。这些游戏规则提供了解决社会冲突的规范化制度，后可转化为稳定性制度（叶克林和蒋影明，1998）。冲突一旦得到有效调节，便可沿着对冲突双方和整个社会有益的方向发展。冲突调节机制有助于在一定程度上减弱冲突破坏性，平衡群体关系，促进社会整合。尤其是在冲突频发的国家中，冲突调节机制不可或缺。

综上所述，通过综合多位冲突理论家的核心思想，可以较为详尽地展示出社会冲突的核心概念和基本构成要素。库珀（Cooper，1989）认为，除非我们拥有关于社会变革的适当理论，否则永远不可能拥有适当的语言规划理论。社会冲突论是关于社会变革的理论，因此本书期待以社会冲突理论为导向建构语言冲突理论及分析框架，用以诠释对象国的语言教育政策，着眼于语言冲突和语言政策间的辩证关系，挖掘语言冲突的独特属性。当然，必须清醒认识到语言冲突不同于其他类型的社会冲突，语言也并非一般意义上的社会现象，避免对社会学理论生搬硬套是本书的基本出发点之一。若能借此丰富或修缮社会冲突理论，便是最大的理论收获。

1.2.3　具体实践操作

在梳理相关文献、展开研究设想的基础上，本书运用了文献分析法、个案研究法、归纳对比法、跨学科研究法，遵循共时和历时研究维度，全景考察非洲三国语言教育政策，纵向勾勒出政策的历时演变，横向对比突出国别研究、区域研究和类型研究的意义。所谓文献分析法，是一种通过收集和分析现有以文字、数字、符号、画面等形式存在的文献资料，借此探讨各种社会行为、社会关系及社会现象的研究方式（风笑天，2009）。按照信息加工程度分类，文献可分为一次文献、二次文献和三次文献。一次文献包括图书、期刊、论文、调查报告、会议记录、实验报告等，具有原创性；二次文献提供检索途径，研究者可以借此更快找到所要的东西；三次文献是在二次文献的基础上检索、筛选、综合分析而来。按照文献性质分类，可分为学术文献和资料性文献。由于暂不具备到对象国实地考察的客观条件，国内外大量富有参考价值的学术文献和资料性文献成为本书的主要事实来源。文献资源主要包括三国语言教育政策官方文件和法律文本，联合国教科文组织、世界银行、英国文化委员会等国际或西方国家组织对非洲国家语言和教育状况的调研报告，属于一次资料性文献，语言政策与规划研究领域的学术文献则大多属于二、三次学术文献。语言问题本就错综复杂，非洲国家独特的政治、历史背景增强了语言与其他社会问题的相关性，因此在整理文献过程中，与政治学、社会学、教育学、民族学、人类学、历史学相关的文献研读有助于研究者从整体上认识并把握对象国概况，明晰语言冲突中交织作用的诸多非语言因素，进而实现研究的时效性、广度及深度。

个案研究法指对单一的人或事进行深入具体的研究，个案的研究结果一般对整体的发展可以起到借鉴作用。个案研究法一般遵循如下研究过程：制定研究方案、确定研究对象、收集个案资料、问题矫正与指导、追踪研究。这类研究广泛收集资料，详细了解、整理和分析研究对象产生与发展的过程、内在与外在因素及其相互关系，以形成对有关问题深入全面的认识。依据研究对象，个案研究法可具体划分为以个体为单位、以社会结构为单位和以社会团体为单位的个案研究三种类型。个案研究法有助于将抽象的研究问题具体化，为空洞的理论研究找寻现实依托。本书选取南非、尼日利亚、坦桑尼亚三国作为研究案例，通过广泛搜集并全面呈现三国的语言教育政策法律文本资料，观察三国语言教育政策的发展演变，分析语言冲突各要素在现实语言生活中的表现形式，借此深入剖析各国语言教育政策和语言冲突之间的辩证关系，努力避免论证以偏概全，力争分析有理有据，最终实现特殊性到普遍性的提升。

归纳对比法把具体个别的事物，分别加以综合，从而获得一般结论。归纳是从个别走向一般的思维形式，对比则是通过对不同事物的比较，寻求同中之异或异中之同。本书采用的归纳对比法体现在两个层面：其一，为了彰显新兴国家的建国理念，对象国独立后的政策导向必定较独立之前有所调整或变更，对比分析不同历史阶段的政策内容及实施效果有助于发掘语言冲突的成因、演化过程及背后的潜在力量；其二，三国曾共有同一殖民宗主国，国别对比研究有助于全面展示非洲大陆上前英属殖民地国家的整体状况，从特殊性中发现隐含的规律性，以此实现对后殖民国家语言抉择和语言规划导向的共性探究。

跨学科研究法运用多学科的理论、方法和成果从整体上对某一课题进行综合研究。学科在高度分化中又高度综合，形成统一的整体。学科分化趋势在加剧，但各学科间的联系却也愈加紧密，在某些方面呈现出日益统一的趋势。跨学科研究法中的理论借鉴，指的是不同学科在知识层面上的互动，一般指新兴学科利用其他学科成熟的理论或方法，或成熟学科向新兴学科的扩张和渗透。①由于语言政策与规划学科理论基础薄弱，本书充分考虑了该学科的欠缺性、与其他社会科学学科的关联性及相关跨学科研究是否具有可行性等问题，进而选择通过社会学理论丰富语言政策与规划学科，夯实其理论基础，政治学、经济学、民族学、历史学、文化学等学科也在诠释具体语言事实的过程中发挥了重要作用。

简言之，本书期待将构建而成的语言冲突理论及分析框架具体应用至探究对象国语言教育政策和语言冲突间的辩证关系，并通过展示和对比三国语言教育政策的演变历史，揭示语言政策的两面性特征和语言冲突的多重影响因素，最终实现语言政策与规划学科的理论升华。上述方法可以帮

---

① 参见知乎网：https://zhuanlan.zhihu.com/p/346444598.

助积累大量语言事实，从中发现隐含的普遍性与规律性，实现国别研究、区域研究和类型研究的目的，实现跨学科研究的探索与实践。

1.3　全书文义梳理

在多渠道收集、借鉴大量原版英文资料（包括对象国各级政府部门制定并颁发的相关法律、法规、政策及实施情况的评估与展望）的基础上，本书从语言冲突视角对南非、尼日利亚、坦桑尼亚三国的语言教育政策，具体表现为学校教育中的教学媒介语选择和使用情况，做出了较为深入的探究，由此进一步检验了分析框架的应用价值，引发对语言冲突的理论思考。全书共分为绪论和八个章节，具体内容如下。

绪论：阐释西方思维定式对后殖民非洲国家的建国理念所产生的深远影响，揭示西方国家文化输出和语言输出的本质在于维持原有国际语言等级结构，同时明确选择三个对象国作为研究对象的若干原因。

第 1 章：现实与理论背景。梳理相关文献，发现对象国语言教育政策研究领域存在偏重事实描述、理论基础薄弱的问题。提出解决问题的途径，开展研究设想，展示社会冲突理论的国内外研究现状，找寻语言政策与规划学科和社会学的交叉点和结合点。在提升社会冲突理论内部整合性和解释力的同时，为语言政策与规划研究开辟新的研究视野。

第 2 章：语言冲突理论及分析框架。在整合多位社会冲突理论家核心观点的基础之上，建构起以"语言权力"为核心的包含语言冲突成因、结构、维度、类型、功能、调节机制等因素在内的语言冲突分析框架，旨在解构语言冲突这一客观存在的社会现象，找寻语言冲突不同于其他类型社会冲突的独特属性及其与语言教育规划之间的辩证关系。

第 3 章：南非——语言冲突与种族隔离式语言教育。种族隔离制度引发的语言部族主义及就此形成的语言壁垒将南非社会"部族化"和"种族化"。该章通过梳理南非各历史阶段的语言教育政策，展示种族分化式语言教育的表现形式和发展轨迹，探析各族群在教育领域的博弈与权力更迭，借此挖掘族群认同、语言教育与政治权力间的作用机制。

第 4 章：尼日利亚——语言冲突与民族分化式语言教育。"分而治之"管理原则滋生出三大主体民族间的语言嫉妒与少数民族对民族沙文主义的担忧和语言不安全感。该章通过回顾尼日利亚语言教育政策的演变历史，揭示民族变量在尼日利亚发展历程中的核心作用，指出"国语难题"的悬而未决是该国语言冲突的最直观表现，直接影响母语教育和多语教育的开展。

第 5 章：坦桑尼亚——语言冲突与基于国族建构的语言教育。英语和斯瓦希里语的博弈引发了席卷坦桑尼亚全境的"教学媒介语危机"，斯瓦希里语的发展渐趋迟缓，国族建构事业渐被侵蚀。该章通过追溯坦桑尼亚本土语言教育政策历史，发掘实现"教育本土化"过程中的国内外多重不利因素，透视呈现为"教学媒介语危机"的语言冲突的深层次动因。

第 6 章：后殖民非洲国家语言冲突的共性与个性。非洲大陆的语言问题既反映出非洲国家在经济、文化上对西方的依附情结，又反映出与国家政治紧密相关。该章提出语言政治化、精神殖民化、教育精英化、语言选择国际化等趋势是交织在后殖民非洲国家语言冲突背后的多股力量。又以布隆迪和喀麦隆为具体案例，结合英、法两国迥然的殖民管理机制，剖析了法国前殖民地国家调整语言政策导向及民众重新做出语言选择等行为背后的主导因素。

第 7 章：语言冲突疏导机制。该章从语言态度、语言规划、语言政策三个层面入手，尝试打造语言冲突疏导机制，缓和语言群体间冲突关系，最为重要的是平衡语言群体间权力关系，其中最为关键的环节在于扭转社会各界对本土语言的消极态度。当然，开展切实可行的语言规划、制定有的放矢的语言政策等环节缺一不可。国家语言干预与个人语言选择相结合的机制有望和谐语言群体关系、激发本土语言潜能、平衡语言失衡态势。

第 8 章：思考与启示。在后殖民非洲国家，作为权力作用工具的语言教育政策强化了外来语和本土语言间对垒，间接实现了一个阶层对另一个阶层的隐性压迫。以调整语言功能为基础的语言声望规划对于扩展本土语言功能、增强语言活力、减缓语言冲突、构建和谐的语言生活具有重要意义。在城市化进程的推进与发展过程中，构建和谐的语言生态环境对保护少数民族社会生活生态环境而言至关重要。

第 2 章　语言冲突理论及分析框架

通常情况下，冲突群体界限依赖于社会标记，譬如服饰或语言。社会界限的清晰度对社会冲突的出现、发展轨迹和最终解决具有重要含义。冲突单位可以是国家、民族、某一组织或个人。抽象地讲，冲突单位可依照如下标准细化：冲突单位对本群体和他群体的观念；冲突各方界限的清晰程度；冲突单位的内部组织结构。这些标准不仅可以区分不同类型的冲突，还能够改变冲突的运行轨迹。

语言是人类的交际工具和社会群体建立并保持联系的主要媒介，是传承文化和塑造身份认同的载体，亦是重要的社会群体界限标记。世界范围内的语言多样性是既定事实，语言冲突关系一旦存在，如何客观看待语言冲突，明晰其缘起、发展轨迹，预测其未来走向，成为世界各国语言文字工作中无可回避的一项议题。在此之前，必须搞清"何为语言冲突"。

2.1　界定语言冲突

有鉴于"冲突"概念的繁复，加之语言本身具有的特殊性，众多研究者选择从不同视角对"语言冲突"概念予以界定。奈尔德（Nelde，1998）将语言冲突定义如下：产生于语言多样性，是多语言环境中两个或两个以上语言群体间的对立状态。德·斯旺（2008）细化了语言冲突的范围及其直接诱因，指出语言冲突是在一个民族、国家或其他政治实体中，各群体就哪种语言应该获得官方认可、保护或发展等问题所产生的分歧。何俊芳和周庆生（2010）指出，就表现形式而言，语言冲突既包括由语言文字问题引发的激烈争斗，乃至战争，也包括言论上的争执、争端等不和谐现象。概括而言，语言冲突表现形式并不单一，可能发生在一个国家内部不同民族间、一个民族内部不同支系间或构成同一政治实体的各个群体间，并始终围绕语言地位及与之相关的种种优势条件而生。

语言冲突通常发生在语言多样性现实条件下，这意味着宽泛的冲突定义更为适宜。在充分认可语言多样性特征客观存在的基础之上，本书选取社会冲突理论中的广义冲突观为出发点。在这一理论视野下，"冲突"概念所指较为宽泛，可界定如下："冲突"涵盖竞赛、竞争、争论、紧张态势以及外显的碰撞形式。目标不相容通常是指双方都期待获得只有一方拥有的东西，在这种情况下，便可以说两个群体处于冲突关系中。普遍意义上的冲突概念并没有暗含任何对冲突强度或烈度的判断。严格区分冲突与紧张态势、冲突与争论、冲突与竞争等几组术语，倒也符合常规，但并不十分必要，因为"冲突"并非总是用来指社会力量间有形的碰撞（Dahrendorf，1959）。特纳（Turner，2004）评论说，一个人越是要证明社会中矛盾关系普遍存在，便越倾向于采用宽泛的冲突定义，这样对于冲突普遍性的论证也就相对容易得多。

参考上述论断，语言冲突可被视为一个涵盖了语言竞争、语言矛盾、语言争端等的概念，从温和到剧烈表现形式的连续统，同时可用以泛指任何目标不相容的语言群体间的对立状态或行为，若双方都期待获得只有一方拥有的与语言相关或呈现为语言形式的物质或非物质的东西，就可以说它们之间存在冲突关系。具体而言，语言冲突既包括语言群体间由语言问题引发的显性斗争行为，也包括语言群体间由于目标无法调和却尚未外化为斗争行为的对立状态。语言冲突并非存在于语言之间，名为语言冲突，实为语言群体冲突。语言冲突源自语言接触场景中人们对相关条件带有争议性的评判，真实的语言冲突存在于人们的意识中（Darquennes，2015）。

2.2　语言冲突构成成分

语言冲突存在于特定社会环境中，孤立于其他社会因素之外的"纯语言冲突"罕见。作为一种普遍的社会存在，语言冲突应该包含多个构成成分，如实记录其有别于其他类型社会冲突的独特之处。

2.2.1　语言冲突成因

社会冲突理论坚持"权力中心性"原则（Weber，1946；Kriesberg，1973；林格，2011），将权力分配不均视为引发社会冲突的核心所在。费尔克劳（Fairclough，1989）认为有必要区分通过胁迫和通过意见一致（consent）行使的两类权力。前一类权力使用强制或暴力手段达成目的，称为硬权力，最常表现为政治、经济、军事权力；后一类权力通过默许实现目标，称为软权力，最常表现为文化、语言权力。两类权力在一定条件下相互转化并相互制约，拥有文化、语言软权力的个人或群体很多时候都希望谋求到政治、经济硬权力。

与语言相关的权力要素由于具有象征性特征而有别于常规意义上的权力。象征性权力是名副其实的软权力，以默许为实现基础，用以说明无意识的文化或社会支配行为。具体表现为支配群体将思维和感知方式强加给被支配群体，当后者以被强加的方式观察和评价世界时，并未意识到自身视角已发生转换，反而将前者的强加行为视为合法且公正的。这种默许行为固化了对支配群体有利的社会结构。从某种意义上讲，内嵌在个人行为和认知结构模式中的象征性权力往往比武力威胁更能有效地合法化不平等的社会结构。语言权力便是这样一种软权力，那么它从何而来？

以布尔迪厄为代表的文化冲突论者指出，特定社会历史场景通常会赋予一些语言实践以合法性，整个社会以支配群体的语言实践为标准建立起一个语言市场（linguistic market）（Bourdieu，1991）。在本书中，象征性权力基于语言而生，因而被称作"语言象征性权力"（后文缩略为"语言权力"），且在一定条件下能够转化为经济、政治权力。语言权力并不依赖于语言内在属性，而由特定历史时期的政治、经济力量所决定（Chumbow，2009）。在现代社会，人际支配关系渐趋势弱，取而代之的是机构对个人的支配。因此，语言权力的作用变得更为隐蔽。

2.2.2 语言冲突结构

在以多元化为主流导向的现代社会中，语言群体的文化意识、语言意识普遍增强，语言成为重要的身份认同标记、文化载体和语言群体引以为傲的非物质财富。各语言群体均持有特定的语言目标，各方目标无法调和便会引发冲突。

几乎所有社会冲突中都融入了或隐或显的语言因素，语言成为社会冲突爆发的火山口。语言冲突极少源于单纯的语言、文字问题，其背后往往隐藏着深层次的冲突诱因。奈尔德（Nelde，1998）据此将语言冲突划分出深层结构和表层结构，其中深层结构由社会、经济、政治、民族、宗教、文化等诸多非语言因素构成，表层结构体现为语言特征，深层结构需要通过某种转换机制再现为表层结构。正因为如此，语言冲突时常与其他类型的社会冲突相互交织、共同作用，语言有时沦为别有用心之人实现非语言意图的手段。探究深层结构如何转换到表层结构对透视语言冲突的生成机制和本质属性、发掘语言冲突的调节机制至关重要。

2.2.3　语言冲突维度[①]

作为一种多维度的社会现象，语言冲突以特定社会现实为背景，体现在四个维度上，分别为结构维度（A）、功能维度（B）、使用者年龄维度（C）和地理分布维度（D），如图2.1所示。[②]

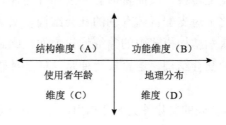

图 2.1　语言冲突维度图

其中 A 维度包含与语言本体相关的语音、文字、词汇、语法四个方面，常见于某一民族语言确立标准变体和书写系统的过程中；B 维度以语言功能为标准划分为家庭语言、社区语言、教育语言、大众传媒语言和国家工作语言五个层级；C 维度根据语言使用者的年龄进行层级划分，体现出微观层面上语言使用的年龄差异；D 维度依据个体言语库中第一语或第一言与第二语或第二言的地理起源进行划分，侧重语言传播过程中的语言关系。A、C 维度上的语言冲突多为语言内部和语言群体内部冲突，B、D 维度更多反映出语言群体间冲突。结合世界范围内的语言多样性和民族多样性现实，本书遂选取 B、D 维度展开深入剖析。

1. 功能维度

通常情况下，语言功能不可能平均分配给多种并行存在的语言，因此不同语言往往功能迥异。依据应用领域，语言功能可划分为五个层级，如图 2.2 所示。

---

① 划分语言冲突维度的灵感源于李宇明教授题为"语言竞争试说"的讲座（2014 年 11 月 5 日，北京外国语大学），原表述为"语言竞争空间"。由于在广义冲突观视野下，语言冲突包含语言竞争在内，因此语言竞争空间划分对语言冲突研究应该具有一定的借鉴意义；又由于空间和维度是不同的隐喻，即空间是发生的领域，维度是观察的角度（摘自 2014 年 11 月 23 日与李宇明教授电子邮件内容），本书选择从研究者的观察视角出发，因而以"维度"替换了"空间"。

② 摘取自李宇明教授讲座内容，将原有"空间"更改为"维度"。

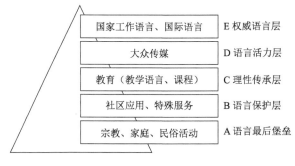

图 2.2　语言冲突功能维度

五个功能层级反映出语言活力指标和语言生存危险系数，能够进入 C 层的语言才真正安全。理性传承层是衡量语言生存安全与否的分界线，然而一些成功进入 D 层和 E 层的语言，其在 C 层的应用却备受争议。这种反常现象值得深入探究。

2. 地理分布维度

在同一地理空间内，第一语或第一言构成语言第一阵营，第二语或第二言构成语言第二阵营，其中包括他族语言和外语。需要特别强调的是，第二语或第二言并非特指依序第二位习得的语言，而是指除母语或母方言外的其他语言或方言，无须计较习得顺序。

以后殖民国家为例，殖民历史在这一类型国家中塑造了独特的"三语语言格局"（triglossia），由小族语言、族际通用语（或大族语言）以及外来语（即前宗主国语言）构成。这些语言类型不同，交际功能亦有别。通常情况下，除本族语外，居民还同时习得一门或几门他族语言，继而通过学校教育学习官方语言和外语。在这类国家中，族际通用语或大族语言常常"吃掉"小族语言，后者原有的语言功能逐渐由前者取代，语言转用现象较为普遍；与此同时，外来语垄断教育、行政、司法等高层领域，抢占族际通用语或大族语言使用空间。通用语或大族语言就此陷入腹背受敌的尴尬境地：高层领域长期被外来语霸占，日常生活中又有众多本土语言虎视眈眈。

实质上，上述两个维度相互作用，前一维度是后一维度的具体化场景，后一维度是前一维度更广地域范围内的延伸。维度扮演着将语言冲突深层结构转换至表层结构的转换机制。经济、政治、社会、文化、民族、宗教等非语言因素透过功能维度和地理分布维度折射在语言层面，实现了语言冲突的具体化和语言化。具体转换过程如图 2.3 所示。

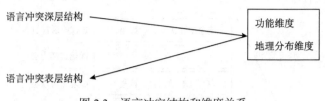

图 2.3　语言冲突结构和维度关系

2.2.4　语言冲突类型

语言冲突是一种需要多角度考量的社会现象，结构和维度是相对宏观、静态的分析视角。微观层面上，作为一个动态过程，语言冲突可依照触发机制、冲突单位、驱动机制、潜在动因、表现形式等五个要素加以细化，由此实现语言冲突分类研究的普遍意义。

1. 触发机制

依据触发机制，语言冲突可以划分为自然语言冲突（"natural" language conflict）和人为语言冲突（"artificial" language conflict）（Nelde，1998）。自然语言冲突遵循较为客观的发生路径，但冲突一方一旦将语言差异上升到意识形态层面，语言群体间的共存关系便会受到威胁。人为语言冲突产生于语言群体相互妥协。以南非为例，为了彻底与种族隔离历史划清界限，南非政府确立了 11 种官方语言。然而，同一框架内各语言在发展程度和发展轨迹上的差异难免会导致一些语言备受瞩目，另一些语言遭遇歧视。除单一国家外，欧盟这样的超国家组织也面临类似问题。伴随着成员国数量增长，英语取代其他官方语言的潜能不断增加。相较于自然语言冲突而言，人为语言冲突由语言功能再分配所致，通常产生于国家或超国家组织中对语言使用状况的人为调整。

人为语言冲突往往与选择并确立官方语言或国语密切相关。官方语言是各级政府的法定工作语言，一种语言一旦当选官方语言，其所对应的语言群体便会相应获得语言权力，且能够在一定条件下将这种软权力转化为政治、经济硬权力。在实行多种官方语言制度的国家中，官方语言功能失衡是较为常见的语言冲突的触发因素之一。国语往往是一个国家的主体民族语言或族际通用语。在族际关系紧张的国家，人为提升任一民族语言至国语地位都极有可能引爆民族冲突。保持国语位置空缺这一折中方案虽有望暂时缓和民族关系，但国语问题悬而未决是语言冲突的又一触发因素。除此之外，鉴于教育在传承文化、传播价值理念等方面的重要作用，教学媒介语选择引发的争议是现代国家中最为棘手且作用最为隐蔽的语言冲突触发机制。

2. 冲突单位

语言是民族身份认同标记，语言群体界限时常与民族界限相吻合。民族是重要的语言冲突单位，据此划分出两类冲突——族内语言冲突和族际语言冲突。族内语言冲突最常发生在某一民族语言选择标准方言或书写系统的过程中，如尼日利亚伊博语（Igbo）确立标准方言的过程。除此之外，从德国语言学家卡尔·理查德·莱普西斯（Karl Richard Lepsius）创建的正字法（1854 年）到"非洲语言实用正字法"（1927 年）再到昂乌（Onwu）正字法（1961 年），伊博族内又历经了一百余年的正字法之争（Uwalaka，2001）。族际语言冲突最典型地体现在确立国语或官方语言的过程中。再以尼日利亚为例，国内三大主体民族均期盼本族语成为国语，就此形成的紧张局势时刻威胁国家稳定。由于各民族平行共存，族际语言冲突可被称作"横向语言冲突"（horizontal language conflict）。

社会阶层是另一个较为常见的语言冲突单位。西方国家在建国之初，统治阶层使用的语言或语言变体在政治权力作用下被标榜为标准语言或标准变体，其他变体沦为非标准语言或非标准变体，学校教育进一步固化了语言内部分层。后殖民国家的语言状况更为复杂。在殖民统治结束之前，宗主国有意培养一小批交权对象，这些人成为新兴国家的统治精英，以精通前殖民语言作为身份认同标记，并通过垄断语言权力、设置语言障碍以维持并再生产社会不平等格局。在不通晓前殖民语言的情况下，非精英阶层既无法广泛参与国家政治、经济生活，也无法表达政治诉求、维护自身权益。他们期望获得语言权力，改善所处境遇。然而，这一要求与精英阶层的预期目标相左，阶层间语言目标不相容预示着冲突潜势。社会阶层间存在势差，因此阶层间语言冲突是一种有别于族际横向语言冲突的"纵向语言冲突"（vertical language conflict），其表现形式更为内敛，作用机制更为隐蔽，辐射范围和影响力却更为深远。

3. 驱动机制

在剖析触发机制和冲突单位的基础上，语言冲突的驱动机制进入研究视野。若冲突动因是解决语言问题、调整语言格局，冲突双方都拥有想要实现的语言愿望时，语言冲突具有现实意义；若冲突动因或为发泄不满情绪，或为掩盖其他不可告人的企图时，语言冲突具有非现实意义。现实性和非现实性语言冲突可进一步具体化为语言功能再分配型和语言应用型冲突，前一类型主要发生在语言地位规划进程中，主要或直接与语言因素相关，是语言冲突的典型类型。相较而言，语言应用型冲突产生于政治家有目的的行为，他们通过设置语言障碍，维持所代表群体的优势地位，此举必定招致其他群体不满，诱发语言冲突（何俊芳和周庆生，2010）。例如，在后殖民非洲国家，统治阶层通过制定语言政策和教育政策，将本阶层所使用的语言设定为唯一合法的官方语言和教学媒介语，为非精英阶层进入政府部门工作、获取平等受教育机会设置语言障碍，以确保阶层特权代际传承。

上述两类冲突均源于人为操控，区别在于前一类冲突虽由人为调整语言功能所致，其针对对象仍是语言或语言现象，常以规范社会各领域的语言使用为目的；后一类冲突却并非总是与语言相关，语言问题只是一枚烟幕弹，用以掩盖更深层次的冲突动因。冲突焦点是否直接与语言问题相关是划分两类语言冲突的标准。然而，这一界限并不总是十分明晰。

4. 潜在动因

潜在动因反映出冲突关系中的各语言群体能否在意识形态上相互调和，据此划分出共识性和非共识性语言冲突。前一类冲突发生在共识框架内，表现形式相对内敛而平缓；在后一类冲突中，双方就核心目标、利益和价值观等问题未达成共有认识，多表现为外化的对抗或争端，是语言群体间的直接碰撞。然而，通常情况下，语言冲突潜在动因的划分并非如此严整。以后殖民国家为例：一方面，精英阶层和非精英阶层就前殖民语言能否赋予使用者以语言权力及这一过程的合法性等问题普遍达成共识，后者丝毫不排斥前殖民语言；另一方面，精英阶层渴望保持现有语言格局，非精英阶层却渴望扭转语言权力失衡局面，阶层间语言目标难以达成共识。在共识和非共识情感的共同作用下，非精英阶层对精英阶层酝酿出一种矛盾心理，他们虽指责却又暗中渴求成为对方阵营中的一员，这种"酸葡萄"心理严重影响了他们的语言选择和语言态度。

5. 表现形式

语言冲突的复杂性体现在其表现形式并不单一，可据此划分为隐性语言冲突和显性语言冲突。隐性语言冲突普遍存在于任何社会，尤其是在多语言、多民族国家中。任何国家都存在爆发语言冲突的潜在动因。语言冲突不能被消灭，只能被暂时缓解或压制。隐性语言冲突是显性语言冲突的预备阶段，是冲突还未达到爆发临界点、"语言合法性危机"还未出现前的状态，常表现为语言运用上的不和谐状态。显性语言冲突是指语言群体间外化的语言争端，是当事人有意识的行为，具有代表性的包括苏联多个加盟共和国人为规定各国具有代表性的民族语言为国语，非印地语使用者对推广印地语的举措强烈不满，魁北克人为使法语享有与英语同等地位所做的不懈抗争等语言事件。在广义冲突观下，语言冲突不仅包含以显性语言冲突为主要表现形式的语言群体间的激烈碰撞，也包含以隐性语言冲突为表现形式的语言在社会运用过程中的不和谐状态。

2.2.5　语言冲突的功能

若要全面考量语言冲突，必须采用辩证的视角。语言冲突的消极作用自不必多说，包括滋生语言压迫和语言不平等、激化民族矛盾、导致国家动荡等，其积极功能体现在如下两个方面。

1. 对语言群体的积极作用

语言冲突标明语言群体界限、确定群体成员身份。由于语言是彰显民族属性不可或缺的基本要素，族际语言冲突有望明确民族立场，凸显民族边界。除此之外，语言冲突还有助于提升语言群体内部凝聚力、唤醒成员语言意识、加快语言标准化进程、增强语言活力。以复兴毛利语为例，英殖民政府的同化政策将毛利语推向消亡边缘，毛利语生存空间几乎全部被英语侵占。新西兰国内就保护并重新启用毛利语这一问题存有较大分歧。面对重重阻力，毛利人内部凝聚力和语言群体意识不断增强。毛利人和非毛利语人间的语言冲突态势成功调动了前者的积极性、提升了其语言危机意识，继而实现了毛利人广泛参与语言复兴事业的宏伟目标。

2. 对社会整体的积极作用

除语言群体外，语言冲突对其所发生的社会环境同样具有积极作用。首先，语言冲突促使相关法律修订和新政策制定。调节语言群体关系、解决语言问题是语言政策的预期目标之一。当原有政策不再适用于现实状况或无法满足现有语言需求时，语言冲突便成为催化剂，敦促旧制度调整、新制度建立，这是语言冲突最为积极的功效。

其次，语言冲突在一定程度上有助于维护和巩固语言、文化多样性秩序。语言弱势群体若重视保护自身语言权利，便可能不惜诉诸武力以抵制不利于自身发展的语言法律和政策条款内容。显性斗争行为一旦出现，为了维护国家统一和稳定，避免语言冲突升级为政治事件，执政当局往往会制定或颁布暂时有利于保护弱势群体的法律。即便冲突局势得以控制，统治者也必须考虑其再次爆发的可能性。如此一来，打压或排挤某些语言的行为或计划不得不取消或延缓，客观上为弱势语言营造了发展空间（何俊芳和周庆生，2010），对保持和促进语言、文化多样性具有积极意义。

最后，语言冲突虽时常充当其他类型社会冲突的烟幕弹，却也从一个侧面说明语言冲突具有"安全阀"功效，以语言为发泄渠道释放长期积聚的不良情绪，可以有效避免局势滑向破坏性更强的社会冲突。语言冲突可以是更深层次社会冲突爆发的前奏，若处理得当，掐断冲突引线，社会格局则有可能保持平稳；若处理不当，语言冲突一旦与其他类型冲突交叠作用，则极有可能增强整体破坏性。

语言冲突尽管具有积极功能，但并非意味着应该鼓励人为制造、挑起语言争端，毕竟语言冲突仍具有威胁民族融合、社会稳定、国家发展的消极作用。语言冲突是一把双刃剑，绝对积极和绝对消极的语言冲突都是不存在的，如何对其加以疏导或调节成为各国语言工作的重中之重。

2.3　语言规划对语言冲突的制度化调节

平衡语言群体关系、疏导语言冲突是一个国家语言生活和谐的关键所在。作为常见的语言冲突调节手段，语言规划可以通过赋权（empower）语言弱势群体、保护其语言权益的方式来缓解语言冲突。为了协调语言群体间关系，通常需要重新规划语言的地位、功能、教学及具体使用。典型的语言规划过程包括"选择"、"编典"、"实施"和"细化"四个阶段。"选择"阶段需要在诸多语言或语言变体中选出一种或几种，确立其语言地位，赋予其特定的语言功能；"编典"则是为选定的语言或变体创建语言标准或语言规范的过程。以上两个阶段是语言规划活动的基础环节。努力将前两个阶段做出的决定转化为社会各领域贯彻执行的现实便是"实施"，其中最为重要的一个领域是教育领域。然而，作为语言与权力交织作用的核心领域，在一些民主政治和法治发展不够健全的国家，语言规划常常带有浓厚的政治色彩，极有可能导致严重的社会问题和大规模冲突（Jahr，1993）。

广义上讲，语言规划构成国家资源发展规划的一部分。语言教育规划是一种通过教育系统实现语言规划理念、目标和内容的官方活动，主要涉及包括学校在内的正规教育机构，但其作用可渗透进社会其他领域，因此常被视为引起语言变化，甚至社会变化最为有力的语言规划类型（Kaplan & Baldauf，1997）。语言教育规划涉及为教育系统设定目标，主要包括目标语选择、语言技能培训与语言态度养成。除此之外，教学大纲中语言科目的时间分配、限定语言学习的初始年龄、选取语言学习模式、规定必修或选修的语言课程、设定预期教学目标、开展教师在职培训、编写教材、语言测试以及采取何种语言教育模式等问题都在语言教育规划范畴之内

（Ingram，1989）。

在具体操作中，语言规划为寻求最佳决策的人们提供了一个可在未来实现其理想的框架，语言政策是规划者为了达到目标而制定并实施的特定策略（刘海涛，2006）。语言教育政策规定语言的教与学，明确教育领域中预期处理的语言问题及准备开发的语言资源，其中最引发关注的莫过于教学媒介语设置，因为教学媒介语对实现受教育机会均等、发展国家教育事业和普遍提升国民素质具有长远且非凡的意义。

在盛行"标准语意识形态"（standard variety ideology）的西方国家，标准语变体是权力工具，是政府官方语言形式，能够为其使用者提供权力或社会地位形式的物质奖励（Haugen，1965）。教学媒介语往往采用官方语言的标准变体，学校在传播并标榜标准变体的过程中发挥核心作用；在后殖民国家，"外来语意识形态"（exogenous language ideology）备受推崇，以至于无人置疑前殖民语言作为教学媒介语的合法性，即便绝大多数国民并不具备必要的外语能力。极少数获准行使教学职能的本土语言，其使用也仅限于基础教育阶段。上述意识形态延续并强化了业已形成的语言分化和社会分化。

由此可见，在相关政策作用下，教育系统同时具有吸引和排斥两种职能。教育政治化和语言政治化倾向一定程度上限制了语言教育规划和政策的积极作用。通常情况下，语言教育规划和政策与语言冲突的辩证关系如图 2.4 所示。

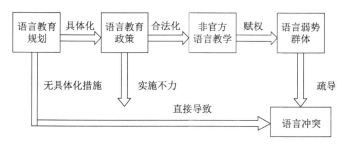

图 2.4 语言教育规划和政策与语言冲突的辩证关系

只有当语言教育规划具体化为语言教育政策，进而合法化非官方语言教学、赋权语言弱势群体后，语言冲突才有望得以疏导。语言教育政策实施不力或"只规划无政策"的规划导向都可能直接引发语言冲突。当然，其他社会因素不可避免地参与上述过程，因此可以说，语言教育从不是一道简单的议题。

2.4　语言冲突分析框架尝试性建构

在广义冲突观视野下，语言冲突涵盖了语言竞争、语言矛盾、语言争端等概念，是一个从温和到剧烈表现形式的连续统。语言冲突往往与社会群体间的权力争夺相关，语言常常被赋予超越自身所能承载的重要使命。

在建构语言冲突分析框架的过程中，必须意识到语言权力是一种以默认为实现基础的软权力。语言冲突围绕语言权力而生，其构成成分包括语言冲突的结构、维度、类型、功能，四个成分有机结合，是分析每个语言冲突事件都需要考量的因素。在每个成分内部包含不同的子项，不同子项的数字字母排列组合代表特征各异的语言冲突。上述关系可通过图 2.5 加以展示。

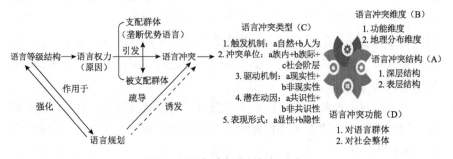

图 2.5　语言冲突分析框架示意

图 2.5 中 A1B2 类冲突是指地理分布空间不同的语言因为诸如社会、经济、政治、民族、宗教、文化等非语言因素而存在隔阂，较常表现为处在界限分明的语言区内的各语言群体间的矛盾关系；B2C2b 类冲突指的是民族语言基于地理分布产生的冲突，通常表现为族际通用语与母语民族语之间的不和谐关系；B1C2cC4a 类冲突指的是社会阶层间基于语言功能在语言间分配不均产生的冲突，但冲突前提是双方均认可某种语言或语言变体的优势地位，仅在语言技能水平或语言能力获取方面存在差异。语言规划能够疏导语言冲突、调节语言群体关系，但在一些特定场景（如后殖民非洲国家）中，其特有的政治属性时常致其沦为统治阶层设置语言障碍、维持语言等级结构、实现社会特权再生产的工具，一些情况下会成为语言冲突的导火索，但并非在所有国家总是如此（故用虚线表示）。

如何正视客观存在的语言冲突、规避其消极作用，如何最大限度发挥语言规划的积极功用、削弱其政治属性是各国语言文字工作中必不可少的重要环节。本书将在语言冲突理论及分析框架内，通过描述南非、尼日利亚、坦桑尼亚三国的语言教育政策演变历史，深入剖析语言权力得以发挥作用的具体形式，以语言为切入口，发掘非语言因素的渗透作用，继而以语言冲突的触发机制、冲突单位、驱动机制和潜在动因为研究重点，全面呈现在三国特定社会背景下，语言冲突表现形式的异同点，全面探寻语言教育规划与政策作为语言冲突调节机制的可能性及必要性。

第3章 南非——语言冲突与种族隔离式语言教育

在南非,语言是一道沉重的政治议题。南非的语言历史是英语、阿非利堪语(Afrikaans)①、众多本土语言及各语言群体冲突进而相互纠缠的历史。殖民统治时期,英国人的同化政策加速了阿非利堪民族②的形塑过程,阿非利堪人(即南非荷兰人)极度膨胀的语言不安全感和语言民族主义催生了种族隔离(apartheid)制度,再现为教育领域中的母语教育理念。这一理念旨在分化广大黑人,将其永远置于被奴役状态,黑人的反抗最终升级为"索韦托起义"(Soweto Uprising)。1996 年公布施行的《南非共和国宪法》和之后出台的多项语言教育政策虽给予了南非公民前所未有的语言选择自由,然而选择自由度越大越意味着对英语的追捧和对本土语言的无视。作为种族隔离制度解体后民主新南非的统治阶层,受英国文化和语言意识形态影响,南非黑人精英将精通英语作为进入上流社会和获得经济流动机会的通行证。他们的语言实践活动是英国殖民时期语言政策的直接产物,各阶层间的语言沟壑需要几代人的时间才能够填平。

3.1 南非语言概况

南非因其语言、文化的多样性与融合性被誉为"彩虹之国"。据《南非 2019—2020 年鉴》记载,该国人口超过 5900 万,其中黑人占总人口的

---

① Afrikaans 字面义是"非洲语",也有人将其译为"南非荷兰语""阿非利卡语""阿非利堪斯语""斐语"等,是一种荷兰语变体。阿非利堪语的地位备受争议,其与种族隔离制度的密切联系使得对于这种语言的评价掺杂了过多的负面情感,尤其是在南非黑人中间。可以说,世界上很少有语言能够像阿非利堪语一样引发如此多的争议。

② 阿非利堪民族形成于近代荷兰在南非的殖民活动,这个人数不多的民族并未被英国殖民者同化,而是以强劲的民族主义运动的形式发展成炮制出种族隔离制度的独特民族。我国学术界对种族主义大加谴责,对阿非利堪民族鲜有全面评价,因此其民族主义一直未获命名。种族隔离制度标志着阿非利堪民族主义到种族主义的蜕变。

81%，白人和有色人种^①的占比分别为约 8% 和 9%，亚裔^②约占 2.5%^③。南非境内分布 25 种语言，分属三种语言类型：欧洲语言、非洲语言和亚洲语言（Kamwangamalu，2004）。其中非洲语言均来自班图语系，分别为恩古尼语族（Nguni）、索托语族（Sotho）、文达语族（Venda）和聪加语族（Tsonga）。1996 年《南非共和国宪法》确立 11 种官方语言，包括英语和阿非利堪语^④以及 9 种本土语言。9 种本土官方语言分别为祖鲁语（isiZulu）、科萨语（isiXhosa）、斯佩迪语（Sepedi）、茨瓦纳语（Setswana）、索托语（Sesotho）、聪加语（Xitsonga）、斯威士语（siSwati）、文达语（Tshivenda）和恩德贝勒语（isiNdebele）。

2016 年南非社区调研数据（Stats SA's Community Survey 2016）结果显示，祖鲁语是南非使用最为广泛的家庭语言，紧随其后的是科萨语和阿非利堪语。11 种官方语言和其他语言在日常交往中的使用人数比例统计如表 3.1 所示。^⑤

表 3.1 南非各语言及使用人数占比统计表

语言	占比/%	语言	占比/%
祖鲁语	25	恩德贝勒语	1.3
科萨语	12.8	斯威士语	2.6
阿非利堪语	9.7	文达语	2.2
斯佩迪语	9.7	聪加语	2.4
英语	16.6	索托语	7.8
茨瓦纳语	9.4	其他语言	0.5

纵观南非语言历史，英语群体、阿非利堪语群体及本土语言群体^⑥间的较量、冲突与权力更迭清晰可见。南非的语言冲突交织在历史上两次重

---

① 有色人种即南非混血种人，是早期欧洲移民与非洲人和亚裔开普殖民地奴隶的混血后代。绝大部分居住在西开普省，讲阿非利堪语，信奉荷兰新教归正会。"有色人"称谓虽带有种族歧视含义，却沿用至今。

② 南非亚裔人口除 2% 左右的华裔外，剩余基本是印度人后裔。

③ 参见南非信息部官网：https://www.gcis.gov.za/content/resourcecentre/sa-info/south-africa-yearbook-201920.

④ 尽管阿非利堪语是一种荷兰语变体，但在非洲大陆之外尚无人使用。因此，如果仅从文化角度，而非语文学角度考虑，阿非利堪语完全可以被视作一种非洲语言。

⑤ 参见 statista 网：https://www.statista.com/statistics/1114302/distribution-of-languages-spoken-inside-and-outside-of-households-in-south-africa/.

⑥ 语言群体所对应的三个族群分别为英裔白人和印度人、阿非利堪人和有色人种以及班图黑人。

大的政治变革中，其一是阿非利堪人反对英国同化政策，阿非利堪民族主义应运而生，达到高潮时的种族隔离制度对南非的语言格局，尤其是民众的语言意识所产生的深远影响持续至今；其二是广大黑人意识觉醒，反对白人压迫的政治运动，本土语言被赋予了与英语和阿非利堪语平等的地位，这有助于提升民众本土语言意识，打造国家多语格局。据此，南非语言教育历史以种族隔离制度为时间节点，大体划分为前种族隔离时期（1948 年前）、种族隔离时期（1948～1994 年）和后种族隔离时期（1994 年至今）三个阶段。英语、荷兰语（后阿非利堪语）和本土语言间的博弈再现于各时期，族群分化是贯穿其中的一个鲜明特征。

3.2　前种族隔离时期

历史上，南非先后处于荷兰和英国的殖民统治之下。1652 年，荷兰在南非建立开普殖民地①（Dutch Cape Colony）。荷兰殖民者以建立种族隔离社会为目标，他们击败土著科伊人、桑人以及南迁至此的班图人，并强迫其为自己役使。荷兰人拥有强烈的种族优越感，将占领南非视为天赋使命，将在这片土地上繁衍生活数代的非洲人视为"外人"。然而，他们的优越感自英国人踏上南非国土之日起被彻底粉碎。

3.2.1　"英国化"政策

1795～1815 年，英国两次占领开普殖民地，不断加强英国化政策（policy of Anglicisation），力图实现英语取代荷兰语的目标（Davenport，1991）。1822 年，开普殖民地总督查尔斯·亨利·萨默赛特（Charles Henry Somerset）指定英语为殖民地唯一官方语言，同时殖民地官员中越来越多的英国人替换了开普出生的布尔人②（刘海方，1999）。萨默赛特从英格兰和苏格兰招募大批教师和神职人员担任荷兰语社区中的重要职务。随后，英殖民政府出台一系列语言法律。英语成为南非学校的唯一教学媒介语，荷兰语学校也必须执行这一政策（du Toit，1970）。英国殖民者在开普殖民地大刀阔斧地推行语言改革，其用意再清楚不过：必须建设有"英国特色"的殖民地。

---

① 开普殖民地是英国昔日殖民地之一，位于南非境内，包括开普敦及其邻近地区，于 1806～1910 年存在。

② 19 世纪，南非荷兰移民后裔常被称作布尔人，意为农民。20 世纪早期，他们开始称呼自己为阿非利堪人，意为非洲本地人，以阿非利堪语为母语。

英政府的举措引发了布尔人的强烈不满，他们开始向内陆"大迁徙"（Great Trek）（Lovell，1956），建立了德兰士瓦（Transvaal）和奥兰治自由邦（Orange Free State）两个布尔共和国，以荷兰语为官方语言。1899年，英布战争（Anglo-Boer War）爆发，布尔人战败，英国遂兼并了布尔共和国。战后，时任开普殖民地总督阿尔弗莱德·米尔纳（Alfred Milner）全面推行英国化政策，并指出"尽管荷枪实弹的战争已经结束，但英国仍面临另外一场战役，那就是如何使南非'英国化'"（Pyrah，1955）。为了实现这一目标，英国政府大幅增加英国移民数量，以保证英裔白人的绝对优势。学校教育被视为同化布尔人最为有效的途径，荷兰裔学生必须接受英语教育，劳动力市场将掌握英语作为基本雇佣标准。英国政府在南非创造出一个英语占主导地位的语言市场，英国人是市场规则的制定者。任何人若想在市场中立足，都必须认可英语的优势地位。布尔人极为憎恶英国化政策，他们通过建造大批私立学校抵制英语教学。

1910 年，英国政府将开普省、德兰士瓦省、纳塔尔省和奥兰治自由邦合并为南非联邦（Union of South Africa）。《联邦宪法》（Constitution of the Union）第 137 条规定"英语和荷兰语同为联邦官方语言，应受到平等对待，并享有同等的自由、权利和特权"（Malherbe，1977）。然而，联邦议会的调查结果显示，只有奥兰治自由邦贯彻了语言平等原则，其他三省仍继续保持英语的主导地位。英国人操纵的联邦政府更是将开展英语教育作为获得国家援助的前提条件，由此导致荷兰语母语教育比率明显低于英语（Hartshorne，1995）。

南非联邦成立后，白人政府通过一系列立法，确定并巩固了白人对南非的政治统治、对南非土地和资源的占有，以及对黑人劳工的控制和剥削。在英国化政策作用下，英国人完全控制了南非的贸易、商业以及政府部门。他们抢占南非的钻石和黄金资源，中饱私囊，采矿业对劳动力的需求吸引大批黑人离开农场，这使得主要从事农业生产的阿非利堪农场主陷入困境，产生了所谓的"穷白人"（poor whites）问题。英国人在经济、社会地位上的优势引起了阿非利堪人的强烈不满，他们的抗争史记载着阿非利堪民族主义兴起、发展以及成熟的全过程。

英国的同化政策并不仅仅针对荷兰人，也包括黑人在内，教会学校是同化黑人的首要力量。然而，黑人学生接受的所谓"英语教育"几乎没有实用价值。有机会接受真正英语教育的黑人数量极其有限，这些接受西式教育的黑人精英深谙西方思想和价值观念，对英语极度忠诚，对英语文学作品极度崇拜。尽管英国化政策来势凶猛，在同化荷兰人方面却未取得积极成效，反而加速了阿非利堪民族建构，阿非利堪语在这一过程中充分发挥了民族语言的向心力作用。当阿非利堪民族情感达到顶峰时，种族隔离制度诞生。休（Heugh，2003）曾评价，英国化政策可能是南非历史上最严重的政治错误之一，由此引发的连锁事件在一百年后仍然困扰南非的教育和语言政策。

3.2.2　阿非利堪语和阿非利堪民族主义

英布战争重建了开普阿非利堪人和北迁内陆的阿非利堪人的纽带关系，由此形成团结统一的民族意识。阿非利堪民族主义诞生于阿非利堪人对腹背受敌境况的担忧。他们既要反抗英国同化政策，为本民族文化和语言争取合法地位，又担心被淹没在黑人语言和文化复兴的浪潮中。阿非利堪语成为保持民族独特属性、团结并号召所有阿非利堪人的关键因素。

阿非利堪语是标准荷兰语的变体。关于阿非利堪语的起源有如下几点猜想：其一，阿非利堪语是一种以荷兰语为基础的中介语，产生于荷兰东印度公司职员与讲低地德语方言的雇佣水手或士兵的日常交际；其二，荷兰人登陆南非时遭遇了南非土著科伊人，双方为了交流便利，科伊人开始学习荷兰语，但他们掌握的只是一个简化变体，科伊语影响了阿非利堪语的形成与发展；其三，阿非利堪语来自原葡属殖民地奴隶所使用的马来-葡萄牙语[①]。如此看来，阿非利堪语是开普殖民地的复杂渊源的人群"杂居"的产物，是荷兰语、德语、马来语、科伊语的混合体（阮西湖，1988；刘海方，1999），是欧洲人与非欧洲人、白人与黑人、奴隶主与奴隶共同创造的结果。阿非利堪人过度渲染其民族语言的"欧洲血统"，意在塑造自己的尊贵身份，确保阿非利堪语不落入与班图语言为伍的境地。

即便如此，阿非利堪语的行情最初并不被看好，英国报纸贬低其为"厨房语言"。最初在开普殖民地，受过良好教育的阿非利堪人更愿意使用荷兰语，阿非利堪语的使用限于社会下层人士。实际上，阿非利堪语的出现早于阿非利堪民族主义。早在19世纪40年代，殖民地的穆斯林学校就已经使用以阿拉伯语书写体出版的阿非利堪语图书。从19世纪60年代开始，开普荷兰语报纸经常刊登阿非利堪语诗歌（Giliomee，2012）。19世纪70年代，为了抵抗英国化政策，阿非利堪语言运动（Afrikaans Language Movement）在开普殖民地发端，阿非利堪语被称为"长有非洲之心的阿非利堪人的语言"。1875年，"真正阿非利堪同胞会"（Association

---

① 参见 culture trip 网：https://theculturetrip.com/africa/south-africa/articles/the-global-origins-of-afrikaans/.

of True Afrikaners）成立，该协会以保卫"我们"的语言、"我们"的民族和"我们"的土地为目标（du Toit，1970），荷兰归正宗（Dutch Reformed Church）①牧师及其支持者出版了第一份阿非利堪语报纸《爱国者》，用以宣传阿非利堪人的历史和语言（刘海方，1999）。1909 年，"南非语言、文学和艺术学院"②（Academy of Language，Literature and Arts）成立，为阿非利堪语正字法和语言标准化做出了巨大贡献。1914 年，学校开展阿非利堪语教学活动，首版正字法于 1917 年出版（Kamwangamalu，2004）。语言运动一方面激发了阿非利堪人的民族意识，另一方面却助长了阿非利堪民族的排外心理和极度膨胀的民族自豪感。

英国同化政策滋生了阿非利堪民族主义，南非联邦的成立并未化解境内两个白人群体间的抗衡与矛盾。在权力角逐过程中，国家教育是双方都想控制的筹码，提升阿非利堪语地位是阿非利堪人企图控制教育的手段之一。1925 年，联邦议会修改《联邦宪法》，阿非利堪语取代荷兰语，与英语一并成为南非官方语言（du Toit，1970），这是阿非利堪语发展史上的一座里程碑。此后，阿非利堪语的发展可谓顺风顺水，政府大力扶持阿非利堪语书籍、报刊出版和发行。1933 年，第一本阿非利堪语《圣经》出版。1932～1958 年，阿非利堪语学校占白人学校比例由 28%提升至 62%（Giliomee，2012）。

英布战争失利是压垮阿非利堪人的最后一根稻草，也是建构阿非利堪民族共同体的最后一块拼图，阿非利堪语成为民族情感和民族团结的象征。就阿非利堪民族主义思想渊源这一问题，学界普遍认同荷兰归正宗加尔文主义的深远影响，尤其是其"神定论"（predestination）观点。加尔文主义严格区分"上帝选民"（the elect）和"罪人"（the damned），坚信一些人统治另一些人是上帝的旨意。当为数不多的加尔文主义者在异教徒（主要是奴隶和广大黑人）充斥的南非建立起政权后，开始相信自己是被上帝选中才来到非洲南端这片土地的，来解救那些没有宗教信仰的"罪人"。阿非利堪人的种族优越感和"救世主"情结皆源于此，加尔文主义为阿非利堪民族主义及种族隔离制度提供了合法理据（Goodwin & Schiff，1995）。

英国化政策激化了南非白人内部语言冲突，这一时期的语言冲突具有很大现实性，突出体现为英语和荷兰语（后阿非利堪语）的地位争夺战。

---

①　归正宗，即基督教加尔文宗，"归正"即经过改革而复归正确。荷兰归正会曾为荷兰最大的宗教组织，最初移民南非的荷兰人多为其信徒，后来由于荷兰本土归正会抨击种族隔离政策，两地的归正会断绝了一切往来。

②　该机构后更名为"南非艺术与科学学院"。

布尔人不满被同化，在英国化政策步步紧逼之下，民族语言意识提升，民族凝聚力增强，阿非利堪民族主义逐渐显露。可以说，英国化政策在一定程度上加速了阿非利堪民族的形塑过程。辩证地看，白人内部语言冲突的确对阿非利堪民族的诞生产生了积极影响，但随之而来的种族隔离制度对黑人语言和文化以及整个南非的发展和稳定所造成的伤害难以估量。

3.3　种族隔离时期

"种族隔离"一词于 20 世纪 30 年代出现在阿非利堪语中，最初意为"孤立"。种族隔离具有两种表现形式：地域性隔离和社会性隔离（Lovell，1956）。阿非利堪人政府推行的"黑人家园"[①]地域性隔离，世界为之震惊。1948 年，南非国民党（National Party）[②]上台标志着种族隔离时代开启。

3.3.1　黑人家园与母语教育

种族隔离制度以语言为标准分化广大黑人，旨在维持白人统治、保持种族分化。种族隔离法律覆盖日常生活方方面面，制度化并合法化了种族歧视行为。20 世纪上半叶，英国殖民者建立起分层社会，经济啄序[③]由此诞生。英裔白人位于啄序顶端，黑人位于底部，阿非利堪人、有色人和印度人居中。种族隔离制度不仅强化了种族边界，而且提升了阿非利堪人在啄序中的位置，满足了其自治愿望。种族隔离制缔造者深深相信"种族决定文化成就，种族生而不平等"。对他们而言，肤色是社会分化的外貌指数（Kamwangamalu，2004）。阿非利堪人担心被黑人"淹没"，南非国民党利用这种恐惧心理，采用种族隔离选举制度将黑人排除在南非政权之外（刘兰，2003）。

1950 年，南非政府颁布《人口登记法》（Population Registration Act），将人口按照种族属性划分为三个类别：白人、黑人和有色人[④]。1951 年，《班图权力法》（Bantu Authorities Act）的出台为建立黑人家园奠定了基础。

①　由于南非黑人主要是班图人后代，所以这些黑人聚居区最初被称为"班图斯坦"（Bantustan），后因黑人反对这一带有歧视性质的名称，遂更名为"黑人家园"。

②　南非国民党成立于 1914 年 7 月，代表白人农牧场主和资本家利益，主张"白人至上"，倡导种族歧视和种族隔离，并使之系统化、制度化。

③　啄序（pecking order），啄食顺序的简称，指群居动物通过争斗取得社群地位的阶层分化及支配等级区分现象，最早由动物学家观察鸡群行为所发现。政治心理学、社会心理学、人类学、社会学亦使用此概念来解释人类通过争斗取得社群地位和支配等级的现象。

④　参见维基百科网：http://en.wikipedia.org/wiki/Population_Registration_Act,_1950.

黑人家园是以语言为标准划分的黑人聚居区，同一家园中的黑人具有相同的语言和文化背景，其真正目的在于实现黑人地域隔离，防止他们形成统一战线，进而威胁白人统治。种族隔离制度企图从政治、经济、地域上将白人和黑人完全分开，鼓励黑人"部族化"，在关乎民生的领域压制黑人，造成白人和黑人在土地占有量、收入水平、医疗条件、教育投入等方面存在巨大差距，具体情况如表 3.2 所示。[①]

表 3.2　种族隔离时期种族差异列表

项目	黑人	白人
人口	1900 万	450 万
土地占有量	13%	87%
国家收入所占份额	小于 20%	75%
医患比率	1：44 000	1：400
新生儿死亡率	城区 20%，乡村 40%	2.7%
每名学生人均教育支出	45 美元	696 美元
师生比率	1：60	1：22

伴随地域上将黑人藏匿于"无形"的是种族隔离制度所倡导的母语教育理念，学校培养并固化了黑人"部族意识"。种族隔离时期，南非共有19 个教育部门，分管白人、亚洲人、有色人和黑人教育事务，其中 12 个负责黑人家园教育管理。阿非利堪政府允许黑人家园"独立"，提倡每个民族充分享有使用民族语言和发展民族文化的权利，教育上享有自主性（Kamwangamalu，2004）。具体而言，英裔白人和印度人接受英语教育，阿非利堪人和有色人接受阿非利堪语教育，黑人接受本土语言教育。按照规定，黑人学生在基础教育前四年使用本土语言作为教学媒介语，二年级开始英语和阿非利堪语课程学习，五年级起英语取代本土语言成为教学媒介语（Walters，1996）。有研究显示，四年级结束时，学生掌握的英语单词为 800 个左右，而五年级教学大纲要求学生掌握至少 5000 个单词（Macdonald & Burroughs，1991）。黑人学生的实际英语水平与英语作为教学媒介语的客观要求相去甚远，除辍学外，黑人学生似乎并无其他选择。

究其本质，母语教育是为了维护白人学生的利益，无论是英裔白人还是阿非利堪人。母语教育理念以加尔文主义推崇的"基督教国民教育"

---

① 参见斯坦福大学网站：http://www-cs-students.stanford.edu/~cale/cs201/apartheid.hist.html.

（Christian National Education）哲学思想为推动力量，提倡每个民族拥有独特的身份认同和发展轨迹。荷兰归正宗宣扬母语教育符合上帝意愿，正因为此，上帝才将人类分成不同语言群体（Malherbe，1977）。南非国民党上台之前，白人学校同时使用英语和阿非利堪语作为教学媒介语，但种族隔离政府强行建立单一教学媒介语学校，用以保护阿非利堪人的语言、文化与身份认同。

3.3.2 《班图教育法》与索韦托①起义

《班图教育法》（Bantu Education Act）延续了母语教育理念，透露了白人政府希望将黑人永远置于被奴役状态的企图。英国教会学校一直负责南非黑人教育，然而种族隔离制度缔造者、时任本土事务部（Native Affairs Department）部长亨德里克·F. 维沃尔德（Hendrik F. Verwoerd）指出教会学校容易使黑人学生产生一种挫败感，原因在于他们总是渴望融入欧洲人的社会，获得属于欧洲人的职位；一旦这一愿望无法实现，不满情绪便容易被煽动和利用，引起社会动荡（Shepherd，1955）。随后，本土事务部要求黑人学生提高英语、阿非利堪语和母语识字能力（literacy）。如此一来，黑人学生必须花费大量时间学习外语，无暇顾及与生活、工作相关的实用技能。白人政府借此降低黑人在就业市场上的竞争力，迫使他们从事低等工作，永远被囚禁在社会底层。这一罪恶意图从维沃尔德如下言论中可见一斑。

> 班图黑人在欧洲人社区中只能从事低等工作，除此之外，别无其他。他们没有必要接受旨在融入欧洲人社区的教育和培训，那里不欢迎他们。目前只需用学校教育将黑人从他们的社区中吸引出来，向他们展示欧洲社会的美好绿洲，而那里是他们永远不可能到达的。（Kallaway，2002）

---

① 西南镇（South Western Townships）的缩称，英文缩写为 Soweto。在约翰内斯堡西南 24 公里，是南非境内最大的非洲人集居城镇。对于这个缩写，许多黑人解释说：索韦托就是"So Where To"（那么我们去哪儿呢？）。显然，白人不准他们到别的地方去。这就是南非特色的"种族隔离型贫民区"。南非当局不会允许黑人在"白人城市"里形成贫民区而打搅白人的安宁、破坏白人的城市环境。于是在"清理"与反"清理"的长期较量之后，南非当局转而采取"城外城"的方式安置黑人家庭，在约翰内斯堡西郊划出一个西南城区，即后来的索韦托。居民约 100 万，大多是工人。这里曾经是南非近现代反对白人种族主义的前哨。同时早期的非洲民族主义运动、黑人工人运动和后来的黑人学生运动都活跃在这片土地上。著名的黑人领袖纳尔逊·曼德拉就曾居住在这个小镇。

　　种族隔离政府区别对待官方语言（英语和阿非利堪语）与非官方语言，不公正地分配发展资源，导致南非 80% 人口所使用的语言被边缘化，本土语言得不到开发（李旭，2006）。班图教育贬低黑人历史与文化，编造"班图文化"的谎言，黑人的语言和文化被描绘为传统、落后、一成不变。1953年，南非议会通过《班图教育法》，标志着种族隔离制度在教育领域全面启动，其中规定黑人接受母语教育的时间由原来的四年延长至八年，学生在进入中学后可以选择英语或阿非利堪语作为教学媒介语。由于当时大多数黑人学生没有机会接受中等教育，《班图教育法》和母语教育政策被视为白人政府蓄谋已久的诡计，旨在剥夺黑人学习英语的机会。

　　黑人民众对阿非利堪人政府的不满情绪直接影响他们的语言态度。阿非利堪语被视为种族隔离和种族压迫的标志，英语则被解读为"象征自由的语言"。种族隔离时期的语言教育政策意在实现黑人语言部族主义，以便分而治之，各个击破。未曾料想，广大黑人最终团结在英语周围，将英语视为摧毁班图教育、摆脱种族压迫的有力工具（Sonntag，2003）。一份1972 年的调查报告显示，98% 的索韦托年轻人不愿使用阿非利堪语作为教学媒介语，超过半数的受访者认为阿非利堪民族是"南非最残暴、最缺乏同情心的民族"（Edelstein，1972）。最令人难堪的是，黑人家园纷纷选择英语和一门班图语言作为官方语言，阿非利堪语备受冷落。面对此般冷遇，南非国民党右翼分子号召政府尽一切可能在黑人学校和亚裔学校中推广阿非利堪语。1976 年，班图教育部（Department of Bantu Education）规定在黑人就读的学校中，小学高年级和初中阶段的一些关键科目必须使用阿非利堪语授课；阿非利堪语与英语地位平等，各教授科目总数的 50%。学生家长被剥夺了为子女选择教学媒介语的自由，不满情绪持续积聚，最终引爆索韦托起义。

　　起义伤亡惨重，警察对手无寸铁的学生开枪，场面一度失控，造成约575 人死亡、2000 余人受伤的惨烈结局。[①]南非近代史上这一具有核心意义的反种族隔离事件证明了学校教育是种族隔离制度发挥作用的关键领域。索韦托起义后，种族隔离政府于 1979 年修正《班图教育法》，取消了阿非利堪语教学的硬性要求，将黑人母语教育时间重新缩减到四年（Lafon，2009）。1979 年政府第 90 号法案（Act 90 of 1979）规定：必须遵守母语教育准则，基础教育前四年需使用母语，之后是否沿用需充分考虑学生家长意见；若弃用母语，家长有权选择一门官方语言作为子女的教学媒介语

---

① 参见 SABC 网：https://sabctrc.saha.org.za/glossary/soweto_uprising.htm?tab=victims.

（Hartshorne，1995）。

20 世纪 80 年代末，随着种族隔离制度不断弱化，黑人学校的教学条件有所改善。南非国民党政府加大了对黑人中等教育的投入力度，放宽了黑人学生进入"白人大学"的限制条件。过去的"白人大学"，尤其是英语大学，开始私下接收黑人、有色人和印度裔学生。到了 20 世纪 90 年代，态度一贯强硬的阿非利堪语大学也开始吸纳黑人学生。[①]

3.3.3 小结

在《班图教育法》影响下，任何推广本土语言的努力都可能会产生鼓吹种族分化和民族分化的联想。种族隔离制度一方面分化了广大黑人，阻碍了黑人教育事业发展；另一方面强化了各语言群体的身份认同，损害了国家认同建构。然而，这一时期的母语教育在一定程度上促进了本土语言本体规划，维持了语言、文化多样性。南非广播公司中的班图语电台使用七种班图语播音，很多黑人作家也开始使用母语为学校编写教材。

种族隔离时期的语言冲突类型多样、相互交织：既表现为白人内部争夺优势语地位的矛盾，也表现为白人压制和打压黑人语言和文化。这一时期的语言冲突多表现为语言应用型冲突，阿非利堪人通过夸大黑人群体所使用的各班图语言之间的差异，借此鼓励语言部族主义、打造语言壁垒。分化式语言教育一方面将南非社会"部族化"和"种族化"，阻碍了黑人教育事业发展；另一方面强化了语言族群身份认同，有损国家认同建构。如何摆脱种族隔离阴影、消除种族歧视、培养各族人民的国家认同意识成为民主新南非政府迫切需要解决的难题。

3.4 后种族隔离时期

20 世纪 80 年代末 90 年代初，种族隔离制度渐趋弱化。1993 年 12 月，《临时宪法》（Interim Constitution）出台，首度认可了南非多种族、多民族、多文化、多语言等特点，赋予了所有语言平等发展的权利。1994 年，曼德拉领导的南非非洲人国民大会（简称非国大）在全国大选中获得议会多数席位，标志着白人种族主义统治被正式废除。考虑到业已形成的极端失衡的语言格局，南非政府力求将所有语言置于平等发展的框架之

---

① 参见 HRSC 出版集团网：https://www.hsrcpress.ac.za/.

内，努力创造一个"无冲突"（conflict-free）的语言环境。新一届政府在"制衡原则"的约束和指引下，争取每一种语言都能被平等对待并获得平等的发展机会。然而，究其根本，南非语言政策与规划意在缓解阿非利堪人和英裔白人的矛盾，并非要求他们形成统一、不可分割的认同意识（Reagan，2001）。

3.4.1　南非宪法中的语言条款

1996 年，《南非共和国宪法》（简称宪法）出台，这是南非最为重要的一部语言法律。随后，南非政府相继开展一系列语言规划活动，制定多部语言教育政策，致力于实现语言平等、保持语言多样性、促进本土语言发展、保障公民语言权利。宪法清楚地表明民主新南非摆脱语言压迫和语言歧视的决心与勇气，其中第一章总则中第六项明确规定：

第 1 条　南非官方语言包括：斯佩迪语、索托语、茨瓦纳语、斯威士语、文达语、聪加语、阿非利堪语、英语、恩德贝勒语、科萨语和祖鲁语。

第 2 条　面对历史原因造成的本土语言地位下降，政府有义务采取积极有效的措施提升本土语言地位并促进其使用。

第 3 条

第 1 款　出于语言使用情况、可用性、花费、地方实际情况和平衡各省或大众的语言需求或偏好考虑，中央和各省级政府可以选择任何官方语言作为行政语言；必须使用至少两种官方语言。

第 2 款　市政府应充分考虑本市居民的语言使用和偏好。

第 4 条　中央和地方政府应通过立法或其他措施，管理官方语言使用，各官方语言享有平等地位和公平待遇。

第 5 条　南非国家语言委员会应致力于——

第 1 款　创造条件促进所有官方语言、科伊语、那马语和桑语以及手语发展。

第 2 款　促进和确保对南非各社区语言的尊重，包括德语、希腊语、古吉拉特语、印地语、葡萄牙语、泰米尔语、泰卢固语、乌尔都语以及阿拉伯语、希伯来语、梵语等宗教语言。

确立 11 种官方语言主要出于以下两点考虑：其一，超过 98%的南非人口以其中一种语言为母语；其二，接受并认可南非语言多样性的事实，确保各语言平等参与国家民主进程。宪法旨在加强南非种族、民族团结，号召民众尊重多元语言与文化，最终实现建设民主国家的目标，其所倡导的多语导向有益于化解长期积聚的语言矛盾和语言冲突，为今后制定的所有语言政策提供了法律准绳。

宪法第二章"权利法案"（Bill of Rights）承认语言权利为基本人权，详细规定了公民的语言权利。具体内容如下。

第 9 条　第 3 款　国家不允许因为如下一种或多种情况而不公正地直接或间接歧视对待任何人，其中包括种族、性别、民族、肤色、年龄、宗教信仰、文化、语言、出身等因素。

第 29 条　第 2 款　在能够合理实施教育的公共教育机构，人人有权以官方语言或他们自选的语言接受教育。为了确保有效地获得并履行这一权利，国家应考虑所有合理的可供选择的教育方案。（这些教育方案应）包括盲语的教学规定等，（还要）考虑：（1）平等；（2）实用性；（3）需要纠正过去种族歧视法律及其各种后果。

第 30 条　任何人有权使用自己选择的语言，有权参与自己选择的文化生活，但在行使这些权利时任何人不得违背《权利法案》中的任何规定。

第 31 条　第 1 款　不得剥夺从属于同一文化、宗教和语言群体的其他成员拥有的如下权利：1. 分享他们的文化，从事他们的宗教信仰活动和使用他们的语言；2. 结成并参加维护文化、宗教和语言权利的协会和其他民间机构。

第 35 条　第 3 款　每个被告人有权受到公正的审判，包括如下权利：……11. 以被告人懂得的语言进行审判的权利，如果条件不具备，则要用被告人懂得的语言为其翻译审判过程……。
（张宝增，2003）

南非宪法传达出民主、平等、自由、宽容、团结的思想，11 种官方语言的举措在世界范围内也属罕见，彰显出民主新南非誓与曾经的屈辱史划清界限的坚定信念。宪法要求民主政府在多元主义理念指导下，推行有利于实现语言平等的多语制度；保障公民使用母语和自由选择语言接受教育或参与社会事务的权利；保障各民族享有发展民族语言、文化和宗教的自由；根除种族、民族隔离制度，消除语言歧视，促进各族人民团结融合。宪法是南非语言规划史上的一次飞跃，对推进民主建设进程具有重大意义，表达了黑人领袖率领人民走出种族隔离阴霾、重建家园的美好愿景。

即便如此，宪法中的语言条款却也在一定程度上带有历史局限性，镌刻有其所诞生时代的印记，实用色彩浓厚。一方面，宪法沿用了种族隔离时期旨在夸大班图语言间差异的语言命名和分类方法，既成习惯虽不易更改，却也从一个侧面表明民主政府尚未做好将语言问题纳入优先考虑范畴的准备；另一方面，阿非利堪语位列官方语言之一的举措既可以弱化语言变革可能产生的冲击效应，又有助于安抚阿非利堪人、实现民主新南非的平稳过渡，是避免种族主义死灰复燃的实用策略。除此之外，宪法中某些措辞常被指责隐含保护种族特权的意味，如宪法第二章第 30 条中"任何人有权使用自己选择的语言，有权参与自己选择的文化生活"等文字内容便常被理解为任何带有种族性质的社会群体都可以堂而皇之地践行和发展其群体文化。

3.4.2　国家层面上的语言政策

1. 《国家语言政策框架》

理论上讲，宪法力图遵循"制衡原则"，最终实现英语、阿非利堪语与本土语言的平衡发展。作为南非最具法律效力的语言政策，宪法为其后所有与语言地位和语言使用相关的规划与政策定下了基本基调。有宪法作为保障，政府授权当时的"艺术文化科技部"（Department of Arts，Culture，Science and Technology）处理全国语言问题。就南非局势而言，迫切需要最大限度利用国家的语言多样性资源，设计条理清晰的国家语言规划方案（Prah，2006）。1995 年 12 月，"语言规划任务组"（Language Plan Task Group，简称任务组）应运而生，全权负责设计国家语言规划，为南非语言政策和实施方略制定指导方针。教育部指派专家参与任务组下设语言教育组的工作，起草了学校语言政策，最大限度地保证教育方面的语言政策与国家语言政策和谐发展（杜鞡和王辉，2012）。1996 年，任务组完成《南非国家语言规划：语言规划任务组的最终报告》（Towards a National Language Plan for South Africa: Final Report of the Language Plan Task Group），上报至艺术文化科技部部长。报告内容涉及对南非语言政策与规划的讨论、建议、现状等，其中语言平等、语言发展、语言资源、教育语言、公共服务领域内的语言使用等成为主要话题（Kamwangamalu，

2004）。任务组工作随后由南非国家语言委员会①取代，该机构就国家语言发展问题直接对议会负责。南非国家语委的主要任务是促进南非11种官方语言发展，建立多语格局，保护全体公民的语言权利。

在《南非国家语言规划：语言规划任务组的最终报告》的基础上，南非内阁于2003年2月12日通过《国家语言政策框架》。《国家语言政策框架》适用于各级政府机构以及国家和9个省的立法机构，其中第2条第4款就国家行政部门的语言使用规定如下。

（1）每个政府部门必须采用一种或几种工作语言，用于对外和部门内部交流。

（2）通过官方信函与公众交流，必须使用该公民选择的语言。

（3）国家政府部门颁布的官方文件必须使用11种官方语言。如果无须使用所有官方语言，相关文件必须依据"功能多语化"准则公布。该准则规定，政府可以根据文件的预期作用、目的以及目标人群选择使用语言，并对政府使用语言的最低要求做出规定，即所有官方文件必须同时使用至少六种官方语言：

• 至少一种恩古尼语族语言（科萨语、祖鲁语、恩德贝勒语和斯威士语）；

• 至少一种索托语族语言（斯佩迪语、索托语和茨瓦纳语）；

• 文达语；

• 聪加语；

• 英语；

• 阿非利堪语。

恩古尼语族和索托语族的各语言可轮流选取。

（4）在国际事务中使用英语，或对方国家的语言。

随着《国家语言政策框架》政策条款公之于众，2003年10月，南非艺术文化科技部颁布《〈国家语言政策框架〉实施规划》（Implementation

---

① Pan South African Language Board（缩写为PanSALB，简称南非国家语委）依据《南非国家语言委员会法》（政府1995年第59号法令）成立。1993年《临时宪法》中包括建立该机构的条款，所以其成立时间早于南非1996年宪法终稿的颁布时间。这一机构的中文译名并未统一，相关文献中既有称其为"泛南非语言委员会"的，也有称其为"全南非语言委员会"的，本书选取张宝增（2003）所译的"南非国家语言委员会"。

Plan：National Language Policy Framework，简称《实施规划》）。促进本土语言发展被视为政策条款的核心内容，《实施规划》需要建立有利于全面实现公共服务领域多语制的语言基础设施和与此相配套的多种机制。成立语言中心、国家语言论坛（National Language Forum）和南非语言从业者委员会（South African Language Practitioners' Council）也在考虑之中。由于意识到语言多样性势必带来诸多挑战，《实施规划》计划通过培养笔译和口译人才，"在合理时间内"逐步实施多语政策。《实施规划》建议10 个政府核心部门率先成立语言中心，随后各级政府部门也要配备语言中心，三年时间内实现出版物的多语出版。除此之外，一系列有利于政策实施的机制也将陆续登场，如术语发展、笔译和编辑、语言技术、公务员语言行为规范、语言服务指南与信息库建设、语言意识觉醒运动、电话翻译服务、促进科伊桑语和南非手语的发展等（Department of Arts and Culture，2003）。其中"南非电话翻译服务"（Telephone Interpretation Service of South Africa）被认为是支持非洲民族语言使用和发展的历史性突破。

《国家语言政策框架》体现出南非政府和各部门打破南非语言不平等格局，结束英语与阿非利堪语的统治地位，建立民主、平等、自由的语言环境的努力方向。相关的《实施规划》为发展本土语言、保护国家语言资源提供了具体的可行性指导方案，详尽说明了语言活动的预期目标、活动的负责机构和活动运作的时间框架。

2. 《南非官方语言使用法》

2003 年 5 月 30 日，南非艺术文化科技部征求公众对于《南非语言草案》（Draft SA Languages Bill）的意见与建议。该草案最终以南非政府第35742 号公文的形式颁布，更名为《南非官方语言使用法》（Use of Official Languages Act in South Africa，简称《使用法》）。该法案旨在监督和管理国家政府部门的官方语言使用情况，确保所有官方语言地位平等，通过语言管理促进公共服务领域的有效运作，满足公众需求。《使用法》第 4 条就制定语言政策及其具体内容规定如下。

（1）在法案生效之日起 18 个月内，南非政府必须就政府事务中官方语言的使用制定出语言政策；

（2）依照条款 1 制定出的语言政策必须满足如下条件：

• 遵照宪法第 6 节第 3 款和《使用法》的内容；

　　•在处理国家政府部门和公共服务机构事务时，至少使用两门官方语言；

　　•详细规定政府部门在与公众交流、发表官方文件和政府内以及政府间交流中如何使用官方语言；

　　•详细说明采取何种措施以应对公众所选语言与政府部门或公共服务机构所选语言出现出入的情况；

　　•详细说明公众如何了解语言政策的具体内容；

　　•建立投诉机制，以应对公众就官方语言使用的投诉。

　　《使用法》相关条款主要针对官方语言在公共领域内的选择与使用，多语制本应为民众与政府间交流提供便利条件。《使用法》进一步细化了宪法规定的"至少使用两门官方语言"的条款内容，充分考虑到了个人选择与机构选择存在出入的可能性。《使用法》以促进社会融合为目的，对语言不和谐状况的提前预知有助于此类问题有效解决。

　　3. 《南非语言从业者委员会草案》

　　2013 年 6 月，南非艺术文化科技部公布《南非语言从业者委员会草案》（South African Language Practitioners' Council Bill）。语言从业者主要从事笔译、口译、术语编写、词典编纂、语言校对等工作，委员会以保护并促进国内语言实践活动为初衷。为了构建多语格局，确保每位公民享有自由选择语言接受教育或参与国家事务的权利，翻译人员往往在民众、地方政府、中央政府间架设沟通桥梁。本体规划程度不足的语言，包括相关的词典编纂和语法书编写在内的工作势在必行。语言从业者需在南非语言从业者委员会（以下简称"委员会"）登记注册，由委员会委任，经过严格考核后方可从事与语言相关的工作。委员会既要为需要帮助者提供高效且有效的语言服务，也要鼓励曾受到不公正待遇的民众参与到国家语言产业中。与此同时，委员会还应就教育和培训专业人士的问题与教育部、艺术文化科技部、高等教育委员会等政府机构相互配合，展开合作。《南非语言从业者委员会草案》为南非语言服务提供了规范性准则，具体化和规范化了保护公民语言权利的措施。该草案在保护和推广本土知识体系，吸引本土语言使用群体广泛参与本土语言和文化保护，改善公众对本土语言消极的语言态度，提高全民语言意识等方面都发挥了积极作用。

　　上述法律文本确保各级政府及相关部门制定的语言政策有法可依，有据可查。所有政策都旨在打造多语格局，语言多样性越来越被视为国家资源。多语政策对保障南非公民的语言权利、建立民主社会、促进国家发展、保持政局稳定大有裨益。理论上，南非国家层面上的语言政策内容已十分翔实；但就实施效果而言，不尽如人意之处颇多。在实际操作过程中，英语单语趋势愈加明显，这一趋势在教育领域十分凸显。

3.4.3　各级语言教育政策

经历过种族隔离制度洗礼后的南非，学校教育中的语言设置成为高度敏感话题。如何消除对母语教育的消极联想，转变民众对本土语言的消极态度；如何赋权本土语言使用群体，避免语言成为获取平等受教育机会的障碍；如何扭转本土官方语言劣势，确保本土语言群体获得象征性权力等，都成为语言教育政策亟待解决的问题。1996 年，南非议会讨论通过《国家教育政策法》（National Education Policy Act），旨在促进国家教育体制民主转型，满足各族人民的需求和利益，维护南非公民基本权利。[①]同年，南非教育部颁布《南非学校法第 84 号令》，就种族隔离时期不平等的教育制度大加谴责，强调全新的教育体制必须致力于纠正原有不公正，保持并发展南非语言、文化多样性，维护学生、家长和从事教育者的权利。其中第 2 章第 6 项"公立学校语言政策"禁止学校实施任何形式的种族歧视政策，杜绝任何与官方语言使用相关的歧视行为，尤其不得歧视本土官方语言的学习。《南非学校法第 84 号令》的出台赋予了本土语言与英语和阿非利堪语同等的参与学校教育的合法性，为本土语言教学提供了法律依据，由此给予了每个公民平等的、依照个人意愿选择语言接受教育的权利。随后，一系列专项语言教育政策面世。

1. 《南非语言教育政策》

1997 年，《南非语言教育政策》出台，规定公立学校必须使用至少一门官方语言作为教学媒介语；学校可自行选择一门及以上官方语言用于教学，申请入学的学生需事先告知学校他们的语言选择，如果要求使用学校规定以外其他官方语言的学生人数不足 40 人，省级教育部负责人需酌情考虑如何满足少数学生的语言需求和教育需求。该政策将文化多样性和语言多样性视为国家资源，倡导所有官方语言平等发展，力求改善本土语言处境，以实现跨种族、跨语言和跨宗教信仰的交流，建立摆脱种族歧视和种族压迫的新南非。学校旨在开展"基于母语的添加式双语教育"（mother

---

① 参见南非政府网：www.education.gov.za/LinkClick.aspx?fileticket=l73mPb/ja4c=&tabid=185&mi.

tongue-based additive bilingualism），即在母语教育前提下，为学生提供学习一门或几门其他语言的机会，并赋予学生自由选择语言接受教育的权利。《南非语言教育政策》有如下几项目标。

（1）实现受教育机会均等，促进全民广泛参与社会、经济生活；

（2）实施最有利于学生认知发展的语言政策，将添加式双语教育作为语言教育的途径之一；

（3）推广和发展所有官方语言；

（4）满足学生或任何群体使用所选择语言接受教育的要求，其中包括宗教语言、国际贸易和交流语言、南非手语及其他交流方式；

（5）抵消家庭语言和教学媒介语不协调而产生的不利条件；为过去被边缘化的语言提供和创造发展机会。

《南非语言教育政策》敦促各学校完善多语课程设置，确保所有语言享有平等的教学时间和教学资源分配；从小学三年级起，学生需选修至少两门语言课程，五年级学生需通过一门语言考试，十年级学生需通过两门语言考试（其中一门必须是官方语言）。未能通过语言科目考试的学生无法升入高一年级继续学习。学校制定出的语言政策必须充分尊重个人语言权利，给予学生和家长充分的选择自由，确保出身任何语言背景的学生都能够享有平等的受教育机会。为了确保政策的公正性，学生或管理机构若对任何决议不满，都保留向上级主管教育部门申诉的权利。《南非语言教育政策》是南非教育史上的里程碑，学生和家长被赋予了前所未有的语言选择自由。

然而，这项政策真正实施起来却艰难异常，原因在于黑人对母语教育的反感程度远远超出想象。南非白人、有色人和印度人以英语或阿非利堪语为母语，他们无须面对教学媒介语转换引发的诸多烦恼，因为英语和阿非利堪语是所有教育阶段的合法教学媒介语（Howie et al.，2008）；但本土官方语言教学仅限于基础教育前四年，且主要是在黑人学生占绝大比重的学校中施行。如此一来，黑人学生不得不接受过渡式双语教育，母语教育仅为通往英语教育的一块跳板。学生家长在子女接受四年母语教育后，五年级起便迫不及待地要求学校转用英语教学。教学媒介语转换对黑人学生的课业表现和认知发展提出巨大挑战，直接导致黑人学生在国家高等证书考试（National Senior Certificate）①中成绩明显落后于白人学生，黑人学生在一定程度上被剥夺了平等参与社会竞争的机会。

添加式双语教育之所以未见成效，除上述因素外，种族隔离制度的后续影响、英语日益增强的支配地位以及官方失之偏颇的语言意识形态②同样不容忽视（Kamwangamalu，2003）。在种族隔离时期，母语教育曾是白人分化黑人、实施种族歧视和压迫的工具。广大黑人深受其害，因此他们对任何与母语相关的话题都高度戒备。不难理解为何在全新的教育体制下，母语教育依然未能在黑人中产生共鸣。一旦被给予充分的语言选择自由，英语几乎成为不二选项。对黑人而言，英语不同于充当种族压迫工具的阿非利堪语，是南非唯一一门可以与阿非利堪语抗衡的语言，选择英语也表明了他们不愿与阿非利堪人为伍的心理底线。与此同时，伴随全球化时代的到来和英语国际地位的提升，英语在世界范围内的影响力不断增强。南非人十分庆幸殖民历史留给他们的宝贵英语资源。英语稳居南非语言金字塔顶端，地位无可撼动。阿非利堪人纵有诸多抱怨，但种族隔离制度大势已去，他们中的许多人鼓励子女学习英语，以便增强竞争力。当下南非语言实践体现出"重英语、轻本土语言、阿非利堪语居中"的语言意识形态。在这一意识形态指引下，民众的语言选择、语言态度、语言行为必然朝向有利于英语的方向发展。与双语教育目标截然相反的是，英语独大格局已然形成，这便是黑人学生家长从不曾要求延长母语教育时间的原因所在。在他们眼中，母语教育成为他们学习英语、获取平等的受教育机会、实现自身发展的绊脚石。

添加式双语教育实施不力，还部分归咎于缺乏政府和相关部门的支持，学校主管部门或主管人员欠缺与语言教育相关的专业性知识和技能。自《南非语言教育政策》颁布以来，南非基础教育部③（Department of Basic Education）从未出台任何具体措施以确保学生获得双语能力（Soudien，2010）。与此同时，黑人母语教育还面临着缺少训练有素的教师队伍、缺

---

① 南非学生在 12 年级结束时需参加的考试，类似于中国高考，通过考试的人有机会进入高等院校学习。

② 伯纳德·斯鲍斯基（Bernard Spolsky）将语言意识形态（linguistic ideologies）定义为决定（语言使用者的）语言态度、语言评价以及语言行为的理念体系（Spolsky，2004）。玛丽·迈克格鲁提（Mary McGroarty）认为所有语言使用者都具有意识形态框架，这些框架决定语言选择、语言评价以及语言形式和功能的运用（McGroarty，2008）。

③ 南非教育事务最初由教育部负责，教育部后划分为两个政府部门：基础教育部和高等教育与培训部。前一部门主要负责除高等教育外所有教育阶段的教育事务以及培养成人识字能力，后一部门主要负责高等院校及其他校外教育与培训，并负责协调"南非人力资源发展战略"。

乏教学材料和教学资源等实际困难。这些不利条件既阻碍了黑人学生获取平等受教育的机会，又成为塑造多语格局的巨大障碍。

2. "课程 2005"

南非原有教育体制中的课程设置与新宪法所倡导的语言多样性格格不入。南非教育部决定自 1998 年 1 月起在中小学实行全新的课程设置，旨在逐步取代种族隔离时期的课程安排，替换死记硬背的教学模式，为国民提供高质量教育。原计划截至 2005 年，全新课程设置在南非学校一至九年级全面推广使用，这便是"课程 2005"（Curriculum 2005）的由来。"课程 2005"提倡基于学习效果（outcomes-based）的教育理念，以学习者为中心，以学习效果为导向，强调团队合作（Kamwangamalu，2004）。其核心特点之一是认可并支持使用母语习得知识，另一特点是学习过程被视为教师和学生间的互动过程，学生在其中扮演核心角色，教师仅起到辅助作用。学生成绩采用跟踪评定（continuous assessment），而非仅仅依据年末或学期末考试成绩等传统方法而定（Parker et al.，1999）。2000 年，为了适应新一轮的教学需求，"课程 2005"内容调整如下：小学一至三年级70%的课堂时间分配给语言和数学学习，从四年级起这一比例下降到 50%，并计划将英语版本的政策内容翻译成阿非利堪语、索托语族语言和恩古尼语族语言（Kamwangamalu，2004）。"课程 2005"力图实现受教育机会均等，以人为本的教育改革将学生置于教学实践的中心，不再过多强调教师的作用。以母语为基础的政策重心表明彻底走出种族隔离制度阴影的决心，体现出全新的课程理念，是塑造多语格局的必要环节之一。

3. 《南非高等教育语言政策》

种族隔离时期，南非高等院校曾被划分为英语大学和阿非利堪语大学两个类别，"分开发展"（separate development）理念剥夺了黑人学生进入白人大学继续深造的机会。种族隔离制度解体后，白人大学对外开放，黑人学生入学人数逐年增加，且大都选择英语大学就读。面对日益严峻的生存压力，阿非利堪语大学不得不放宽政策，满足黑人学生对英语的需求，并接受英语强势挺进校园的现实。以此为背景，高等教育委员会于 2001年 7 月出台《南非高等教育语言政策框架》（Language Policy Framework for South African Higher Education）（简称《框架》），清晰勾勒出高等教育中本土语言使用受限、阿非利堪语使用范围缩小、英语独霸天下的画面；号召各高校重视本土语言，制定并实施有利于本土语言发展的语言政策和教育政策。特别值得一提的是，《框架》建议高等教育采取循序渐进式的语言政策，包括即刻执行的措施、短期目标和中长期建议三部分①，旨在有效降低激进的语言政策内容可能产生的冲击效应。《框架》提倡实施多语制度，保护母语或家庭语言，充分认可母语教育和多语教育的价值，是对建构多语格局的一次有益尝试。

《框架》出台后不久，南非教育部部长即召开非正式委员会，专门就高等教育中是否应该继续保持阿非利堪语的学术语言地位，如何避免其再次成为种族、民族分化与歧视工具等问题征求与会专家意见。阿非利堪语之所以获得如此关注，除去其与种族隔离制度密切相关的政治敏感性外，还因为它是除英语外唯一应用于高等教育中的教学媒介语。2002 年 11 月，南非教育部综合各方意见，正式颁布《南非高等教育语言政策》，号召全体国民，尤其是高等院校师生保证所有官方语言得到同等尊重；提倡落实高等教育多语制度，确保那些希望借助高等教育实现自身潜力的人具有平等入学和获取成功的机会；重申南非语言多样性事实，谴责英语和阿非利堪语的特权地位，同时也清醒地认识到由于本土语言尚未完全具备学术语言资质，大多数黑人学生仍未通晓英语和阿非利堪语，因此语言仍将继续成为获得高等教育的障碍。《南非高等教育语言政策》试图解决教学媒介语选择、班图语言发展、外语学习以及落实高等教育多语制度等问题，其整体性建议可归纳如下。

(1) 考虑将 9 种本土官方语言全部用作高等教育的教学媒介语，但就目前语言发展状况而言，在本土语言发展成熟之前，英语和阿非利堪语仍将继续用作高等教育的教学媒介语；

(2) 将本土语言发展成为学术语言是一个中长期战略目标，在此之前需大力开展语言本体规划，尤其是词典编纂、教材编写等工作；

(3) 发展本土语言需要长期、充足的财政支持，政府的扶持力度应与将阿非利堪语发展成为教学媒介语的投资力度相当；

(4) 保留阿非利堪语作为高等教育的学术语言，为确保其不受英语侵蚀，各高校应采取一系列策略、措施，确保阿非利堪语成为主要但非唯一的教学媒介语；

---

① 三部分分别对应如下英文表述：measures that can be implemented immediately, measures that can be undertaken in the short term and measures that can be implemented in the medium to long terms.

（5）高等院校应出台政策、措施，以帮助学生熟练掌握指定的教学媒介语；

（6）以规划和基金奖励等方式鼓励本土语言及使用本土语言创作的文学作品的研究，对高等院校相关课程的发展给予特别关注；

（7）制定相关策略、措施，促进外语教学与研究，尤其是对南非文化、贸易和外交关系至关重要的外语；

（8）高等院校应根据实际，制定出切实可行的语言政策，如将掌握一门本土语言作为学生参加学术研讨活动的必备条件，为学校教职员工提供本土语言短期培训课程等；

（9）高等院校均需在本政策指导下，制定出适合本校实际情况的语言政策。

上述政策内容体现出两种取向：其一，倡导本土语言进入高校，改善曾经的不利处境；其二，扭转英语独霸高等教育的局面，建立和谐的语言生态。如何在两种取向间寻求平衡成为南非高等教育面临的首要问题。

2017 年，《南非高等教育语言政策》重新修订，此次修订是对之前政策制定与实施的回顾和反思，其中提到在两次政策的间隔时间内，本土语言在高等教育中依然未能充分发挥预想中的积极作用。新政策决意处理本土语言发育不良和应用不充分带来的问题，努力在高等教育中推进多语制，确保个人可以有效参与到大学活动中，同时个人也能兼顾认知和学业的发展。南非现有大学中大多数是英语大学，但也有一些大学在坚持原有的以阿非利堪语作为教学媒介语的传统。民主新南非成立后，两类大学均需重新考虑教学媒介语设置问题。英语大学需在保留英语的同时，努力培养并扩展本土语言的教学功能，将学校所在地区的主体民族语言融入课程，例如夸祖鲁-纳塔尔大学[①]便选择祖鲁语用于学校教育。斯坦陵布什大学[②]是所剩为数不多的捍卫阿非利堪语地位的高校之一，目前仍为学生提供阿非利堪语讲授的本科课程。斯坦陵布什大学记载着阿非利堪民族曾经的辉煌，在南非不断变换的政治格局和语言格局中留给阿非利堪人一丝慰藉。

---

① 夸祖鲁-纳塔尔大学设在夸祖鲁-纳塔尔省。祖鲁族是省内人数最多的民族，因此祖鲁语是省内使用人数最多的本土语言。

② 斯坦陵布什大学坐落在斯坦陵布什镇，该镇是南非第二大古镇，离开普敦镇大约三十分钟车程。该大学始建于 1866 年，是南非最古老的大学之一，拥有百年历史。

4.《学后教育与培训白皮书》

2014 年，南非教育部正式颁布了《学后教育与培训白皮书》（简称《白皮书》），以整合职业教育、培训领域及高等教育，构建统一的学后教育体系，进一步消除种族隔离的消极影响，建立没有歧视、平等的学后教育体系。《白皮书》中的相关政策内容旨在保护本土语言，促进民族和解与社会融合，保障民众的语言权利，并专章阐述语言教育政策的重心在于专门、有针对性地支持和资助、保护本土语言。其具体内容如下。

首先，拯救和保护南非本土语言与挖掘南非本土人文资源密切相关，因而要振兴日趋衰微的南非人文社会科学研究。《白皮书》指出，南非最宝贵的优势是本土人文资源。民族认同感的建立、本土语言保护、本土伦理道德观建设、本土知识体系构建以及为自由所做的抗争、实现《南非协商会议公约》和宪法所体现的精神、建立没有性别和种族歧视的社会等都是联系本土传统以及未来社会的人文课题。从基础教育阶段到高等教育阶段的整个教育体系、科学创新体系应当致力于开发本土人文资源。然而有报告指出南非大学人文研究不力，急需干预措施，其中包括建立国家人文科学研究院，开始在南非高校开展关键领域的人文研究项目，如开发本土语言，推广其在学后教育体系内的使用；大力培养研究生，特别是博士研究生，加强资助力度，培养后殖民时期全新的南非人文社会科学研究人才；振兴与南非社会、政治、文化经济利益相关的关于南非历史和当代问题的研究项目，建设民主社会；促进南非科研机构与海外的合作和对话。

其次，《白皮书》重申了大学对保护本土语言的重要作用。在学术领域，本土语言使用范围萎缩，威胁了南非的语言多样性。许多大学的本土语言专业院系由于资金短缺和生源不足而被迫关闭。[①]南非教育部颁布的《高等教育变革方案》（Programme for the Transformation on Higher Education）也曾指出高等院校在开发和推进南非本土官方语言使用、提升语言地位、培养相关师资和从业人员、满足多语社会的需求等方面作用巨大。时至今日，这样的作用并未充分实现。南非本土语言在学术领域中的地位不断被边缘化。

最后，《白皮书》提出：大学对贯彻基础教育阶段的语言政策作用巨大。为了支持基础教育部门语言政策的执行，保障南非当地儿童可以在小学里接受母语教育，大学必须培养本土语言师资，这将对保障南非学生的

---

① 参见南非高等教育部网：https://www.dhet.gov.za/SiteAssets/Latest%20News/White%20paper%20for%20post-school%20education%20and%20training.pdf.

本土语言能力起到积极作用。要达到振兴本土语言的目的，对大学里本土语言相关院系的资助要与本土人文特色相结合，将对本土语言的开发和教学与南非本土语言文化、学术科研的发展联系起来。[①]

为贯彻《白皮书》精神，2016 年上半年，南非政府对学后教育体系的投资超过 724 亿兰特（约为 297 亿人民币），但政策的执行情况并不乐观（梁砾文和王雪梅，2018）。约翰内斯堡大学（University of Johannesburg）的希琳·莫塔拉（Shireen Motala）教授称，许多家长愿意子女接受英语教育，尽管英语只是学生和老师的第二语言。[②]由于英语是政府和商业领域的通用语，南非本地人对本土语言缺乏认同感，学习愿望不强烈，由语言问题引发的教育公平问题日趋严重。

3.4.4　阿非利堪语大学"英语化"转向

种族隔离制度解体后，阿非利堪语大学面临学生在语言构成和种族构成上的巨大变迁，它们不再保留仅对白人开放的特权。非国大坚定不移地要求所有"唯白人"（Whites-only）教育机构摒弃种族分化原则，充分尊重学生的语言选择自由（Giliomee，2003）。大多数阿非利堪语大学服从这一规定，比勒陀利亚大学便是其中之一。该大学实行的语言政策充分尊重如下原则：个人拥有使用官方语言或自己选择的语言接受高等教育的权利，语言政策不应导致任何人被剥夺接受高等教育的机会（University of Pretoria，2002）。

在黑人学生数量不断增长和"去种族化"语言政策导向的共同作用下，阿非利堪语大学逐渐发展成为阿非利堪语与英语并行的双语大学。自民主新南非成立以来，一些大学选择取消阿非利堪语作为教学媒介语，或大幅减少其使用。南非宪法法院就此事做出了几项引人注目的裁决。如 2019 年，法院裁定斯坦陵布什大学采用阿非利堪语教学的语言政策是符合宪法的，但英语应该是首选教学语言。之前法院便裁定自由州大学（University of the Free State）可以使用英语作为主要的教学媒介语，放弃同时使用英语和阿非利堪语的政策。[③]

以上裁定为英语进入阿非利堪语大学提供了法律支持。当然，阿非利

---

① 参见南非高等教育部网：https://www.dhet.gov.za/SiteAssets/Latest%20News/White%20paper%20for%20post-school%20education%20and%20training.pdf.

② 参见美国之音（Voice of America）网：https://learningenglish.voanews.com/a/high-dropout-rate-a-problem-for-south-africa-141919353/608451.html.

③ 参见 Africa Check 网：https://africacheck.org/fact-checks/fbchecks/no-south-african-university-not-whites-only.

堪语大学的"英语化"趋势引起众多阿非利堪学者的强烈不满。他们担心民族语言逐渐被边缘化,最终威胁其语言地位。高等教育中的教学媒介语设置所产生的影响波及整个教育系统,其教学实践往往引起其他机构竞相模仿,这被称为"回波效应"(backwash effect)(Alexander,2001)。具体而言,公众往往会由于某种语言未能进入高等教育而拒绝给予其尊重和认可,高等教育中的语言选择和语言使用无疑对整个国家的语言格局产生深远影响。除此之外,阿非利堪学者还担心逐渐增强的"英语化"势头会导致阿非利堪语大学教学质量下降,因为有相当一部分阿非利堪语教员的英语水平未达到用于授课的标准。阿非利堪语大学面临两难境地:阿非利堪语是他们不忍丢弃的古老传统,而英语又是践行"去种族化"和受教育机会均等的重要标志。

南非政府在阿非利堪语大学推行"英语化"政策,强制压缩阿非利堪语的生存空间,过度强调英语的做法显然有悖民主原则,很大程度上阻碍了阿非利堪语大学自主发展,导致教师授课难度增加,教学质量整体下降。有研究者将南非政府对阿非利堪语的态度称为"民族恐惧症"(ethnic phobia)(Orman,2008)。时至今日,语言问题仍然是南非高校发展过程中无法回避的难题。造成这一局面的根本原因在于,本土官方语言不论在过去还是现在,都没能获得作为学术语言的使用和发展空间。南非教育部也表示,高等教育要满足学生群体多样化的语言需求,不能允许本土语言持续处于发育不良的状态;各机构必须开展不懈研究,探索在高等教育中使用本土语言的智能化战略。①

3.4.5 小结

纵观南非 1994 年以来出台的宪法、国家层面上的多项语言政策和语言教育政策,不难发现,实现 11 种官方语言地位平等、扭转本土语言被边缘化的局面、在全国范围内打造多语格局、推行多语制度是贯穿所有政策的一条主线。然而,看似公平的政策却带有权力集团操纵的痕迹,力争实现统治阶层的权力最大化和利益最大化。

尽管各项政策均以实现语言平等为基本准则,南非教育领域内的语言选用依旧呈现出级差分布,"英语独大、阿非利堪语势弱、本土语言边缘化"仍是南非语言生活的主旋律。尽管多项政策赋予本土语言以教学媒介

---

① 参见 BUSINESSSTECH 网:https://businesstech.co.za/news/government/446936/language-changes-planned-for-south-africas-universities/。

语合法性，但实施效果并不显著。母语与教学媒介语不一致对黑人学生的影响体现在如下两个方面。第一，教学媒介语成为有形障碍。对于黑人学生而言，能否获得进入知名学校学习的机会主要依赖于他们的英语或阿非利堪语技能以及使用这两种语言作为教学媒介语的意愿。第二，课业表现差强人意。究其原因，英语或阿非利堪语能力有限，是导致黑人学生课业表现糟糕的重要因素。实际上，语言选择并非一场零和博弈，使用英语作为教学媒介语和扩展本土语言教学功能之间并不矛盾。英语、阿非利堪语和本土语言在教学媒介语设置和使用上的不均衡深刻反映出南非自殖民地时期起持续至今的语言格局中的官方语言失衡态势。

3.5 剖析南非语言冲突

南非语言冲突的历史和现状始终围绕官方语言的地位及相关语言群体开展。就发生机制而言，官方语言政策所引发的人为语言冲突占据显著位置。官方语言失衡态势自殖民地时期起延续至今，对南非的语言教育产生了深远影响。下面依据语言冲突分析框架就南非语言冲突具体情况做出阐释说明。

就语言冲突成因而言，南非各历史阶段的语言冲突均产生于语言权力在语言群体间的不均衡分布，形成于殖民地时期的语言等级结构至今仍体现在并作用于社会生活的方方面面。在这一结构中，英语始终处于塔尖位置，地位无可比拟，阿非利堪人努力尝试将阿非利堪语提升至与英语平等甚至赶超英语的高度。在阿非利堪语如日中天之时，隐约出现了双塔尖现象，但这一局面以政治胁迫和种族分化为实现基础，政治优势一旦消失也便意味着根基坍塌。然而，不管上层结构如何变动，本土语言始终处于等级结构底部。民主新南非的语言政策旨在推翻原有的语言金字塔结构，建立以平等、公正为准则的语言格局，但就目前状况而言，尚未实现。

就语言冲突结构而言，南非语言冲突深层结构中存在着民族、种族、阶层等社会变量。可以说，语言冲突在社会各层面全线爆发。南非人口构成较其他撒哈拉以南非洲国家略有不同：其他国家曾属于"掠夺型殖民地"（exploitation colony），仅拥有少量白人殖民者；南非是"定居型殖民地"（settlement colony），大批英国人和荷兰人选择定居于此，这也便解释了为何南非人口构成中始终存在较大比例的白人（Mufwene & Vigouroux, 2008）。正因如此，南非语言冲突深层结构中除常见的民族变量外，种族间语言冲突一度占据国家语言史实的大幅篇章。

　　语言冲突深层结构中的社会变量与语言冲突单位存在重合之处，英语、阿非利堪语、本土语言使用群体构成三大语言冲突群体。南非语言冲突的历史依据语言群体间关系，可大致划分为三个阶段：1948 年之前，英裔白人和阿非利堪人构成两大语言冲突群体，前者占尽优势，阿非利堪民族主义随后兴起并发展壮大，最终阿非利堪人成功逆袭，这一阶段的语言冲突体现在白人内部；1948～1994 年，阿非利堪人当政，种族间语言冲突浮出水面，语言群体间关系剑拔弩张；1994 年民主新南非成立后，英语特权地位逐渐显现，阿非利堪语地位下降，本土语言依旧备受冷落。各语言群体均对现状不满，语言冲突由过去的激烈交锋转为现在的蓄势待发。一旦发生触发性事件，后果难以预料。简而言之，南非语言冲突历史可归结为种族内部语言冲突，族际（种族与民族）语言冲突，族际、社会阶层间语言冲突三种表现形式。

　　在语言冲突群体中，英裔白人虽然参与了各历史阶段的语言冲突，但他们的表现更近乎"坐享渔翁之利"。英语化政策虽未成功同化阿非利堪人，却培养起在南非近代史上发挥重要作用的黑人精英。在阿非利堪人当政时期，阿非利堪语向英语看齐，期待达到与英语同等高度。种族压迫驱使广大黑人团结在英语周围、抵制阿非利堪语，英语顺势成为解放、自由和民主的象征。相较而言，本土语言群体更多时候是被动地卷入语言冲突，其行为往往是对不公平现实的一种应激反应。民主新南非成立后，本土语言获得合法地位和发展自由，9 种本土官方语言与英语和阿非利堪语一同被镌刻在南非宪法中，但母语教育的消极联想持续至今，本土语言使用群体尚无从认清母语教育和本土语言的价值所在。黑人统治精英更是极力推崇英语，通过学校教育中的语言设置，实现垄断英语象征性权力和特权地位的最终目的。全国上下对待本土语言的消极态度直接导致旨在建立多语格局的语言政策和教育政策难以为继，由此延续了本土语言被边缘化的历史，促使其使用者更为狂热地追逐英语象征性权力。种族语言冲突退却，取而代之的是社会阶层间语言冲突。黑人统治精英垄断英语象征性权力，缺乏改变语言格局的政治意愿；民众追捧英语，力图改变现有语言局势，其行为却未获得国家支持与认可。

　　就驱动机制而言，南非语言冲突历史是一个由现实性语言冲突发展到非现实性语言冲突再到二者交互存在的过程。阿非利堪人是各阶段语言冲突的积极参与者：种族隔离之前，阿非利堪人抵制英语的特权地位，语言冲突现实性色彩鲜明，突出表现为语言在功能维度上的诸多不和谐之处；进入种族隔离时期，语言冲突被赋予了强烈的非现实性色彩，语言应用型冲突旨在满足阿非利堪人的政治企图；民主政府成立后，阿非利堪语的发展走向成为各方争论的焦点。尽管阿非利堪语曾经是实施种族压迫的工具，但若以此为借口剥夺阿非利堪人接受母语教育、参与社会实践的机会则有悖民主、平等原则。与此同时，政府又需充分考虑黑人民众对阿非利堪语的憎恶和消极态度。重新设定阿非利堪语在社会公共领域中的角色必然招致一些阿非利堪民族主义者的强烈反对。民主时期的语言冲突现实性色彩增加，以语言功能再分型冲突为主，阿非利堪语丧失原有特权地位，英语优势地位不断凸显。

南非语言冲突在一定程度上具有积极功能。英国化政策推进了阿非利堪民族兴起和阿非利堪语蓬勃发展。对阿非利堪人而言，与英国白人间的语言冲突既具有群体聚合作用，又维持了群体权力平衡。黑人反抗语言压迫的努力直接导致《班图教育法》被废止，同时促使新民主时期的语言政策和教育政策均以纠正上一时期的错误导向为出发点，大力提倡语言平等、反对语言压迫。由此可见，语言冲突充分发挥了其促使旧制度调整、新制度制定的积极功效。

南非政府若期待建构官方多语格局、提升公民多语能力，教育是首要作用机制。学校在传递价值观念、提升语言意识、扭转消极语言态度等方面发挥关键作用。尽管南非政府和教育部出台多项语言教育政策，力图平衡教育领域内的语言关系，扩展本土语言功能和使用空间，但政策内容与具体实施间差距仍大范围存在。英语作为教学媒介语的强劲势头超越任何一种南非语言。现阶段语言冲突虽不似种族隔离时期那般外显与剧烈，但"语言制衡"原则下依然暗潮涌动。摆脱种族歧视和压迫的客观需要将语言冲突暂时藏匿于无形，但随着国家发展趋于稳定，语言群体间矛盾可能会出于某种诱因而再次外化。南非语言问题能否顺利解决成为关乎国计民生的重要议题。

就宪法和多项语言教育政策内容而言，南非政府力求将所有语言置于平等发展的框架内，努力创造一个"无冲突"的语言环境，却事与愿违。统治阶层的意识形态塑造语言政策内容，因此政策内容总是不可避免地体现出决策者的政治意图和思想动向（Blommaert，1996）。南非历届政府都充分发挥了语言政策的双面性特征，将本应协调语言关系、缓和语言冲突的语言教育政策用于强化优势语言地位、维护统治阶层特权。迄今为止，本土官方语言与英语和阿非利堪语的"平等"依然停留在理论层面。开普敦大学萨特尤教授称南非语言政策正在走"一加一等于十一"（one plus one equals eleven）的道路（Prah，2006）。多么讽刺却又真实的评价！

3.6　南非语言冲突影响因子

任何一个国家的语言冲突现状都是历史因素与现实因素共同作用的结果。语言冲突表层结构与隐藏在深层结构中的"非语言"因素间的动态关系值得深入挖掘。在南非历史上，语言甚至超越民族、种族属性，背负着特殊的社会政治含义。时至今日，语言政治化倾向依然影响着南非的语言生活。现阶段语言冲突是多个影响因子交织作用的产物。

3.6.1　种族隔离制度的深远影响

种族属性和认同是全世界公认的一种客观存在，构成人类众多行为的基础。然而在南非，客观意义上的"种族"概念不仅因受种族隔离制度牵连而备受责难，且被高度政治化，以至于任何规划活动都刻意回避这一社会变量。此举极有可能导致规划活动失败，并就此引发冲突（Webb，1996；张宝增，2003）。

"种族"这一社会变量客观存在于南非社会中，这是无法改变也无法回避的事实。社会生活方方面面仍带有种族痕迹，突出体现在各语言群体的语言态度中。黑人将阿非利堪语视为压迫者的语言，阿非利堪人却将其视为身份认同标记，语言态度上的对立本就暗藏冲突潜势（Webb，1996）。阿非利堪人虽然对英语独大的局面强烈不满，却又无能为力。宪法赋予国民语言选择自由，英语独大局面恐将愈演愈烈。种族隔离制度对南非教育最为深远的影响莫过于黑人由此形成的对母语教育和本土语言的恐惧心理。这种心理侵蚀着维护语言多样性、建构多语格局的诸多努力，成为现阶段语言冲突的主要驱动力。

对阿非利堪语的敌视态度和对本土语言的不安全感相互交织，驱使民众奋力追逐英语。有数据显示，超过60%的学生选择英语作为教学媒介语，而以英语为第一语言的学生约为学生总数的 7%，母语为本土语言的学生自小学四年级起就迫不及待地转用英语学习。[①]然而，实际情况远非想象中那样简单。过渡性质的双语教育看似给予了他们学习英语的大好机会，教学效果却大打折扣。只有10%左右的黑人有机会接受高等教育，毫无疑问，他们构成了社会精英阶层。黑人民众崇拜黑人精英，但后者的成功之

---

① 参见 ResearchGate 网：https://www.researchgate.net/figure/Percentage-of-School-Students-by-Home-Language-or-First-Language-HL-L1-and-Language_tbl1_259438533.

路并不具有可复制性。少数普通人虽有可能晋级精英阶层，这样的励志故事却绝无可能在大多数人身上重演。种族隔离制度虽已退出历史舞台，但其对南非社会生活的消极影响仍在持续，犹如一片阴霾挥之不去。南非经济学家弗朗西斯·威尔逊（Francis Wilson）指出，班图教育的伤痕需要几十年甚至几代人的时间去抚平。种族隔离之前的教育体制尽管有诸多不足，但仍具有确保所有南非学生获得受教育机会的可能性。班图教育体现了狭隘的意识形态，黑人学校多年来始终陷于资金贫乏的困境，黑人就业机会和所学技能受限。这些不利因素都阻碍了他们为全球化挑战做好充分准备。[①]

3.6.2　语言群体相互妥协

1993 年《临时宪法》的出台标志着南非进入语言民主期。1994 年，南非召开历史上首次不分种族的全民大选。非国大赢得多数选票，组建议会和全国团结政府。《临时宪法》生效，其中包括联邦和各级政府在过渡时期所应遵循的语言原则。《临时宪法》对其具体规定如下。

　1. 国家政府有 11 种官方语言。2. 提倡平等地使用和分享这 11 种语言。3. 不得歧视现存的合法语言权利。4. 人们在任何地方有权使用任何一种官方语言与国家进行交往。5. 9 个省均可决定自己的语言政策。6. 在议会中可以使用任何一种官方语言。7. 国家政府和省政府为了工作目的而要使用官方语言时可以立法。8. 在南非不得将语言用于剥削、支配和分裂的目的。9. 必须提倡多语制，并培养人们对各种语言的尊重。10. 必须建立南非国家语言委员会。11. 每个人应有权使用语言且是自己选择的语言参与文化生活。12. 在适当可行的地区，人人均应享有按自己的意愿选择语言接受教育的权利。13. 法庭诉讼可用任何一种官方语言进行。（张宝增，2003）

《临时宪法》是民主过渡时期冲突各方妥协的产物，参与协商的主要党派包括非国大、国民党和民主党，三方代表不同的利益集团。作为占人口比重较大的黑人民众的代表，非国大在语言问题上倾向于放任自流

---

① 参见 columbia.edu 网：http://www.columbia.edu/cu/lweb/digital/collections/oral_hist/carnegie/pdfs/francis-wilson.pdf.

（laissez-faire），相信随着时间推移，语言问题自会解决，英语很有可能成为南非国语；民主党代表讲英语的白人的利益，更愿意看到英语成为南非唯一官方语言；南非国民党无论如何也不愿接受英语占据支配地位，坚持阿非利堪语必须与英语保持地位均等。①

规定 11 种官方语言的政策内容可以说是各群体妥协的结果，以满足各方难以调和的利益，避免语言问题日后升级成表现形式更为剧烈的其他类型社会冲突。过渡时期的语言冲突对峙各方基本上延续了种族隔离时期的阵势。与上一时期不同的是，阿非利堪人不再掌握国家政权，阿非利堪语与种族隔离制度的共生关系使得这门语言丧失了积极意义。班图黑人迅速与英裔白人形成统一阵营，尽管大多数黑人并不具备英语能力。阿非利堪人由此变为少数派，并一直在为扭转民族语言的消极形象做着不懈努力。民主过渡时期的语言冲突现实直接催生了 11 种官方语言并行的规定。由于宪法赋予上到国家政府下至个人充分的语言权利，占人口大比重的班图黑人通常倾向于本族语和英语的组合，英语独大局面已然无可阻挡。

《临时宪法》妥协性的另一面体现在刻意允许国语缺失。国语是国家融合的象征，也是国族建构的有力工具。然而，由于南非缺少一门被广为接受的语言，语言被附加的政治含义剥夺了语言本应具有的中立性，具有象征意义的国语位置空缺、11 种官方语言并行的政策内容本质上是一种权宜之计，有助于稳固新兴国家政权、缓和族际关系、缓解语言冲突。出于各方利益考虑，南非民主政府未能绘制出全新的语言蓝图，多语政策这一缓兵之计虽然能够暂时缓解语言冲突，但冲突根源尚在。长此以往，语言失衡格局中的种种弊端有可能以更大规模和破坏程度重现，威胁国家长治久安。

综上所述，民主政府若期待将四分五裂的各民族整合成"南非国家民族"，预期困难可想而知。要求早已深入人心的民族、语言差异收敛其分裂作用，服务于国家整合，实属不易。尽管南非政府提倡语言平等，但在日常运作中，并非所有官方语言都能够发挥其语言功能，语言功能也无法实现在所有语言间平均分配。在实际操作环节中，每种语言不可能完全行使其官方语言职能。因此，南非最终可能发展成为一种官方语言（英语）和十种获得法律认可的国语并行的局面（Webb，1996）。

---

① 参见南非 wired space 网：http://wiredspace.wits.ac.za/bitstream/handle/10539/4692/NsundiMbambiP_ Chapter%203.pdf?sequence=5.

3.6.3　语言身份认同冲突

语言通常是民族的象征和连接民族成员的纽带，是一个民族有别于另一个民族的情感标记。民族形成过程往往是语言融合过程，一个民族凝聚的心理倾向和认同意识依靠语言建立，政治、经济、文化上的共性通过语言沟通。语言历来被认为是民族特征和民族识别的重要标志（瞿霭堂，1990）。语言与民族认同感相互关联、互相强化。如此一来，语言冲突成为民族身份认同冲突的表现形式之一，语言规划在一定程度上是民族身份认同规划（Orman，2008）。

南非国内民族、种族冲突相互交织，种族隔离制度是阿非利堪民族认同感极度膨胀的产物。"黑人家园"计划旨在建立语言、文化完全同质的言语社团。语言差距在缺乏任何理据的情况下被人为夸大，黑人据此被划分为多个民族，民族分化客观上促成了种族分化。由此区分出的所谓"民族"纷纷获得合法性，语言作为民族界限和认同标志的作用被无限放大（Bekker，2005）。作为南非政治生活的刺激因素，种族属性在根除种族歧视和种族压迫的呼声中，只得退居幕后。民族属性成为身份认同的"新宠"，民族身份认同取代了过去基于肤色的种族身份认同。阿非利堪民族的兴起和发展便是民族身份认同两面性特征的最佳诠释。

在南非历史长河中，阿非利堪民族及其语言描绘出波澜壮阔的画面。无论是殖民地时期反抗英语同化，种族隔离时期异军突起、风光无限，抑或是民主新南非时期伸张语言权利、抵制英语特权，可以说，南非各个历史阶段的语言冲突都与阿非利堪语相关。民族形成的实质是民族对自身的自觉，即民族意识形成，其集中体现就是民族主义形成（周平，2010）。阿非利堪民族主义的形成过程融于阿非利堪语的发展过程中。阿非利堪人将阿非利堪语视为"上天的礼物"、真正的南非语言，并称之为"布尔人的语言"（Orman，2008）。这一称谓体现出阿非利堪民族狭隘的民族情结。南非语言冲突实质是阿非利堪人与英裔白人和班图黑人在身份认同上的冲突。阿非利堪人政府的语言规划是对民族、种族身份认同的规划，旨在维护阿非利堪语的纯洁性，极具排他性和封闭性。《班图教育法》和母语教育理念体现出阿非利堪人对民族纯洁性和种族中心主义的不懈追求。

民主新南非成立后，执政党非国大推崇欧洲自由主义思想，全面提升英语地位。伴随美国确立世界霸主地位，以英语为媒介的美国文化全球传播，世界范围内的英语使用者逐渐形成包容性的身份认同。英语包容性身份认同与阿非利堪语排他性身份认同间的冲突再现为语言冲突。英语能够带给其使用者的优势为本土语言望尘莫及，广大黑人由此陷入前所未有的"身份认同困境"：一方面认同本民族语言和文化；另一方面虽追捧英语，渴望获得语言权力，却又无法形成对英语的认同，更多时候看重的是其实用价值。

综上所述，语言冲突是身份认同冲突在语言层面的体现，是语言冲突深层结构转换至表层结构的形象注释，也是语言融合性功能和工具性功能（instrumental function）无法调和的结果。众多现实性和非现实性因素参与其中，共同构建出南非语言冲突中各群体的心理现实。

3.6.4　国族与民族的对立

国族建构是一个求同存异的过程，一方面需要增强国族同质性进而提高国族成员的相互认同和国族认同；另一方面构成国族的各个民族，尤其是非主体民族要求国家保护本族文化、维护本族权益（周平，2010）。国族建构以形成国族文化为基础，共同语言是国族文化中不可或缺的一部分，是实现国族认同的有力工具。然而，构成国族的各民族对本族语言和文化怀有深厚情感，民族语言是民族身份认同的载体。因此，如何协调国族认同与民族认同、国家语言认同与民族语言认同间的关系是任何一个多民族、多语言国家均需妥善处理的问题。解决得好，国家长治久安；解决不好，国家分崩离析。

民族是由文化或血统形成的社会群体，是一个文化范畴；国族则更多的是一个社会政治范畴，在某种程度上与一个国家的疆域相关（张永红和刘德一，2005）。在完成国族建构后，人们既保留原有对所属民族的认同，又在此基础上增加了国族认同。任何一个多民族国家都离不开这两种认同的共生关系，体现出一致与冲突两种趋向，直接影响族际关系和国家稳定。两种认同一致体现在国族认同包含民族认同，民族认同是国族认同的重要组成部分；二者冲突是由于国族建构需要各民族淡化某些民族属性，边缘化某些民族文化或传统，同时由于各民族权益诉求有别，任何看起来偏倚某一民族的举措都有可能导致国族建构失败。多民族国家普遍选择在民族认同基础上培养国族认同，这就意味着不仅要承认民族认同，还要在所有公民中培养起超越民族的认同情感，国族认同需要超越民族忠诚才能实现。国族认同是一种心理上的接纳，各民族只有开展有效交流与沟通，才能消除隔阂，增强彼此认同，最终促进民族融合和国家统一（张永红和刘德一，2005）。

南非是一个民族、种族、语言、文化构成极其复杂的国家，种族民族

主义盛行。南非人民没能拥有一门国语或一门广为接受的语言，他们既不
共享辉煌的过去，也未能在历史发展进程中创造出公认的规范和价值。取
而代之的是一个极端分裂的社会，充斥着不平等、冲突与歧视。因此，建
构"南非国家民族"的任务十分艰巨。在南非历史上留下浓墨重彩的两个
党派——南非国民党和民主新南非执政党非国大——在国族建构理念上
存在巨大分歧。阿非利堪政府通过建立黑人家园，剥夺了黑人的合法公民
身份，解除了黑人多数派威胁，南非继而成为白人，尤其是阿非利堪人的
南非；非国大冲破种族隔离屏障，致力于在反种族主义、反性别歧视、民
主、保护文化多样性等原则基础上建立民主新南非（Webb，1996），南非
继而成为所有南非人的南非。两党派在理念上的分歧再现于语言教育政策：
母语教育理念加深了种族、民族间语言隔阂，黑人因而被排除在国族建构
之外；民主时期的宪法和语言教育政策认可 11 种官方语言和南非语言文化
多样性事实，诚邀所有人参与国族建构事业。鉴于历史和现实情况，将南
非建成文化上同质、社会文化身份认同单一的民族国家并不可行，包含所
有南非人在内的政治统一体倒是不错的尝试。

3.7　本 章 结 语

　　若选择一个词来形容南非的语言历史，最恰当的莫过于"纠缠"。种
族、民族、阶层因素间层层叠叠，不同的历史时期伴随着明显的精英圈（elite
closure）更替。殖民地时期，英语精英圈发展较为成熟，英语成为同化阿
非利堪人的工具，也滋长了阿非利堪人建立精英圈的愿望。种族隔离时期，
精英圈基于英语和阿非利堪语而建，种族隔离式的教育制度剥夺了黑人进
入白人学校学习的机会，"母语教育"通过语言教育将黑人囚禁在社会底
层，语言成为一道无法逾越的屏障。民主新南非成立后，黑人精英进入南
非统治层。这一时期，阿非利堪语地位下降，英语地位进一步提升，英语
精英圈再次浮出水面。英语不再专属于英裔白人，而成为跨越种族、民族
界限的语言。阿非利堪语精英圈和英语精英圈的不同之处在于荷兰人后裔
与英国人后裔对南非的不同情感。阿非利堪人与欧洲母国早已脱离了政治
联系，虽然文化和宗教上依然具有荷兰的影响，但是思想和心理状态上已
形成了独有的排他和自我封闭特征；而英裔白人始终与英国保持联系并对
母国极度认同，他们深受自由民主主义思想影响，在语言问题上要开明得
多。这也便解释了为何阿非利堪语精英圈比英语精英圈更加牢不可破。

　　纵观南非历史，语言是导致社会分裂的因素之一。南非国内既没有普

遍认可的族际通用语，也没有一门完全中立的语言。语言群体间纠葛的过往预示着确立唯一官方语言或国语的举措势必引发激烈争论，乃至剧烈冲突，并最终威胁国家富强和文化繁荣（Webb，1996；张宝增，2003）。经受过种族隔离洗礼的黑人民众面对语言问题时的谨小慎微如实刻画出他们唯恐再次陷入语言迫害的恐惧心理。"重英语，轻本土语言，阿非利堪语居中"的语言意识形态反映出统治精英的实用主义语言观和将语言教育政策用作阶层特权维护手段的工具观，由此塑造了教育领域中的英语独大局面和精英阶层独享英语象征性权力的垄断格局。

基于语言冲突现实，放眼南非国内，现行多语政策内容和语言实践间不乏有失协调之处，具体原因可归结为以下三点：英语作为全球通用语的地位和工具价值、南非宪法中模糊暧昧的语言条款和种族隔离时期语言教育政策的深远影响（Kamwangamalu，2004）。上述因素与各语言群体的既得利益和语言市场的运作规则共同作用，阻碍了旨在提升本土语言地位、扩展本土语言使用范围的诸多努力。缓解南非国内现存语言冲突的关键在于真正落实多语制度、平衡语言关系、和谐语言生活、打消民众的语言不安全感。扭转本土语言劣势成为实现上述目标的重中之重。所有努力都需要目标群体的积极配合，因此可以说，一种语言能否变得充满活力很大程度上取决于其使用者。培养南非国民的语言资源意识、母语尊严意识和语言保护意识构成疏导语言冲突过程中不可或缺的主观因素。

第 4 章 尼日利亚——语言冲突与民族 分化式语言教育

尼日利亚语言、民族多样性特征尤为显著，语言成为极具敏感性的政治议题，很易牵一发而动全身。殖民地时期的"分而治之"（divide-and-rule）[①]管理原则影响深远，尼日利亚国民的民族认同凌驾于国族认同之上，民族融合艰难异常，由此导致国语确立过程波折连连。主体民族间的语言嫉妒强化了英语优势地位，语言不安全感和对民族沙文主义（big tribe chauvinism）的担忧又驱使少数民族加紧了追逐英语的步伐。尼日利亚语言生活中充斥着族际横向语言冲突和社会阶层间纵向语言冲突，具体化为语言教育中的级差结构：少数民族语言让位于主体民族语言，主体民族语言较英语又略逊一筹。

4.1 尼日利亚语言概况

尼日利亚是非洲人口第一大国。截至 2021 年 8 月，该国人口超过 2.1亿[②]，且分布极不均衡，很大一部分居住在南部沿海数百公里区域内，北部一些盆地区域人口分布亦很稠密。就人口密度而言，拉各斯周边西南部和一些农业发达的地区人口密度较大。[③]

尼日利亚境内民族数量超过 250 个，通常划分为主体民族和少数民族两类。主体民族包括豪萨-富拉尼族（Hausa-Fulani）、约鲁巴族（Yoruba）和伊博族（Igbo），约占总人口的 70%；少数民族可进一步区分为人数较多和人数较少的少数民族。前一类包括卡努里族（Kanuri）、蒂夫族（Tiv）、伊比比奥族（Ibibio）、伊贾族（Ijaw）、埃多族（Edo）、纽普族（Nupe）等，人口均超过一百万；后一类包括 200 多个少数民族，约占总人口的 20%。

[①] "分而治之"政策包括四种策略：一是在殖民地制造差异；二是提升差异程度；三是利用差异为殖民者谋利；四是将差异政治化以便延续至后殖民时期。将积怨已深的民族置于同一疆域内，改变一部分殖民地民众的宗教信仰而另一部分维持原有信仰不变等举措常常被用以人为制造族际差异。

[②] 参见世界实时统计数据网：https://www.worldometers.info/world-population/nigeria-population/.

[③] 参见中国社会科学院西亚非洲研究所网：http://iwaas.cssn.cn/xszy/fz/201508/t20150818_2614436.shtml.

尼日利亚境内已知本土语言数量超过 500 种，其中使用人数超过总人口 1%的语言包括豪萨语、约鲁巴语、伊博语、富拉尼语、纽普语、蒂夫语和伊贾语，分别占总人口比例为 30.9%、17.4%、9.5%、4.2%、1.9%、1.5%和 1.2%。[①]1986 年，联邦政府系统调研了国内语言分布和使用状况，结果显示除科伊桑语系外，尼日利亚本土语言涵盖了非洲大陆剩余三大语系[②]（刘鸿武，1997）。

依据使用人数、分布地域、语言功能以及官方认可程度，本土语言可进一步划分为四类：第一类是主体民族语言，包括豪萨语、约鲁巴语和伊博语[③]，使用人数众多，覆盖地域广泛；第二类语言族际通用程度不高，但同样获得官方认可并可在国家层面使用，如卡努里语、富拉尼语、蒂夫语和埃多语；第三类语言包括仅在州一级层面应用的少数民族语言或当地语言，如伊多马语、乌罗博语等；第四类语言仅用于地方政府行政事务或日常交往中（Attah，1987）。大约 80%的本土语言属于第四类。

在尼日利亚，民族属性（ethnicity）高于一切，地方意识超越国家意识。历届政府均将缓解族际紧张局势作为首要任务,国家行政区划为 36 个州也是力促多样性背景下民族团结的策略之一。为了促进民族融合和国族建构，各民族必须开展有效交流，族际通用语有助于消解族际隔阂、消除历史芥蒂。然而，尼日利亚语言民族主义盛行，没有一门民族语言具有中立性。主体民族间相互猜忌，少数民族无法容忍主体民族语言高高在上。在这种情况下，英语得以继续发挥其通用语职能，少数民族更是将英语视为反抗主体民族压迫的有力武器。

作为非洲大陆语言、民族多样性程度最高的国家，尼日利亚的语言教育实践备受瞩目。尼日利亚语言政策虽然很少呈现为法律文本形式，但现实中的官方语言、教学媒介语、大众传媒语言、立法语言等的选择和设置也体现出国家语言规划导向（Bamgbose，2001）。因此可以说，尼日利亚语言政策的隐性特征[④]更为显著。独立至今，尼日利亚仍未出台专门的语

---

① 参见 Statista 网：https://www.statista.com/statistics/1268798/main-languages-spoken-at-home-in-nigeria/.

② 非洲语言大致可划分为尼罗-撒哈拉（Nilo-Saharan）、亚非（Afro-Asiatic）、尼日尔-科尔多凡（Niger-Kordofanian）和科伊桑（Khoisan）四大语系。

③ 豪萨语使用者主要分布在尼日利亚北部诸州以及夸拉州部分地区，以卡诺方言为标准；约鲁巴语主要分布在西部诸州以及夸拉和科吉州部分地区，以奥约方言为标准；伊博语使用者分布在尼日利亚东部诸州及三角洲和河流州部分地区，以奥维里方言为标准。

④ 李宇明将"隐性语言政策"定义如下：所谓隐性语言政策，是指通过语言意识形态、语言实践活动等体现出来的语言倾向，以及可能影响到语言生活的其他法律条文或政府文件。隐性语言政策虽不是关于语言生活的明文规定，却能够起到语言政策的作用。

言立法文件。经过多次修订的《国家教育政策》和《尼日利亚联邦共和国宪法》构成该国语言教育政策的法律依据。

4.2　殖民地时期的语言教育政策

为了方便殖民地管理、分化殖民地民众,英殖民政府采取"分而治之"策略,将尼日利亚大体划分为南北两区,并承诺尊重北区伊斯兰教徒的宗教信仰和语言习惯。南北两区在民族构成、宗教信仰、语言使用等方面的巨大差异成为语言冲突的症结所在。

4.2.1　"分而治之"管理原则

作为一个政治实体,尼日利亚是英殖民政府草率决定的产物。1914 年,拉各斯殖民地、南北方保护国①合并为"尼日利亚殖民地和保护国"(Fabunmi,2005)。自此,尼日利亚便以统一的形式出现在国际舞台上。然而,形式上的合并非但无法消除各民族由来已久的积怨,反而为日后民族冲突、政局动荡、民族政党横行埋下祸根。奥巴费米・阿沃罗沃(Obafemi Awolowo)②曾说:"尼日利亚不是一个国家,只是一个地理表达式。'尼日利亚人'的概念永远不同于'英国人'、'威尔士人'或'法国人','尼日利亚'一词也只能用以区分尼日利亚国界以内与国界以外的人"(Osinubi & Osinubi,2006)。

南北两区无论在民族构成、语言分布,还是宗教信仰、历史发展轨迹等方面均存在巨大差异。北区是豪萨-富拉尼人聚居区;南区大体分为西南区和东南区,西南区是约鲁巴人聚居区,东南区是伊博人聚居区。"分而治之"政策是殖民者有意制造差异并利用殖民地在民族、语言、文化、部落、宗教信仰上等方面的差异为自己谋利的一种统治策略(Morrock,1973)。英国将"分而治之"原则发挥到极致,充分利用了尼日利亚各民族的民族情感,不放过任何一个渲染和宣扬民族差异的机会。族际差异被无限放大,由此产生了民族排外性、自利性和对他族的憎恶与敌意。这些消极情感突出体现在主体民族间。英国殖民者设法让每个主体民族相信只有本民族最

---

① 1900 年,北尼日利亚保护国正式成立,伊达以南地区成为南尼日利亚保护国。

② 奥巴费米・阿沃罗沃(1909~1987),尼日利亚民族主义者和政治家,约鲁巴人。阿沃罗沃于 1952~1959 年任尼日利亚西区首位总理,1959~1963 年任巴拉维政府反对党领袖,是被称为"约鲁巴人领袖"的第一人。他开启了西区义务基础教育和免费医疗的先河。尼日利亚许多国家和地区机构以他命名,其中最著名的就是奥巴费米・阿沃罗沃大学。

受青睐，借此僵化民族关系、维持殖民统治。

"分而治之"原则具体化为间接统治（indirect rule）的管理方式，即殖民者通过当地传统首领或政治机构对被征服者或殖民地实施管理（高晋元，1989）。间接统治最早发端于北尼日利亚[①]，这一地区伊斯兰教盛行，居民语言以阿拉伯语和豪萨语为主。英国政府承诺不干涉北区居民的宗教信仰和语言使用，限制基督教传教士在北区的活动范围。间接统治有效利用了非洲传统社会原有政治结构，雇用当地底层文官，大大减少了对英国官员的需求，最终实现了殖民统治和经济掠夺，可谓一举多得。间接统治实为较隐蔽的统治，通过避免殖民者与殖民地民众直接冲突与对抗，以此麻痹民众、巩固宗主国权威。

提到间接统治，不得不提到弗雷德里克·卢加德（Frederick Lugard）[②]。1900 年，卢加德就任北尼日利亚保护国高级专员时，曾明确提出北区的殖民统治原则为"通过封建王公间接统治"。1903 年，卢加德与索科托苏丹[③]布哈里（Sudan Buhari）共同签署声明，认可间接统治为北尼日利亚的管理模式。布哈里期待卢加德作为"基督教首领"确保北区居民信仰伊斯兰教的自由，卢加德则承诺"英国人尊重清真寺和伊斯兰教徒的祷告场所"（Adeniran，1979）。这一承诺构成间接统治的基础，抑制了英语和基督教在北区的传播。然而，英语是殖民地的官方语言，能够赋予其使用者以极大的象征性权力，这种权力几乎全部被南区人垄断。豪萨语虽在北区拥有较大使用空间，但在国家层面上只是一门地区语言，难以与英语抗衡。

在"分而治之"管理原则作用下，三大主体民族逐渐形成三足鼎立、称霸一方的局面。1947 年，联邦政府成立，依据民族界限分为北区、东区和西区三个政治区域，英语和豪萨语分别是南尼日利亚和北尼日利亚的官方语言。1956 年，各区获得"区自治"权利（张顺洪，2003）。根据国家语言功能等级，尼日利亚官方语言设置细化为国家层面和地区层面两个级

[①] 在政治格局上，北尼日利亚在 19 世纪曾经建立起一个以索科托（Sokoto）为中心的统一强盛的封建国家。19 世纪末，索科托统治势力衰落，并分裂成十几个艾米尔国。这些国家建立起以艾米尔为首的行政系统，有独立的司法和税收制度。英国政府改造并充分利用了这一成形的制度体系，使艾米尔臣服于英国政府，并在英国政府指挥下继续统治各国国民。

[②] 作为殖民主义老手，卢加德早年在印度、阿富汗、缅甸服役，1888 年为东非公司服务，1890年征服乌干达。他的殖民经验可总结为统治非洲土著国家最有效、最经济的办法便是通过它们自己传统的政府。

[③] "苏丹"是阿拉伯语中的一个尊称，后成为对统治者的称号。被苏丹统治的地方，一般都对外号称拥有独立主权或完全主权，由此被称为"苏丹国"。

别。英语是国家层面上的官方语言，在地区层面上，英语是南尼日利亚（西区和东区）的官方语言，英语和豪萨语是北尼日利亚的官方语言（Adegbija，2004）。豪萨语的官方语言地位及由此滋生的豪萨族大族主义情结激起了其他两个主体民族和众多少数民族的反感与不满，它们排挤豪萨语在南区的传播。豪萨语因而难以摆脱地方色彩，英语却成为其他民族捍卫民族尊严、抵御外族语言压迫的有力武器。

4.2.2　南北方教育分化格局

"分而治之"管理原则加深了尼日利亚南北两区教育差距。西式教育被认为带有反伊斯兰特征，英语和基督教在北区的传播一直未见成效。熟练掌握英语的能力使得南区人在国家建设和发展中更胜一筹，殖民政府在雇用文官时也会优先考虑愿意接受母国语言和文化的候选人（Morrock，1973）。

即便如此，卢加德从未真正放弃在北区传播英语的努力，他通过资助"非伊斯兰"地区的布道站和基督教教会学校的方式来鼓励英语教学。由于不具备大规模教授英语的客观条件，北区实行精英式英语教育，针对对象主要是族长或酋长的子女。北区由此产生了社会阶层间语言分化。截至1914年，英殖民政府在北区已经建立起一些英语教会学校，卢加德的立场也愈加强硬。他在北区《教育状况备忘录》（Memorandum on Education）中指出，基础教育阶段应开展本土语言教学，提升学生的豪萨语能力，扩展豪萨语的使用范围；在中等教育阶段，豪萨语可用于低年级教学，高年级应开展英语教学。在同一份备忘录中，卢加德还指责北区学校的课程设置忽视英语学习，并规定只有学生在英语和算术考试中成绩良好的学校才有资格获得国家资金援助（Adeniran，1979）。

然而，卢加德推广英语的设想遭到了北区教育总督汉斯·维希尔（Hanns Vischer）的极力反对，后者主张使用阿拉伯语和豪萨语，抗拒英语教学。维希尔十分厌恶教会学校的办学模式，他指责这一模式导致受教育者文化分裂，被迫放弃种族特性，却又无法披上西式外衣，最终致使非洲人的归属感、认同感强烈缺失。在维希尔看来，英语是导致这一局面的罪魁祸首（Adeniran，1979）。1925年4月，维希尔向咨询委员会提交了题为"非洲教育中的本土语言"的备忘录初稿，其要义是母语或本土通用语更接近儿童心智与成长环境，理应成为基础教育中的教学媒介语；除了英语课和难度较大的自然科学及数学课外，中小学阶段的其他课程应一律使用本土语言教学（沈婷，2008）。

虽然北区居民学习英语的热情持续走低，但即便是最顽固的伊斯兰教徒也逐渐意识到英语的巨大优势。1937 年北区一份年度报告显示，扎里亚[①]的成人识字能力培训班招生状况良好，所有人都希望学习英语。1940 年，北区族长指出英语教学欠缺是北区落后于西部和东部各省的主要原因之一。他们最终决定，在不影响伊斯兰学校教育的情况下，英语学习可以从小学三年级起试行。与南区各省临界处的居民学习英语的愿望更加强烈，往往从小学一、二年级即开始学习英语（Adeniran，1979）。

尽管北区人对英语的态度有所缓和，但几十年屏蔽英语和西式教育的理念和实践依然拉大了南北差距，英国一手打造了北区的落后局面（Adamu，1973）。有学者认为北区教育政策是卢加德精心设计的圈套，目的在于阻止北区进步，从而将南北截然分开（Fajana，1969）。客观而言，英国政府实行"分而治之"和间接统治的确略带权宜之计的味道，旨在花费最少的资金实现最为有效的殖民地管理，但南北差异实质上产生于各利益集团的纠缠和博弈。

南北教育分化的影响持续至今。2021 年最新数据显示，在 10 个 JAMB（Joint Admissions and Matriculation Board）[②]考试落后的州和地区中，联邦首都区排名垫底，其余 9 个州全部来自北方地区。南方州如奥约州共有82 521 人报名参加考试，北方州如扎姆法拉州只有 6545 名。6 个北方州的报名人数总和仍然低于奥约州。[③]地区发展不均衡严重阻碍了国家整体发展，拉大了南北两区政治、经济差距。地区分化和教育分化无疑加剧了积蓄已久的民族矛盾，加深了民族裂痕，成为国族建构的巨大阻碍。

4.3　独立后的语言教育政策

尼日利亚的语言问题既复杂又敏感，既纠结又令人迷惑，具有如下特点。

　　……缺少谨慎且具有规划性的语言政策。实际上，能够系统解决语言问题的语言规划在很大程度上仅处于国家主体规划的边缘位置。所谓的语言政策产生于国家更关心的领域，例如与教

---

①　尼日利亚中北部一座城市。

②　JAMB 是专门负责为高等教育机构选拔人才、提供入学考试的委员会。大多数申请公立和私立理工类学院和大学的学生都可参加 JAMB 考试，候选人需事先通过由西非考试委员会或尼日利亚国家考试委员会安排的考试后，方可申请参加 JAMB 考试。

③　参见先驱者网：https://www.vanguardngr.com/2021/09/sketching-nigerias-tomorrow-with-jamb/.

育发展密切相关的《国家教育政策》和与国家发展密切相关的《尼日利亚联邦共和国宪法》。以上两部法律是探讨尼日利亚语言政策和语言规划活动的基础所在。（Oyetade，2003）

除以上两部法律外，国家或各级政府及相关部门从未出台过任何与语言相关的专项法律或法规条文。然而，没有以法律条文形式存在的语言政策并不代表没有语言政策。本书将以《国家教育政策》和《尼日利亚联邦共和国宪法》中的语言条款和各级政府部门、决策者的语言实践以及语言态度为基础，探究语言冲突和语言政策的辩证关系。

4.3.1　《国家教育政策》颁布之前

尼日利亚独立后面临的首要问题即开展国族建构。鉴于语言作为民族象征和文化载体的独特属性，各民族都接受的语言自然有望成为国族建构的有力工具。尽管主体民族语言使用者众多，但语言地域性分布特征显著，远未达到全国通用的要求。对尼日利亚而言，选择一门全民接受的"国家语言"实属不易。国语选择成为一件具有高度敏感性的政治事件，强加的方式并不可取。

建国伊始，国家独立的欣喜尚未消退，选择一门本土语言作为国语的热情持续升温。1961 年 11 月 21 日，下议院就豪萨语当选国语的建议展开讨论，最终达成提议。内容为：在全国范围内开展豪萨语、约鲁巴语、伊博语和其他语言教学，旨在随后从中选择一种语言作为官方语言。由于"随后"（at a later stage）这一时间概念未能明确限定，此提议被无限期推迟。言辞模糊（ambiguity）是尼日利亚语言政策的突出特点，体现出政府对待语言问题的惰性。提议修正案继而建议五年内实现豪萨语成为国语的目标。这一建议遭到以埃多语为母语的安东尼·艾那豪瑞（Anthony Enahoro）族长的强烈反对，并获得广泛支持，其反对理由如下。

我出身少数民族，因此我强烈谴责那些将大族风俗习惯、语言甚至生活方式强加给其他弱小民族的行为……我们有自己的民族语言，同样记载民族传统和习俗，同样历经千年世代传承……他们怎么能够将他族语言强加给我们？……我们击败帝国主义者并不是为了再建立一种新的帝国主义。①

---

① 参见 readcube 网：https://www.readcube.com/articles/10.3406%2Fcea.1978.2383.

族长的话反映出一种普遍存在的担忧，豪萨语若当选国语，豪萨族便会尝试将本民族的风俗习惯和生活方式强加给其他民族，而其他民族的不满和愤怒则有可能会摧毁国族建构事业。豪萨语之所以会引起其他民族反感，恐怕与 1953 年立法委员会上阿布巴卡尔·塔法瓦·巴勒瓦（Abubakar Tafawa Balewa）[①]的如下陈词不无关系。他曾扬言："如果英国置尼日利亚于不顾，北区人民将继续征服南区的事业，直至取得最终胜利。"（Kirk-Greene，1971）这段话似乎印证了南区人的恐惧。

南北两区积聚已久的地区、民族矛盾终于在尼日利亚内战前夕达到顶峰。1967 年，内战（又称比夫拉战争[②]）爆发，是独立后规模最大、破坏性最强的族际冲突，"分而治之"政策便是罪魁祸首。西区和东区的两大主体民族接受基督教和西式教育，其中伊博族所受影响最大，对西方文化和教育的态度也更为积极。伊博族在三大民族中经济最发达，受教育程度最高。这种优势一直保持到国家独立后，不论在政府还是军队中，伊博人比例都明显高于另两个民族。与此同时，伊博族对豪萨族依仗人口优势在联邦选举中获胜颇有微词，约鲁巴人也不再满足于商界优势地位，希望在政界、军界占有一席之地。三大主体民族都感觉受到了排挤和不公正待遇，不良情绪堆积引爆了内战。

比夫拉战争暴露出尼日利亚地区、民族发展失衡，地区主义、民族主义势头强劲，国族意识淡薄等问题。教育被视为解决上述问题的万能钥匙，国家希望通过学校教育团结各民族，降低少数民族的不安全感和被剥夺感，培养儿童的国家情感。以此为背景，1976 年，"普及基础教育"政策出台，教育被视为实现国家发展目标、打造国家统一格局的有力工具（Csapo，1983）。普及基础教育政策旨在给予所有公民平等的受教育机会，继而将这种平等延伸至中等和高等教育阶段。遗憾的是，该政策未提及任何与语言相关的问题，《国家教育政策》的出台填补了这一空白。

---

① 阿布巴卡尔·塔法瓦·巴勒瓦（1912~1966），尼日利亚政治家，独立后首位总理。原为教师，后成为北区利益的拥护者，是当时极少数受过教育的尼日利亚人之一。

② 1966 年 2 月，伊博族军官发动政变，暗杀了巴勒瓦，推举伊博族军官伊龙西为军政府首脑。伊龙西上台后宣布削弱各区权力，建立统一的中央集权政治体制。这一举措自然引起豪萨人和约鲁巴人的强烈抵制。1966 年 7 月，豪萨人军官再次发动政变，杀死伊龙西，北区人戈翁接管政权。北区弥漫着仇视伊博人的气氛，并爆发了针对伊博人的大屠杀。可以说，大屠杀是内战爆发的主要原因。

4.3.2　1977年《国家教育政策》

由于秉承"教育能够促进国家发展、提升国民意识、加速民主建设"这一理念，尼日利亚政府于1973年邀请多位教育专家就国内教育领域中存在的问题献计献策。1977年，《国家教育政策》出台①，给予州一级教育主管部门和地方政府一定的自主权，旨在满足民众对教育的需求和渴望，努力实现国家统一、民族融合。政府随后成立"国家教育政策任务执行小组"（National Education Policy Implementation Task Group），专门负责将政策内容转化为具体实施步骤，并计划建立监管体系，确保政策有效、平稳地实施。

《国家教育政策》体现出尼日利亚的国家哲学理念和整体目标，再现了教育与国家发展间动态关系，至少在理论层面上确保了全体国民享有平等的受教育机会。为了实现上述目标，必须正视教育中的语言问题。第1章中题为"语言重要性"的条款规定：出于语言在教育中的重要性、保护各民族文化及维护国家统一考虑，应该鼓励每名儿童学习除母语外三大主体民族语言中的任意一种。三大族语言分别为豪萨语、约鲁巴语和伊博语。作为首部将主体民族语言明确指定为学校教育中第二语言的官方政策，《国家教育政策》具有一定的创新性，充分意识到语言对于保存民族文化、塑造国家统一的积极作用，也是对开展多语教育的首次倡议和尝试。经1998年修订后，上述条款中增加了一条与法语学习相关的子条目，即为了保证与邻国交流顺畅，每个公民都应具备法语能力；法语作为第二官方语言，应成为必修科目。

第2章至第6章详尽规定了不同教育阶段的授课语言选择和语言课程设置。第2章第10条指出学前教育旨在帮助儿童实现从家庭到学校的平稳过渡，家庭语言环境应尽量与学校语言环境保持一致，以消除儿童因环境变化而产生的恐惧心理。为此，第11条第3款规定如下。

> 政府将确保儿童的教学媒介语为母语或相邻语言社区使用的语言（language of the immediate community）……必须为更多本土语言开发正字法，出版本土语言教材。在各大学语言学系和州教育部门的努力下，已初见成效。联邦政府成立了国家语言中心，归属联邦教育部管辖，但语言中心的职能还有待进一步扩展。②

---

① 《国家教育政策》经多次修订，本书主要以1977年、1981年和1998年三个版本作为参考。

② 参见世界银行官网：http://wbgfiles.worldbank.org/documents/hdn/ed/saber/supporting_doc/AFR/Nigeria/TCH/National%20Policy%20on%20Education.pdf.

第 3 章提倡普及小学义务教育，其中第 15 条第 4 款规定"政府将确保小学低年级学生使用他们的母语或相邻语言社区使用的语言作为教学媒介语，随后转用英语"。"随后"这一措辞引发热议，并常被视为政府缺乏政策实施意愿的托词。面对诸多争议，《国家教育政策》1981 年修订版澄清了"随后"这一时间概念，界定如下：学生母语或相邻语言社区使用的语言为小学前三年的教学媒介语，在此期间英语作为一门课程教授；从四年级起，英语逐渐用于教学，学生母语或相邻语言社区使用的语言以及法语作为课程教授。尼日利亚基础教育普遍采用上述"3-3 制"授课语言设定模式。500 余种本土语言均用作授课语言的设想显然一时无法实现，多语现象在拉各斯、阿布贾等人口密集、民族混居的发达城市更为明显，因此使用相邻语言社区的语言有助于在一定程度上缓解母语教育压力。

第 4 章详细规定了中等教育阶段的课程设置。第 19 条第 4 款规定：初中阶段的核心科目包括数学、英语和两门本土语言……在选择两门本土语言时，学生应在相邻语言社区使用的语言和三大主体民族语言中各选一种，而至于选择豪萨语、约鲁巴语还是伊博语要视教师配给情况而定……如果相邻语言社区使用的语言具有书写系统和以此创作的文学作品，就应将其作为第一语言教授；如果相关语言的本体规划尚未达到这种程度，应该重视学生口语能力的培养。第 6 款与高中阶段的课程设置相关，核心语言科目包括英语和一门本土语言，选修科目包括英语文学、阿拉伯研究和法语。据此推算，尼日利亚中学生有机会在校学习 4～5 门语言。但是，若相邻语言社区使用的语言恰巧是主体民族语言之一，那么学生应该如何做出语言选择以满足学习两门本土语言的规定？诸如此类模棱两可的政策内容无疑不利于相关条款的有效实施。

整体而言，《国家教育政策》认可该国的多语言现实，体现出政府推广本土语言和文化的良好愿望，明确了语言在教育中的作为教学媒介语和语言课程的两种实践，其重要性和创新性体现在如下两方面：一，强调早期教育中母语的重要性；二，要求教授除母语外的其他本土语言。然而，从政策内容看，基础教育阶段的教学媒介语设置被人为割裂；在实际操作中，这一界限模糊且杂乱，因为尼日利亚国内既存在全英授课模式的学校，也不乏大量使用语码混合和语码转化（英语与本土语言）的学校（Adegbija，2004）。

除此之外，《国家教育政策》显然对客观存在的语言多样性现实估量不足或刻意模糊，突出表现在除提及主体民族语言的具体名称外，其他语言均被笼统带过。尽管国民普遍具备多语能力，但"母语"概念①的模糊性和本土语言使用的局限性使得对于母语选择的操作并非想象中那样简单。实际上，早在 1976 年，尼日利亚国家语言中心（National Language Center）就曾建议除三大族语言外，另外 9 种本土官方语言也应该被允许应用在正规教育中，它们分别为埃多语、富尔贝语、伊比比奥语、伊多马语、伊加拉语、伊贾语、卡努里语、纽普语和蒂夫语。然而，实际情况是，只有数量极少的几门语言有机会相对充分地发挥教学职能。另外，在选择相邻语言社区使用的语言时，地域性极强的主体民族语言往往获选，其优势为其他民族语言望尘莫及。

总而言之，《国家教育政策》固然具有开创性和进步性，但对主体民族语言的偏袒倾向明显，又缺乏切实可行的实施步骤和必要的监管，政策内容上的模糊性稀释掉了不少其本应发挥的积极功效。与此同时，国家财政扶持、资源供给以及目标群体的语言态度都是不得不考虑的因素。

4.3.3　1979 年《尼日利亚联邦共和国宪法》中的语言条款

宪法作为一个国家最为重要的法律，其中与语言相关的条款内容自然能够赋予一些语言毋庸置疑的合法性。1979 年《尼日利亚联邦共和国宪法》第 51 条规定，除英语外，国会亦可使用豪萨语、伊博语和约鲁巴语，但必须以"一切都做好充分安排"为前提；第 91 条规定，州议会使用英语，但若通过决议，亦可使用一门或多门州一级的官方语言。除此之外，宪法赋予"各州保护并推广尼日利亚文化"的职能，给予"每一位被拘役者以本人能够理解的语言被告知所犯何罪"的权利，同时保证"每一位被告人以本人能够理解的语言接受审判"。

政策内容虽简短，意义却很深远。作为首部规定本土语言可用于处理官方事务的法律文本，宪法划分并规定了各级议会的工作语言，确立了三层级（联邦政府、州政府和地方政府）官方语言格局。英语是国家立法机关和公共服务领域的日常工作语言，也是各级政府共有的官方语言。联邦政府的官方语言包括英语和三个主体民族语言，州政府和地方政府的官方语言包括英语和若干州语言或地方语言。或许是出于语言问题敏感性考虑，

---

① 语言学家和语言政策制定者至今尚未对"何为母语"达成共识。联合国教科文组织专门召开研讨会，探讨母语问题并给出如下定义：母语是指儿童入学前就已熟练掌握的语言。这种语言并非一定是父母所使用的语言，但儿童能够自信地在所有生活领域使用这一语言。在此意义上，双语儿童拥有两种母语。根据这一定义，非洲语境中的儿童可能同时拥有几门母语，"母语"的范围对其而言也更为广阔，这是本书秉承的基本理念之一。

宪法行文中有意避开"官方"这一字眼，仅规定语言的使用域。

与 1979 年宪法相比，1989 年修订的宪法在条款内容上变动不大，只是略微调整了条款设置，如第 2 章 16 条 2 款规定"积极促进国家融合，严禁任何以出生地、出生环境、性别、宗教信仰、社会地位、民族或语言为由的歧视行为"；第 2 章 19 条 4 款规定"政府应推进本土语言学习"。就宪法内容的字面意义理解，英语、豪萨语、约鲁巴语和伊博语的语言功能等同，任一语言在各级议会中的使用都具有合法性。然而，三大族语言远未能实现与英语平起平坐，甚至没能进入地方一级议会（Ajulo，1995；Omoniyi，2003）。1991 年 12 月 9 日，拉各斯州州议会就约鲁巴语[①]作为议会语言是否具有可取性的问题展开讨论。该提议最终被州议会驳回，理由是拉各斯是国际化大都市，约鲁巴语不适用于处理州议会事务。除此之外，使用本土语言有贬低州议员身份、降低他们智力水平之嫌（Adegbite，2003）。由此可见，赋予本土语言官方地位的规定象征意味浓厚，联邦政府显然没有准备好如何应对语言选择可能引发的民族冲突和爆炸性效应。这也许解释了为何宪法条款从未使用"国语"或"官方语言"等敏感字眼，宪法成为名副其实的"宣而不行"（declaration without implementation）的傀儡政策。

1993 年，尼日利亚总统选举上演闹剧[②]，国内民族主义思潮泛滥，语言民族主义便是派生物之一。在 1995 年制宪会议上，少数民族人民对豪萨语、约鲁巴语和伊博语的优势地位公然提出挑战，他们竭力为本族语争得一席之地。少数民族的不满情绪迫使制宪会议不得不重新斟酌主体民族语言的地位问题，表现之一即 1995 年《宪法草案》第 58 条规定"联邦议会工作语言为英语。本土语言也可额外使用……只要议会通过相关法律予以批准"（Ajulo，1995）。这项规定进一步强化了英语的官方职能，主张使用主体民族语言的立场已不再决然。1999 年《尼日利亚联邦共和国宪法》剔除了关于"政府推进本土语言学习"的规定，体现出该国语言政策缺乏连贯性的整体特征，由此导致民族语言学习热情随着政策突然转向被迫冷却。由此可见，在保护语言多样性和文化多样性方面，尼日利亚还有很长一段路要走。

1988 年出台的《尼日利亚文化政策》（Cultural Policy for Nigeria）同

---

① 拉各斯州大约 90% 的人口以约鲁巴语为母语或第二语言。

② 1985 年 8 月，巴班吉达将军领导了一场没有流血的政变，推翻了布哈里军政府。总统随后宣布了恢复民选的时间表，计划于 1990 年 10 月诞生完全民主的体制。但原定日期被推迟到 1992 年，后又不断推迟，当局信誉严重受损。在 1993 年 6 月举行的选举中，西南部富商人阿比奥拉获胜，但巴班吉达将军宣布选举结果无效。尼日利亚随后陷入政治危机。

样强调了本土语言的重要性，其具体内容如下。

> 国家应认识到语言是文化的重要组成部分，是表达和传承文化的工具……国家应在各教育阶段推进本土语言教学……发展不同领域本土语言专业术语……促进本土语言书籍、报纸、学术期刊出版……培育出一种国家共同语。

综上所述，至少在法律层面上，尼日利亚政府已深切意识到母语教育和多语教育的价值所在。将主体民族语言用作学生第二语言和必修科目的规定给予了本土语言以必要关注，英语教学实践彰显出英语的实用价值，法语①学习成为尼日利亚加强与周边讲法语国家合作交流的重要保证。

4.3.4　母语教育政策和多语教育政策

通过解读现有法律和政策文本可知，尼日利亚语言教育包含两种政策导向，即母语教育和多语教育。具体表现为学前教育和基础教育低年级采用母语或相邻语言社区使用的语言作为教学媒介语，随后过渡到英语教学，以母语、除母语外一门主体民族语言及法语作为语言课程。然而，在实际操作中，诸多因素阻碍了母语教育和多语教育的顺利开展。

1. 母语教育与多语教育政策的实施状况

母语教育和多语教育相互依存，密不可分。现阶段，尼日利亚教育体系中的语言使用情况如表 4.1 所示。

表 4.1　各教育阶段的语言设置

教育阶段	语言设置
小学阶段	母语或相邻语言社区使用的语言+英语
初中阶段	母语或相邻语言社区使用的语言+英语+主体民族语言之一（有别于母语的主体民族语言）+法语或阿拉伯语（选修）
高中阶段	一门本土语言+英语+法语或阿拉伯语（选修）
大学阶段	英语是除本土语言科目外其他科目的教学媒介语

由此可见，尼日利亚教育力求创设"语言多元化"的教育模式领域。然而有学者对此提出疑问，若母语或相邻语言社区使用的语言是学生所属

---

① 法语在尼日利亚学校教育中经历过一段惨淡经营。在阿巴查军政府时期，法语被规定为第二官方语言，并成为必修科目。自此之后，法语在尼日利亚的低迷趋势开始缓解，这一规定被称为"法语第二官方语言"（French as Second Official Language）政策。

文化群体的重要组成部分，并在家庭和学校间起到桥梁作用，为何仅将其用作学前教育和小学低年级的授课语言？在语言多样性特征极其显著的城市（如经济中心拉各斯），如何确定相邻语言社区使用的语言？为什么官方政策对尼日利亚皮钦语避而不谈？（Emenanjo，1985）

依据政策内容，母语或相邻语言社区使用的语言至少应该在基础教育前三年用作教学媒介语，然而具体实施状况却偏离了最初设想。首先，《国家教育政策》的本意在于若学生的母语未达到可用于教学的水平，学生可选择相邻语言社区使用的语言。然而，在实际操作中，主体民族语言在语言选择上占据较大比重，这无疑加深了少数民族对本族语的担忧（Akinnaso，1991）。与此同时，即便是主体民族语言也从未真正发挥教学媒介语职能，如豪萨语在教学中所起到的辅助作用距离真正用作授课语言的实践相去甚远（Ufomata，1999）。作为大族语言之一的豪萨语尚受此冷遇，其他本土语言的希望则更为渺茫。尼日利亚语言教育领域内存在语言级差，即少数民族语言让位于主体民族语言，主体民族语言较英语又略逊一筹。

其次，公立学校和私立学校的语言设置迥异，私立学校自小学一年级起即采用英语授课。原因在于公立教育的运作经费来自国家财政，教学活动深受官方政策约束；私立学校的运营则主要依靠社会或个人，尤其是精英阶层的捐赠，因此它们常常无视官方政策而自行其是。统治精英一方面信誓旦旦地鼓励民众学习本土语言，另一方面却迫不及待地将子女送到私立学校就读，确保他们尽早接受英语教育。私立教育骤然兴起，本土语言教育举步维艰。社会阶层间语言差距逐渐拉大，英语成为精英阶层有别于其他阶层的身份认同标记。

最后，由于缺乏教授本土语言的教师队伍和可持续使用的教学材料，相关政策实施起来困难重重。1987 年，政治局（Political Bureau）报告对发展三大族语言提出如下建议：在所有小学和中学教授三大族语言；鼓励地方政府建立语言中心以教授除地区语言外的至少一门国语；鼓励并增加大族语言教师数量；鼓励并要求所有联邦政府公务人员流利使用除相邻语言社区使用的语言外的至少一门国语；推广以三大族语言为媒介的报纸和媒体节目。在 500 余种本土语言中，只有三大族语言拥有数量相对较多的教师队伍和较充足的教学材料。2021 年尼日利亚国家审计最新数据结果显示，该国基础教育阶段教师短缺 277 537 人。[①]与大族语言相比，愿意选其

---

① 参见 Nairametrics 网：https://nairametrics.com/2021/01/11/nigeria-has-a-shortage-of-277537-teachers-in-basic-education-sector-ubec/.

他民族语言作为专业的学生少之又少。与此同时，绝大多数本土语言缺乏标准正字法，很多语言甚至不具备书写系统。以一些语言为媒介语的教学材料仅供基础教育前两年之用，更高年级的教学任务只能依赖主体民族语言。

综上所述，《国家教育政策》虽出台多年，但收效甚微。在复杂的民族情感驱使下，各民族对他族语言的抵触情绪并不会因为某项官方政策而消除，英语因其所谓"民族中立性"而大受追捧。主体民族三足鼎立与少数民族对主体民族的敌意催生了各民族对待他族语言的消极态度，直接导致本土语言教育难以为继，最初设想的母语教育和多语教育格局现正朝向"英语独大"的方向迈进。即便如此，尼日利亚国内仍燃烧着为推进母语教育和多语教育而努力的星星之火。

2. 母语教育实践

早在 1969 年，尼日利亚政府召开全国教学课程会议（National Curriculum Conference），随后又于 1972 年和 1976 年就相关问题召开多次研讨会，组建多个科研小组。"伊夫工程"应运而生。

1970 年 1 月，伊夫大学（University of Ife）[①]教育学院发起全新的教学实践改革，提倡将约鲁巴语用作整个基础教育阶段的教学媒介语、英语作为语言课程，"伊夫工程"由此得名。"伊夫工程"之所以选择基础教育作为实验对象，很大程度上是因为基础教育恐怕是许多尼日利亚人有可能接受的唯一教育，有机会完成中等教育和高等教育的人少之又少。同时，就国内教育状况而言，小学生中途辍学比例高达 40%～60%。研究者将这一局面出现的原因归咎于教育制度不合理、过早开展英语教学、缺少专业培训的教师队伍、缺乏教学设施等（Fafunwa et al.，1989）。

"伊夫工程"与常规课堂教学的不同之处在于约鲁巴语授课、英语课程学习的实践活动贯穿整个基础教育阶段。扩展约鲁巴语的使用空间并不意味着英语地位下降，英语学习仍占据课程安排的较大比重。基于此，"伊夫工程"旨在实现以下三个目标：其一，鼓励学生使用约鲁巴语，实现自力更生和自我发展；其二，确保学生获得与其他使用英语的民族开展交流的能力，成为多语国家的合格公民；其三，学生可为英语教学做好充分准备。换言之，在这一视野下，约鲁巴语和英语功能互补，而非相互争夺资源和发展空间。具体研究设计如下。

---

① 伊夫大学后更名为奥巴费米·阿沃罗沃大学。

（1）组织一个由 30～40 名学生构成的班级；

（2）在整个基础教育阶段以约鲁巴语为教学媒介语；

（3）在整个基础教育阶段以英语为第二语言；

（4）安排一个中学接收所有小学毕业生；

（5）中学第一年安排英语强化课程；

（6）余下的中学教育正常进行；

（7）首先对比实验组与控制组学生在课业表现上的差异，其次检测两组学生在社会适应性、进取心和机智策略方面是否存有差异。

（Fafunwa et al.，1989）

为了取得最佳实验效果，在福特基金会、三所尼日利亚大学（伊夫大学、伊巴丹大学和拉各斯大学）、学生家长以及约鲁巴语本族语使用者的支持下，教育部开展了大规模的课程设置和教材编写工作，剔除了课程安排上的不合理之处，替换掉原有教材中的陈旧内容，使之更加适应新的教学需求。实验组除英语外全部科目均使用约鲁巴语讲授；英语课程则由受过专业训练的英语教师授课。控制组同样采用新的课程设置，但沿袭 3-3 制教学实践。表 4.2 显示出"伊夫工程"中实验组和控制组在语言设置上的不同之处。

表 4.2　"伊夫工程"教学媒介语和语言课程设置

组别	小学 1～3 年级	小学 4～6 年级
实验组	教学媒介语：约鲁巴语 教学课程：英语	教学媒介语：约鲁巴语 教学课程：英语
控制组	教学媒介语：约鲁巴语 教学课程：英语	教学媒介语：英语 教学课程：约鲁巴语

实验结果验证了最初假设，实验组学生无论在课业表现还是个性发展方面都优于控制组学生，英语成绩也并未落后。事实证明，在整个基础教育阶段使用本土语言的教学实践值得推广，经过一系列本体规划，本土语言完全能够胜任所有教学要求。伴随"伊夫工程"开展，约鲁巴语经历了大规模的本体规划，其地区局限性有所减弱，朝着现代约鲁巴语拼写方式的规范化和现代化迈进了一大步。

尽管成效卓然，"伊夫工程"从酝酿到实施并非一帆风顺。由于本土语言普遍被视为缺乏表达科学概念的灵活性，"伊夫工程"常被指责为徒劳。基于不同立场，反对者分化为三组：第一组推崇西式教育，并坚信娴熟的英语表达和过硬的英语能力可以确保学习者获得白领职位，而约鲁巴语只会剥夺学习者学习英语、进入上层社会的机会；第二组往往出于未选择本族语而不满，值得庆幸的是，"伊夫工程"在约鲁巴语语境中开展，学生课下也大多使用约鲁巴语进行日常交际，因此抵触情绪并不显著；第三组出身精英阶层，其中大多数人受过高等教育，为了维护现有特权地位，不愿尝试任何本土语言教学实验，他们构成开展本土语言教学的最大障碍。

"伊夫工程"的实验结果再次有力证实了本土语言完全有可能胜任教学职能，同时为尼日利亚以及其他非洲多语国家开展母语教育指明了方向，实为母语教育创举。然而，遗憾的是，以"伊夫工程"为范本的教育模式未获得大范围推广。各民族对待他族语言的消极态度构成本土语言教育难以开展最为重要的主观因素。

4.3.5 "法语第二官方语言"政策

按照国家教育政策的规定，法语是初中和高中阶段的选修科目。然而，法语在尼日利亚经历了一段惨淡经营。这一局面随着 1996 年萨尼·阿巴查（Sani Abacha）将军的演讲宣告终结。在演讲中，阿巴查将军称"尼日利亚将坚决开展国家语言培训计划，在不远的将来，国家将彻底施行双语制度"[①]。1998 年，《国家教育政策》修订版重申了法语的第二官方语言地位，规定法语为必修科目。这一政策被称为"法语第二官方语言"（French as Second Official Language，FSOL）政策。

FSOL 政策自实施以来，成绩显著。1999 年，尼日利亚恢复民选政府，继续强调法语的重要性。与此同时，法国政府为尼日利亚配备语言学校，培训法语教师，并为试点学校捐赠教科书和其他读物。为了改善法语教学，法国和尼日利亚建立了法尼合作项目框架（framework of the Franco-Nigerian Project）。在此框架基础上，尼日利亚国内成立了三个法语教学和文献中心[②]（Center for French Teaching and Documentation）以提高法语教学和科研水平（Igboanusi, 2008）。尼日利亚法语联盟（Alliance Française of Nigeria）官方主页上写道："本联盟在尼日利亚的活动旨在营

---

① 这里的"双语"是指除英语外，另一门发挥官方语言职能的外来语，而非本土语言。
② 三个中心分别建在乔斯（Jos）、埃努古（Enugu）和伊巴丹（Ibadan）三座城市，建成时间分别为 1990 年、2002 年和 2004 年。其中埃努古中心负责培训尼日利亚东南部和南部学校中的法语教师，伊巴丹中心负责西南部各州、夸拉州和科吉州，乔斯中心负责其余北部各州。

造该国的法语氛围，使之具备迈入法语国家行列的可能性，以推广尼日利亚文化、法语和法语国家文化为目标。"①法语联盟在培训法语教师、开展法语文化和教学活动、提供教学辅助等方面为尼日利亚提供帮助。法、尼政府共同运作的"法语语言项目"（Nigeria French Language Project）负责全面协调尼日利亚的法语教学和推广。在该项目的努力下，法国政府拨款 130 余万欧元用于全面评估尼日利亚法语教学并最终形成为期 3 年的改良计划。该计划旨在培训法语教师，加强中学法语教学。②2004 年，尼日利亚政府批准法语为高中阶段和大学阶段的教学科目。为了营造语言使用环境，还创造性地建造了法语语言村（language village），学生可以在其中体验为期六个月到一年的浸入式法语教学。法语在尼日利亚的发展前景一度颇为乐观。

尽管政府大力支持 FSOL 政策，尼日利亚国内仍不乏反对的声音。有人担忧学习法语会削减国民学习本土语言的热情。实际上，"将法语作为第二官方语言"这一表述本身即存在歧义：一种理解是英语和法语之间存在等级结构，英语的地位超越法语；另一种理解是英语与法语是地位平等的两种官方语言。就全球语言态势而言，英语的支配地位显然更加稳固。FSOL 政策产生于军权政府，该政策的制定和颁布未经过严格的前期调查、议会讨论或全民公决，是违背民主原则的极端表现。该政策看似是一个语言决定，而实际上，政治、外交、意识形态等非语言要素在更广范围内参与其中。

就国际局势而言，这是全球范围内英语和法语相互竞争的一个缩影。正如罗伯特·菲利普森（Robert Phillipson）所说，"帝国主义的显著特点即是强权之间的对抗"（Phillipson，1992）。作为两股强劲的势力，英国和法国的新帝国主义策略在后殖民非洲地区影响甚至左右非洲国家的发展。阿巴查政府的行为引发了国际社会强烈谴责，并遭到英、美两国的联合抵制。尼日利亚遂采取法国总统制③组建政府，并将石油开采权转交给法国政府支持的公司。可以说，阿巴查将法语规定为第二官方语言，是期望在法语国家组织（Organisation Internationale de la Francophonie）中为尼日利亚找到位置（Igbeneghu，1999）。

---

① 参见尼日利亚法语联盟网：https://afnigeria.org/.
② 参见法国外交部网：http://www.diplomatie.gouv.fr/.
③ 法国总统制与美国总统制截然不同，依照前一种模式组建的政府包含总统、副总统、总理和副总理各一名，后一种模式包含一名总统和多名副总统。阿巴查将军选择法国模式建立政府，表达了其拥护法国、疏远英美的态度。

就地区形势而言，西非国家经济共同体（Economic Community of West African States）大多数成员国为法语国家，与这些国家密切交往有利于尼日利亚的经济、政治发展（Igboanusi，2008）。阿巴查政府通过推广法语，以加强在共同体内的话语权。尼日利亚的精英阶层十分乐意接受西方语言。法语是多数非洲国家的通用语言和众多国际组织或地区组织的工作语言，尼日利亚已经具有基于英语建立起的语言权力等级结构，法语的加入会使得这一结构更加稳固。统治精英的这一决定无疑是想充分利用语言分化导致的社会分化局面，进一步维持并巩固本阶层的统治地位。

4.3.6 小结

纵观尼日利亚独立后的语言政策、语言教育政策和语言实践，不难发现，官方政策有意培养主体民族语言、模糊语言多样性事实，希望通过学校教育推广主体民族语言并最终实现一种语言脱颖而出成为国语。然而，主体民族三足鼎立，少数民族对主体民族及其语言的抵触情绪不会因为某项官方规定而缓和。面对民族关系紧张的局势，统治精英预见到仅推广主体民族语言教学可能引发族际冲突，所有民族语言参与教学又不具备可行性，因此他们乐于选择英语和法语这两种具有象征性权力的语言，既可以维护本阶层的语言特权，又可以免生事端。尼日利亚国民对精英阶层的语言选择和语言决定也颇为认可，丝毫没有意识到此举将他们置于不利的境地。尼日利亚的教学媒介语选择体现出民族忠诚、民族情感与语言实用价值间的交织作用，民族属性始终是尼日利亚各项规划和政策不得不考虑的核心构件。旷日持久的"国语争夺战"是尼日利亚语言冲突最为直接的呈现形式。

4.4 剖析尼日利亚语言冲突

尼日利亚语言冲突深层结构中隐藏着地区、民族、宗教、社会阶层等变量，继而外化为表层结构上南北两区、主体民族之间、主体民族与少数民族之间、统治精英与民众之间的语言冲突。这一系列冲突突出体现在处理"国语难题"的过程中。在国族建构过程中，新兴国家往往需要一种象征物以超越民族属性、团结各族人民，国语可以满足这一需要。国语是一个国家的语言，通常被视为国家的象征，承担着族际通用语职能。借助国语，素未谋面的人通过建造"想象共同体"，与共同体内的其他人产生情感共鸣（Anderson，1983）。国语选择通常需要遵循三个基本原则：效率性、充分性和可接受性。具体来说，即备选语言是否能够快速有效地表达交际意图，是否具备充分表达所有意图的功能，目标群体是否愿意接受并使用这种语言（bin Kassim，1991；Mustapha，2010）。

双语或多语国家中的所有问题都直接或间接与语言相关（Fafunwa 1986）。独立后，尼日利亚亟须摆脱殖民历史、巩固新兴国家政权，以帮助各语言群体、文化群体追求共同事业，彰显共有的"尼日利亚特性"（Banjo，1995）。国语便具有这种潜能。然而，独立半个世纪有余，"国语难题"困扰着一代又一代尼日利亚人，僵局至今未打破。为避免语言可能引发的爆炸性效应，官方语言政策内容时常带有言辞模糊（vagueness）、政策波动（fluctuation）、避重就轻（avoidance）、模棱两可（arbitrariness）等特点[1]（Bamgbose，1991）。在尼日利亚，找寻一门为多数人接受的国语实属不易。候选语言包括英语[2]、三种主体民族语言、少数民族语言、斯瓦希里语、人工语言和皮钦语。尼日利亚语言冲突藏匿在"国语争夺战"中，国语问题背后是语言群体间的利益纠葛。下面依据语言冲突分析框架就尼日利亚语言冲突具体情况做出阐释说明。

4.4.1　英语

精英阶层是支持英语成为国语的中坚力量，也是英语优势地位的直接受益群体。选择英语虽然没有偏倚任何民族语言，却导致了社会阶层分化。精英阶层垄断英语象征性权力，其他阶层也试图获得这一权力，前者维持现状的心态与后者改变现状的设想无法调和，这是两个阶层间语言冲突的直接动因。在英语支持者看来，任一民族语言当选国语都势必引发民族冲突和国家动荡，英语是规避这一局面的最佳选项。同时，世界范围内先进科学技术的传播主要以英语为媒介，英语为尼日利亚人架起了一座通往国际社会的桥梁。然而，英语虽然在一定程度上具有缓和族际语言冲突的可能性，却终归不是长久之计，具有"尼日利亚属性"的本土语言才真正有可能团结各民族。迫切改变英语垄断局面的本土语言拥护者又被称作民族主义者（Mustapha，2010）。他们视英语为殖民主义残余，强调必须彻底

---

① 这些特点为撒哈拉以南非洲国家共有。
② 此处"英语"并非指标准英式英语，而是英语的一种变体——尼日利亚标准英语（Nigerian Standard English）。尽管这种变体在语法规则上与英式英语近似，但在词汇语义、语体表达等方面已完全不同。大量反映尼日利亚社会文化现实的词语或表达方式被创造出来，常见的英语单词在这一英语变体中也可能被赋予完全不同的含义。

推翻英语权力结构，提升本土语言成为国语的可能性。民族主义者对英语的"中立性"大加质疑，并将尼日利亚社会普遍存在的贬低传统、推崇西方价值观以及道德堕落归咎于英语的消极影响。民族主义者指出，西方文化和价值观淡化了非洲人民的文化意识，使他们甘愿成为被剥削、被奴役的牺牲品，欧洲语言是文化离间、文化支配和控制非洲人民心智的魔咒（Wa Thiongo，1986）。高文盲率也成为民族主义者反对英语的理由之一。2008年调查数据显示，在15～49岁的尼日利亚国民中，文盲率高达45.1%，仅有不足 20%的全国人口有机会接受高等教育。[①]在民族主义者看来，英语不仅加深了社会阶层隔阂，而且有损国族建构事业，国语必须与任何形式的殖民和后殖民统治划清界限。

4.4.2　主体民族语言

尼日利亚族际语言冲突发生在非共识性框架内，以语言功能再分配型冲突为主。民族主义者虽普遍认同国语应产生于本土语言内部这一观点，但就具体选择哪种语言却存在巨大分歧，体现出主体民族语言抱负和少数民族语言构想间的对立，语言功能的分配在主体民族语言和少数民族语言间呈现出严重的失衡态势。在主体民族语言中，以豪萨语当选国语的呼声最高。豪萨语是西非地区使用最为广泛的语言[②]，是北区的族际通用语。有学者指出豪萨语是一门极其灵活的语言，适应性很强，且语法清晰、简洁，便于学习（Paden，1968）。除此之外，豪萨语是国际广播语言之一，英国、美国、德国、伊朗、中国、埃及等国的国际广播电台均使用豪萨语作为播音语言之一。尽管豪萨语具有上述优势，但尼日利亚其他民族反感豪萨族的民族沙文主义，具体表现在出身豪萨族的总统或国家元首统治尼日利亚的时间超过 26 年，这是其他任何民族未能享有的特权（Mustapha，2010）。另外，比夫拉战争中豪萨人杀戮伊博人的行为也难以为豪萨族及其民族语言赢取任何喝彩与支持。另一个原因与宗教相关，豪萨人大多信奉伊斯兰教，因此豪萨语成为伊斯兰教的语言（Mazrui，1998）。在一些州内，豪萨语者偏狭的宗教思想导致大量非伊斯兰教徒伤亡和财产损失，豪萨语若当选国语，一些人容易将其理解为国家转型的前奏，继而引发政局动荡。有提议称尼日利亚可以效仿发达国家的多语制度，将豪萨语、约

---

① 参见休布勒博客：http://huebler.blogspot.com/.
② 豪萨语在北尼日利亚、尼日尔、加纳北部和喀麦隆北部广泛使用。除以上国家外，西非主要城市均分布着使用人数众多的豪萨语言语社团。埃及、沙特阿拉伯、阿尔及利亚、利比亚等国家也不乏大量豪萨语者。

鲁巴语和伊博语设定为并行国语。如此一来，尼日利亚极有可能再次陷入地区分化的困境，摧毁基础薄弱却又得之不易的国家统一。豪萨语"一枝独秀"引起另外两个主体民族的强烈不满，它们自然不愿放弃雄踞一方的优势而臣服于豪萨族。

尼日利亚迟迟未能从主体民族语言中选出国语，除去三个主体民族势均力敌这一原因外，该国少数民族的顽强抵抗也是"国语难题"悬而未决的驱动力量。少数民族将主体民族语言视作对本族语的威胁，归根结底源于弱势民族对大族霸凌行为的担忧。豪萨族、约鲁巴族、伊博族的三足鼎立给予了三大族强烈的优越感和自豪感，语言特权可能滋生政治特权，诞生于民族沙文主义的内战警钟长鸣。为了规避潜在危险，少数民族语言被提议为国语备选项之一。然而，审慎考虑后发现这一提议欠缺可操作性。就可接受度而言，主体民族必定不会接受地位和本体发展程度上均逊色于本族语的少数民族语言；就语言本体化水平而言，一些少数民族语言虽具有正字法和书写系统，但文字资源有限，有些语言甚至没有书写系统。投入人力、物力资源以加强语言本体规划的设想在短期内缺乏现实意义，少数民族语言显然并非解决"国语难题"的良策。

4.4.3　人工语言

除上述构想外，为了平衡三大主体民族语言的势力，以主体民族语言组合成全新语言的提议于 20 世纪 80 年代问世，这一提议通常被称为瓦左比亚（Wazobia）①方案。该方案的优势在于不专属于任何一个民族，类似提议还有国萨语②方案（Guosa）（Attah，1987）。然而，无论是瓦左比亚方案还是国萨语方案都是一种取悦主体民族的折中做派，不仅无视其余几百种本土语言，还为本就复杂敏感的语言局势雪上加霜。人为语言虽然具有民族中立性，却无法表达民族情感。缺乏情感支持、无法表达情感需求的语言只是冷冰冰的工具，人为语言方案最终无果而终（孙晓萌，2009）。此外还有斯瓦希里语方案，但尼日利亚固有的语言多样性现实已不再需要一门新语言来使事态更加复杂化。

---

① Wazobia 一词由约鲁巴语 wa、豪萨语 zo 和伊博语 bia 组成，均为三种语言中最基本的"来"的含义。

② Guosa 是于 1965 年创造出的一种结构中介语，设计初衷在于结合尼日利亚本土语言，用作西非地区的通用语。《国萨语字典》（*Dictionary of Guosa Language*）中的句子由众多尼日利亚本土语言中的词语零碎拼凑而成。例如"Biko Funmi ruma"这个短句中分别包含着伊博语、约鲁巴语和豪萨语词汇，意为"给我水"。

4.4.4　英语皮钦语

国语争夺战的另一候选语言是尼日利亚皮钦语[①]（Nigerian Pidgin，简称皮钦语），原作尼日利亚英语皮钦语（Nigerian Pidgin English[②]），但由于在词汇和句法层面上已很难辨识出英语的痕迹，故变体名称有所调整（Adeniran，2005）。皮钦语自出现之初便备受争议：如果皮钦语是一种语言，就应对其开展地位规划、本体规划和语言教育规划；如果不是一种语言，最好避免其广泛使用。然而，事实远非如此。有数据显示，皮钦语母语者人数已达 300 万～500 万，第二语言人数已超过 7500 万。[③]英国广播公司为西非和中非地区提供英语皮钦语广播服务，据称，每周都有几百万尼日利亚人通过广播、脸书和 Instagram 收听或收看皮钦语节目。皮钦语是尼日利亚使用最为广泛的口语，其使用者跨越了地域、民族、语言、宗教和社会阶层界限。有研究者认为，就包容性而言，皮钦语是尼日利亚国语最佳选项（Ihemere，2006）。

皮钦语诞生于尼日尔河三角洲地区[④]（Niger Delta），民族势力均衡是这一地区的突出特点。伊博语势力范围缩小[⑤]、少数民族对伊博语怀有敌意和成见等因素都有助于加强皮钦语的通用语地位。然而，主流思想将皮钦语视为一种"拙劣的"、"非正宗的"英语变体。精英阶层自诩使用标准英语，政府和决策者也拒绝给予皮钦语官方地位。究其缘由，可归纳为如下三点：其一，较高的英语学习失败率被归因为皮钦语对标准英语的腐蚀作用；其二，皮钦语的使用者普遍出身社会弱势群体，难以建构语言忠诚，皮钦语的工具性功能大于融合性功能；其三，主体民族担心皮钦语的通用语地位会对本族语构成威胁，因而对皮钦语怀有敌意（Egbokhare，2001）。然而，大多数情况下，国家法律和条令以标准英语书写，却最终

---

① 皮钦语（Pidgin）和克里奥尔语（Creole）都是混合语，是不同语言使用者为了寻找共同的交流方式而产生的，通常是由一门或几门欧洲语言与本土语言混合而成。皮钦语若拥有了母语使用者，便成为克里奥尔语。

② 该变体还常被称作 Broken English 或 Anglo-Nigerian Pidgin。

③ 参见英国广播公司（BBC）网站：https://www.bbc.com/news/world-africa-38000387。

④ 尼日尔河三角洲地区包括以下 9 个州：阿比亚州、阿夸伊博姆州、巴耶尔萨州、十字河流州、三角洲州、埃多州、伊莫州、翁多州以及河流州。同时，这一地区少数民族众多，主要包括伊贾族、乌罗博族、伊比比奥族、奥贡尼族、埃菲克族等。

⑤ 19 世纪，受奴隶贸易、伊博人人口激增和伊博人渴求土地等因素影响，尼日尔河三角洲地区居住着大量伊博人，伊博语曾是这一地区的族际通用语。然而，独立后的建州举措大大削弱了伊博语在这一地区的通用语地位，其势力范围逐渐缩减。内战后，伊博人元气大伤，人数大幅减少，伊博语在这一地区的影响力逐渐下降。

以皮钦语实施，这一语言变体已经在军队、警察和监狱系统中广泛使用（Ndolo，1989）。很大一部分原因在于，皮钦语虽然方便沟通使用，但其书写系统一直引发较大争议，有人支持采用英语式拼写（anglicized spelling），又有人支持采用尼日利亚式拼写（Nigerianised spelling）（Egbokhare，2001）。当地语言学家和作家不断努力，以确保该语言在这一方面得到发展，特别是 2009 年以来，皮钦语学会提出了一种统一的拼写法来书写该语言，并采用 Naijá 作为尼日利亚皮钦语的新名字。[①]

综上所述，尼日利亚的国语确立过程亦是各语言群体的语言冲突过程，是语言群体争夺语言权力的对抗过程。"国语难题"是尼日利亚语言冲突最为直观的外在表现。三大主体民族剑拔弩张、少数民族敌视主体民族，国语问题深刻折射出该国的民族动态关系，诠释了语言冲突深层结构到表层结构的动态转化。就目前态势而言，尼日利亚语言生活中存在多种类型的语言冲突，精英阶层和民族主义者构成纵向语言冲突的两大冲突群体；主体民族和少数民族则是族际横向语言冲突的主要参与群体。族际语言冲突的现实性特征显著，语言功能在民族语言间的分配与再分配都极易导致民族关系紧张；相较而言，社会阶层间语言冲突中的非现实性特征更为显著，精英阶层将通晓英语作为获取社会流动机会和某些高薪职位的必备条件，通过设置语言障碍将非精英阶层阻拦在国家权力大门之外。就发生机制而言，英国殖民政府将原本相安无事的各民族并入尼日利亚的草率决定赋予了该国语言冲突前所未有的人为属性，随后实行的"分而治之"管理策略进一步强化了这一属性。很多情况下，语言是民族认同和民族利益的代名词，成为有心之人实现其不可告人目的的手段。这充分表明，尼日利亚的语言冲突大多以语言应用型冲突为驱动机制。各语言群体虽难以就民族语言问题达成共识，却普遍认可英语的优势地位，但就英语象征性权力如何分配这一问题始终存在分歧，语言冲突的潜在动因由对民族语言的非共识性和对英语的共识性情感中和而成。族际语言冲突外化，在某种程度上发挥了积极功能，确保了尽可能多的本土语言存活下来；也正是由于客观存在的语言冲突，尼日利亚官方在选定国语过程中必须权衡利弊、预见多种可能性，客观上为本土语言发展创造了有利条件，一定程度上维持了语言多样性格局。

尼日利亚国语争夺战硝烟四起，透视出语言冲突深层结构中民族、宗教、地区、社会阶层等多重因素的交织作用。本土语言取代英语并非一件

---

① 参见夏威夷大学网站：https://www.hawaii.edu/satocenter/langnet/definitions/naija.html.

易事，选择一种民族语言往往意味着忽略或歧视其他民族及其语言，若引起不满情绪堆积，极有可能最终威胁国家长治久安（孙晓萌，2009）。民族中心主义、民族沙文主义、语言嫉妒、语言不安全感等因素共同阻碍了"国语难题"顺利解决。尼日利亚仍在艰难地摸索与探寻，"国语难题"已发展成为一道沉重的政治议题。英语虽然未能成功融合各民族，但国语的悬而未决却在很大程度上稳固了英语的优势地位。

4.5 语言冲突影响因子

尼日利亚语言政治化倾向突出体现在语言和民族属性的共生关系中。语言教育政策一方面延续了英语和本土语言间的权力失衡态势，另一方面在主体民族与少数民族语言间设置了一道难以逾越的屏障。语言冲突兼具现实性和非现实性成分，普遍发生在非共识框架内，因此冲突形式较为外化。纷繁的语言冲突现象背后掩藏着同样复杂的诸多影响因子。

4.5.1 官方政策导向

迄今为止，尼日利亚尚未出台专项语言政策，语言规划仅处在国家整体规划的边缘位置，语言政策因而成为其他决策的附属品。在更广视野中，尼日利亚制定和实施官方政策（不仅限于语言政策）的社会大背景不容乐观。自独立以来，尼日利亚多次发生军事政变，政权更迭频繁。建立民主政府、还政于民的承诺久久未能兑现。政局不稳的后果之一便是政策内容缺乏延续性，新政府往往出于标新立异而弃用以往政策，由此导致许多关乎国计民生的政策无果而终，造成严重的人力、物力资源浪费。除此之外，政策执行不力常常引发对政策可行性的质疑。最为直观的证据体现是《国家教育政策》和《尼日利亚联邦共和国宪法》颁布至今，该国的国语问题仍未解决，母语教育政策和多语教育政策收效甚微，官方多语格局依然遥遥无期。众多反对声音指责语言规划无关紧要，宝贵资源应该另辟他用。

政策制定过程中，民主参与程度不高同样阻碍了政策顺利实施。尼日利亚奉行"自上而下"（top-down）的政策制定模式，目标群体既无权参与政策形成过程，也不会被征求意见。决策者若对现实状况不甚了解、考虑有失全面，政策目标极易过于理想化，无形中增加了实施难度和可操作性。《国家教育政策》之所以未见成效，原因无外乎决策层对语言多样性现实估量不足，对语言与民族情感的关注度不够，尤其是忽略了少数民族的语言忠诚。就此而言，语言忠诚极有可能对本土语言教学产生消极影响和引发不良后果。

除上述因素外，政府过分关注科学和技术教育、忽视语言教育的导向同样是引发语言冲突的关键因素。这种导向容易使人产生一种错觉，即必须不惜一切代价促进国家科学、数学和技术发展（Onukaogu，2001），语言由此成为牺牲品。更为讽刺的是，正值 2006 年"非洲语言年"（Year of African Languages）①之际，在整个非洲大陆重新燃起发展本土语言的热情之时，尼日利亚国家语言研究所（National Institute for Nigerian Languages）②竟然面临被废弃的危险。国家社会政治状况和规划导向是尼日利亚语言冲突背后最为宏观的深层次动因。

4.5.2　多种类型冲突交织

在尼日利亚，民族属性超越一切社会范式，渗透进社会生活的方方面面。少数民族忌惮主体民族，主体民族间相互猜忌（Adegbija，1994a）。与族际冲突相伴而生的是地区冲突和宗教冲突，这些"非语言"因素藏匿在语言冲突深层结构中，却又与语言冲突相互交织。

地区冲突始于殖民统治时期，"分而治之"管理原则和间接统治策略将尼日利亚区划分为南北两区，以此确保主体民族及其语言的优势地位。殖民政府区别对待不同民族，导致南北两区在教育、政治、经济发展水平、宗教信仰、语言使用上均存在巨大差异。独立以来，尼日利亚始终以民族政治为纲，民族政党掌控各级政府，民族政治化趋势严重阻碍了国族建构、国家统一和社会发展。主体民族争夺国家政权的斗争愈演愈烈，豪萨族和伊博族的争端最终引爆内战，就此对民族关系产生了深远影响。伊博族对约鲁巴族在内战中的表现极为不满，原因在于伊博族宣布成立比夫拉共和国后曾希望与约鲁巴族就民族分立达成共识，约鲁巴人却迅速与联邦政府统一战线，这被伊博人视为一种背叛。1993 年总统选举中，约鲁巴人莫书得·阿比奥拉（Moshood Abiola）当选，却被豪萨人军政府宣布选举无效。伊博人没有支持约鲁巴人要求重新宣布选举结果的要求，颇有报当年一箭之仇的嫌疑（Ebegbulem，2011）。由此可见，主体民族间关系如履薄冰，极有可能牵一发而动全身。

在主体民族争夺权力的混战中，少数民族沦为牺牲品。少数民族及其

---

① "非洲语言年"于 2006 年 6 月 20 日在非盟总部亚的斯亚贝巴启动，旨在纪念"非洲语言行动计划"（Language Plan of Action for Africa）颁布 20 周年，推广并颂扬非洲语言。该活动于 2007 年 7 月结束。

② 1992 年，"尼日利亚国家语言研究所"是为缓解本土语言师资力量贫乏的状况而成立的。

语言被背景化，《国家教育政策》和《尼日利亚联邦共和国宪法》中的语言条款几乎全部与主体民族相关，母语教育在"相邻语言社区使用的语言"（往往为主体民族语言）这一规定下也黯然失色。少数民族对主体民族的争权行为深表厌恶，与此相伴的是怀疑、恐惧和无望感。这些消极情绪直接导致少数民族爱国热情和国族认同情感低迷。在语言选择上表现为欣欣然接受英语，抗拒主体民族语言，迫切希望迅速转向英语教学。

　　然而，社会阶层间语言冲突破灭了普通民众追逐英语的梦想。作为一个跨越民族界限的社会群体，精英阶层垄断了英语象征性权力并在此基础上建立和维持社会特权地位。他们期待保持现有语言、政治格局，抗拒任何改变。与此同时，他们深知英语在构建本阶层社会地位过程中的重要意义，也深知其他阶层在缺乏家庭传承和语言环境的条件下没有可能习得英语或提升英语能力。统治精英通过语言政策和教育政策提升英语价值，调动英语学习热情，但实际情况是，英语对其他阶层而言永远可望而不可即。精英阶层在其他阶层"默许"的情况下强化了英语优势地位、固化了阶层分化，粉碎了弱势群体期待学习英语改变处境的美好愿望。

　　由此可见，尼日利亚语言生活中遍布着诸多不和谐因素，普遍存在于主体民族间、主体民族与少数民族间和社会阶层间。族际冲突导致民族情感被无限放大，地区冲突和宗教冲突如影随形，族际关系剑拔弩张。语言冲突是其他类型冲突在语言层面的再现，相比族际语言冲突而言，社会阶层间语言冲突作用虽更为隐蔽，其影响却更为深远。

4.5.3　民族语言二元划分

　　在审视《国家教育政策》和宪法后发现，其中隐含如下意义：尼日利亚仅有三种大族语言（major languages），即豪萨语、约鲁巴语和伊博语。言外之意，剩余 500 余种本土语言均为小族语言（minor languages）。小族语言时常引发意识形态层面上的消极联想，因而扶持小族语言的举措往往备受质疑和责难。

　　然而，划归入小族语言范畴内的几百种语言，无论在使用人数抑或发展水平上，都存在较大差异。有些语言虽然在使用人数和使用范围方面略逊于区域性特征显著的三大族语言，但在州一级行政单位中的重要性甚至赶超大族语言，例如埃多语、卡努里语、蒂夫语、纽普语等名副其实的"州语言"。据此，埃德昆勒（Adekunle，1976）将本土语言重新分类如下。

　　A 类语言母语者应超过 600 万，使用范围超出州一级行政单位，可用作通用语或贸易语言，可用于高等教育。广泛用于信息传播、娱乐、广播、电视节目以及报刊出版。满足上述条件的语言包括豪萨语、约鲁巴语和伊博语。

　　B 类语言集中用于州一级行政单位，且在国家层面上获得官方认可，满足条件的语言包括卡努里语、富拉尼语、埃菲克语、埃多语、蒂夫语和伊贾语，这 6 种语言的母语者人数在 100 万～300 万。

　　C 类语言虽在州一级层面具有重要性，却并未获得国家官方认可，埃多玛语、乌尔赫博语和纽普语属于这一类别。

　　D 类语言即便在州一级层面上也未获得官方认可，用于地方政府一级行政单位。超过 80% 的本土语言属于这一类别，母语者人数不超过 30 万。

　　为了进一步细化语言类别，班戈布斯（Bamgbose，1992）提议"大族"（major）语言应包括豪萨语、约鲁巴语和伊博语；"少数民族"（minor）语言包括州一级官方语言；"小族"（small group）语言则包括除以上两种类型外的其他本土语言。联合国教科文组织题为"非洲语言政策政府间会议"（"Intergovernmental Conference on Language Policies in Africa"）①的文件同样关注了尼日利亚的语言分类，并指出在 410 余种语言中，397种为少数民族语言，多种语言的使用人数超过 100 万，一些语言的使用人数甚至接近 1000 万。由此可见，基于使用者数量的分类标准在很大程度上具有任意性和不准确性（UNESCO，1997）。大族语言-小族语言的简易二分划分欠缺合理性，模糊了除大族语言外其他语言间界限。主体民族语言的优势地位产生于"分而治之"管理模式，由此形成的语言格局带有人为痕迹和一定的偶然性，并不能以此作为语言歧视的理由。

　　尼日利亚语言状况复杂，无论在使用人数、使用范围、发展程度、功能分配，抑或语言群体的社会地位和语言态度等方面。官方语言政策偏倚主体民族语言，人为将国家语言格局一分为二，此种导向势必激发民族中心主义情感。在反抗语言压迫过程中，少数民族暂且将内部差异搁置一旁，抵制任何旨在确立主体民族语言为国语的尝试。它们担心主体民族通过语言、文化同化，进而实现对少数民族的政治、经济支配。

---

　　①　这次会议于 1997 年在津巴布韦首都哈拉雷（Harare）召开。

就国家整体而言，少数民族语言及其使用者始终处于从属地位，缺乏语言权力，很大程度上构成语言冲突的直接动因。语言选择过程充满了各民族为维护本民族利益和本族语权利的种种努力，必要时不惜诉诸冲突的方式。大族语言-小族语言的二元划分缺乏科学依据，任何合法化大族语言支配小族语言的政策内容都将加剧族际语言冲突，致使国语确立无限延期。国语位置空缺必然不利于国族建构，"国语难题"背后隐藏着尼日利亚国民对英语和本土语言截然相反的极端语言态度。

4.5.4　极端语言态度

语言态度表现形式虽相对主观，其形成过程却受到政治、经济、社会、历史、宗教等多重因素影响。宽泛地讲，态度一般分为积极态度和消极态度。多语国家中的语言态度类型较为复杂，语言态度直接影响语言学习，并进一步影响语言传播和多语格局建立。

尼日利亚国民的语言态度大体分为对英语和对本土语言的态度。对英语的积极态度由来已久，大致始于殖民统治时期。为了便于殖民地管理，英国殖民政府培训出一批精通英语的尼日利亚人，充当殖民者和民众间的沟通桥梁。英语继而成为社会地位和声望的象征，能够帮助其使用者获得垂直社会流动机会及社会经济、政治优势。独立后，尼日利亚人对英语依旧十分狂热，这种狂热归因于统治精英对英语的推崇以及官方政策对英语的偏爱。作为英语优势地位的最终受益群体，精英阶层虽人数不多，却垄断着国家政治、经济、社会权力，其对英语一如既往的积极态度势必影响将其视作参照对象的其他社会阶层。

相较对英语的积极态度，尼日利亚人对本土语言普遍持有消极态度。《国家教育政策》鼓励国民学习主体民族语言，原本期待借此解决尼日利亚"国语难题"。然而，主体民族间的相互猜忌左右着它们对彼此语言的态度，并最终影响了国家整体语言规划和语言实践（Adegbija，1994a）。与此同时，少数民族对于政治上被支配、经济上被排斥、文化上被轻视的担心促使它们反其道而行之，敌视主体民族及其语言，转而投向英语怀抱。

不仅如此，国民的语言态度在民族、社会阶层、地域等维度上均存有差异。约鲁巴族、伊博族和跨越民族界限的精英阶层更倾向于选用英语。出于历史原因，豪萨族对待英语的态度不如其他民族积极。但整体而言，尼日利亚国内还是清晰呈现出"重英语，本族语居中，轻他族语言"的语言态度走势，反映出社会深层结构中其他非语言因素的制约作用。

4.6　本章结语

尼日利亚民族政治倾向明朗,族群属性高于一切。培养国族认同的客观需要和民族情感相互交织,语言用以标记民族界限的作用被发挥到极致。"分而治之"原则使得独立后的国族建构异常艰难,突出体现在选择和确立国语成为尼日利亚最大的语言难题。语言问题的敏感性和爆炸性需要在处理这一问题时慎之又慎。正因为如此,语言政策和教育政策表现为内容上模糊且暧昧,实施中欠缺果敢和坚持。三大主体民族对国语地位的争夺强化了英语的优势地位,少数民族出于对民族沙文主义的担忧而选择站在英语阵营内。族际关系深深影响了各民族的语言抉择,最终形成英语备受追捧、本土语言遭人摒弃的局面。

作为语言、民族多样性特征最为显著的非洲国家,尼日利亚虽无力确保所有本土语言均衡发展,但至少应转变目前偏袒主体民族语言的政策导向和教学实践,给予更多本土语言以应用于教学的合法性。尼日利亚的当务之急是解决国家通用语难题,去除国民语言态度中的消极成分,包括某一主体民族对其他主体民族语言的敌视情感和少数民族对主体民族语言的不信任感。只有当所有语言被中立化为对个体和国家发展均有益的资源并被普遍接受时,原有不良情愫才有望消弭。

第5章 坦桑尼亚——语言冲突与基于国族建构的语言教育

就语言、民族多样化程度而言，坦桑尼亚并不逊色于其他撒哈拉以南非洲国家，却几乎从未发生过严重的社会、政局动荡，也不存在尖锐的民族、种族争端。作为族际通用语的斯瓦希里语（Kiswahili/Swahili）^①为坦桑尼亚国族建构增色不少，并一度成为宣扬乌贾马（Ujamaa）社会主义^②、表达爱国情感的媒介语言。然而，坦桑尼亚正在逐步远离建国初期的"斯瓦希里化"（Swahilization）梦想。英语在教育领域中占尽先机，其与斯瓦希里语的博弈掀起了席卷全国的"教学媒介语危机"。在国内外多股力量共同作用下，斯瓦希里语的发展趋于迟缓。

5.1 斯瓦希里语的兴起

作为坦桑尼亚族际通用语和东非地区通用语，斯瓦希里语在民族融合、国族建构和地区合作过程中发挥着积极作用，其广泛传播深受坦桑尼亚的民族构成、政治气候等因素影响。

5.1.1 坦桑尼亚民族与语言构成

坦桑尼亚由坦噶尼喀（大陆）和桑给巴尔岛两部分组成。1961年，坦噶尼喀摆脱英国殖民统治获得独立；1963年，桑给巴尔宣告独立。1964年4月，坦噶尼喀和桑给巴尔联合共和国成立，同年10月更名为坦桑尼亚联合共和国（The United Republic of Tanzania）。2019年统计数据显示，

---

① "斯瓦希里"源于阿拉伯语，原意是"沿海居民"。总的来说"斯瓦希里"一词有四层含义，既代表了一个群体，又是一种语言的名称，既可表示东非沿海地区的一种混合型文化，也可表示这一文化所在的区域。在东非国家中，斯瓦希里语被写作 Kiswahili，Swahili 是其形容词形式，但殖民地时期大多数出版物使用 Swahili 一词指称语言，这习惯沿袭至今。

② 乌贾马是斯瓦希里语中"村社"一词的音译，因此乌贾马社会主义又名村社社会主义，主张恢复原始社会遗留下来的农村村社制度，将摆脱贫穷、落后，实现人与人之间平等的愿望寄托在发扬村社精神的基础上，乌贾马社会主义是社会主义流派之一。

该国人口超过 6200 万①，分属 130 余个民族②，为东非地区民族最多的国家。人口较多的民族包括苏库马族、马孔德族、查加族、尼亚姆韦齐族、哈亚族等，但没有一个大族在国家历史上发挥过影响全局的作用（葛公尚，1991）。坦桑尼亚独特的民族构成在很大程度上避免了大族压迫小族、民族矛盾尖锐的局面，十分有利于国族建构和国家整合。

统计数据显示，坦桑尼亚拥有约 120 种语言，分属尼日尔-科尔多凡语系、尼罗-撒哈拉语系和科伊桑语系，斯瓦希里语和国内绝大多数语言属于尼日尔-科尔多凡语系。③尽管坦桑尼亚本土语言众多，使用范围却极其有限（Petzell，2012）。坦桑尼亚拥有一门真正意义上的族际通用语——斯瓦希里语，广泛应用于政治、经济、文化、基础教育等领域，99%的坦桑尼亚人能够熟练使用斯瓦希里语④（Brock-Utne，2005）。斯瓦希里语既能够用作教学媒介语，又能够促进东非地区政治和经济融合，在讲斯瓦希里语人群中激起文化民族主义情感。这门充满活力的语言有利于东非地区的去部落化（detribalization）、阶级形成（class-formation）、政治参与（political participation）、世俗化（secularization）以及科技传播（communication of science and technology）。坦桑尼亚作为东非国家之一，斯瓦希里语自然对该国国民的日常生活至关重要。英语作为官方语言，使用人数仅占总人口的 5%，且水平参差不齐（Rubagumya，1991）。

坦桑尼亚具有包含众多本土语言、地区通用语（斯瓦希里语）和外来语（英语）在内的三语格局。具体而言，这一格局实际上由"本土语言-斯瓦希里语"和"斯瓦希里语-英语"这两个双语格局相互重叠交叉而成。斯瓦希里语在坦桑尼亚语言生活中的重要性不言而喻。

5.1.2　斯瓦希里语的传播

斯瓦希里语从一种民族语言发展到族际通用语，进而发展成为国语和官方语言，很大程度上受传教活动影响。伴随着伊斯兰教向外传播，阿拉伯人在公元 7 世纪以后来到东非沿海并于 10 世纪末建立伊斯兰苏丹国，亚

---

① 参见世界实时数据统计网：https://www.worldometers.info/world-population/tanzania-population/.
② 参见美国中央情报局网：https://www.cia.gov/the-world-factbook/countries/tanzania/#people-and-society.
③ 尼日尔-科尔多凡语系是一个包含约 900 种非洲语言（以及数千种方言）的大语系，包含科尔多凡语族和尼日尔-刚果语族。
④ 斯瓦希里语虽然是使用人数最多的班图语言，但其母语者人数相对较少，主要集中在坦桑尼亚和肯尼亚。大多数使用者将其用作第二语言或第三语言，布隆迪、卢旺达、刚果共和国等国普遍将其用作族际通用语。

非文化交流孕育了斯瓦希里民族①及其文化（葛公尚，1991）。斯瓦希里语大约于公元 10 世纪发端于非洲东海岸的西印度洋商贸往来，定型于 12 世纪前后，19 世纪传播至内陆地区，并随着奴隶、黄金和象牙贸易迅速扩散（Petzell，2012）。

早在殖民统治开始之前，西方传教士就已在东非开展了轰轰烈烈的传教活动。基督教最初在东非沿海地区传播，但由于伊斯兰教早已在此立足，欧洲宗教遭到沿海地区民众，尤其是斯瓦希里人的顽强抵抗（魏媛媛，2013）。基督教传教活动不得不转至内陆，斯瓦希里语作为本土语言和族际通用语的双重优势使其成为理想的传教语言。早在 1850 年，路德维格·克拉普夫（Ludwig L. Krapf）牧师②便倡导使用斯瓦希里语传教。由于深受阿拉伯语和阿拉伯文化影响，斯瓦希里语最初采用阿拉伯语书写体，带有浓厚的伊斯兰色彩。克拉普夫后决定采用拉丁文字，开启了斯瓦希里语"去伊斯兰化"的过程（Mazrui & Mazrui，1995）。1850 年，克拉普夫编写了第一部斯瓦希里语语法书，1882 年由他负责编纂的第一部斯瓦希里语-英语双语词典出版（Griefenow-Mewis，1996）。除克拉普夫外，爱德华·斯蒂尔（Edward Steere）主教先后出版了《斯瓦希里语手册》和《斯瓦希里语练习》，这些书籍成为学习斯瓦希里语的经典作品（魏媛媛，2013）。

斯瓦希里语促进了基督教传播，传教活动反过来又加速了语言本体规划。斯瓦希里语标准化程度较高，书籍、报刊数量众多，这正是其超越东非其他本土语言的优势所在（Myers-Scotton，1981）。独立前，斯瓦希里语已经发展成为族际通用语。在传播过程中，斯瓦希里文化影响当地文化，反过来又受当地文化滋养，地区文化融合而成的坦桑尼亚国家文化逐渐成形。斯瓦希里语承载着国家文化，国家身份认同由此诞生。

斯瓦希里语母语者占坦桑尼亚总人口的 10%左右，且并未在国家政治中发挥举足轻重的作用，然而由于坦桑尼亚国内不存在大族语言竞争，同时绝大多数本土语言属于班图语系，其他语言母语者可以相对轻松地学习斯瓦希里语，因此各民族对其族际通用语地位并无异议。斯瓦希里语的民族中立性和传播广泛性使其承担起将乌贾马社会主义价值观传递给每一位

① 坦桑尼亚人认为，只有斯瓦希里人而没有斯瓦希里族，斯瓦希里人不代表任何一个民族，所有使用斯瓦希里语的非洲人都可以被称作斯瓦希里人。从这一角度讲，坦桑尼亚人在一定程度上等同于斯瓦希里人。

② 克拉普夫是服务于英国圣公会的德籍传教士，于 1844 年来到桑给巴尔，在获得苏丹许可后，自 1848 年起在蒙巴萨地区传教。1846 年，克拉普夫同雷布曼一起在蒙巴萨附近的拉拜（Rabai）建立起东非内陆第一个传教站和东非第一所学校。

坦桑尼亚人的光荣使命。总而言之，斯瓦希里语脱颖而出是历史因素和现实需要共同作用的结果，很大程度上受国家政治意识形态影响，契合了国家政治制度变革的需要。

5.2　殖民地时期的语言教育政策

历史上，坦桑尼亚先后处于德国和英国势力范围之内。德国殖民统治在很大程度上促进并巩固了斯瓦希里语的族际通用语地位；相较而言，英国殖民政府更重视宗主国语言在殖民地的传播，积极树立英语的官方地位，强化英语在学校教育中的使用。尽管如此，斯瓦希里语在团结各族人民、反抗殖民统治过程中的作用无可替代。

5.2.1　德国殖民统治时期

在德国殖民统治确立之前，斯瓦希里语已成为坦噶尼喀大陆[①]的通用语。德国政府官员曾一度要求采取紧急措施阻止其进一步传播，原因在于他们担心斯瓦希里语成为殖民地民众联合起来、反抗德国统治的工具。这种担心不无道理，德国的殖民征服从一开始即遭到了坚决抵抗。1905 年爆发的马及马及起义（Maji Maji Rebellion）[②]是坦噶尼喀现代史上首次跨越民族界限的反殖民运动。无论在规模还是在意识形态上，这次起义都为斯瓦希里语征服坦噶尼喀大陆奠定了基础（Mazrui & Mazrui，1995）。起义参与者虽来自不同民族，但作为族际交流的媒介，斯瓦希里语成功培养起了共同的政治价值和政治态度，其融合性特征成为民族团结和民族融合的工具（Abdulaziz，1971）。

在马及马及起义爆发之前，德属东非陷入语言困境，急需一门族际通用语管理殖民地行政事务。最初，斯瓦希里语被排除在外，德语也并非最佳选项。部分原因在于德国政府担心地位低下者玷污了"高贵德语"的尊贵品质（Brock-Utne，2000）；另一部分原因是殖民者担心非洲人通过德语获

---

① 英、德两国在 1890 年签订了《赫耳戈兰-桑给巴尔条约》（Heligoland-Zanzibar Treaty），借此完成了对整个东非地区的瓜分。其中桑给巴尔、肯尼亚和乌干达地区划为英属东非，坦噶尼喀、卢旺达和布隆迪地区划为德属东非。

② 马及马及起义（1905～1907）在德属东非爆发，起因是坦噶尼喀人民反对德国政府强迫他们种植棉花用于出口的政策。"马及"是斯瓦希里语中"水"的意思，起义者相信在一种"仙药"的帮助下，他们能刀枪不入，使德国人的枪弹化为水，马及马及起义由此得名。起义最终遭到镇压。

取西方先进知识，最终威胁殖民统治。可以说，德国殖民统治初期的语言选择始终在德语和斯瓦希里语间举棋不定。马及马及起义前，德属东非并无任何语言推广的大规模举措（Mazrui & Mazrui，1995）。

马及马及起义显示出斯瓦希里语的强大优势，客观上帮助德国殖民者做出了语言选择，他们决定给予斯瓦希里语官方地位。出于对伊斯兰文化的担忧，德国语言学家卡尔·梅诺夫（Carl Meinhof）提议用拉丁语书写体取代阿拉伯语书写体、德语词汇取代阿拉伯语词汇，真正实现斯瓦希里语的"去伊斯兰化"（Pike，1986）。经过"净化"的斯瓦希里语有望成为巩固殖民统治的工具。另外，德国政府主要依赖斯瓦希里人管理殖民地，客观上进一步促进了斯瓦希里语向内陆传播。通晓斯瓦希里语成为进入政府部门工作的必备条件，甚至连德国殖民政府官员都积极投身到学习斯瓦希里语的大潮中（Tibategeza，2009）。

殖民政府大规模使用和推广斯瓦希里语是为了实现殖民目标，满足传教、殖民地管理等实用目的。在斯瓦希里语广泛传播的同时，德语和英语间争端逐渐浮出水面。对于许多德国人而言，如幽灵般无处不在的英语才是他们最大的梦魇。德属东非的一份报纸曾这样评论，英语必须被逐出东非，德语和斯瓦希里语足以发挥所有语言功能（Mazrui & Mazrui，1995）。然而第一次世界大战后，德国不得不放弃在坦噶尼喀的统治权，英国顺势接管，坦噶尼喀和桑给巴尔全部落入英国手中。

5.2.2　英国殖民统治时期

德国战败后，1917 年 11 月英军占领坦噶尼喀全境。英国殖民政府将在桑给巴尔推行的语言教育政策扩展到坦噶尼喀。与前任殖民者不同，英国人大力开展英语作为教学媒介语和官方语言的实践活动。基础教育前五年采用斯瓦希里语教学，后三年和整个中等教育阶段全部采用英语教学。这样安排可谓用意颇深：一方面，殖民者计划培养少数精英辅佐殖民政府管理；另一方面，本土语言教育和有限的教育水平能够避免民众产生反殖民情绪。这一政策导向体现出"分而治之"的殖民理念。1946 年，殖民政府推出"坦噶尼喀十年发展与福利规划"（Ten Year Development and Welfare Plan for Tanganyika），明确指出在理想状态下，小学入学率应达到100%，中学入学率最好不超过4%（Sa，2007）。在学校中，学生必须使用英语，一旦被发现使用其他语言，往往会因此受到严厉惩罚（Tibategeza，2009）。

与此同时，英殖民政府大力推进斯瓦希里语本体规划。1930 年，跨境语言委员会（Inter-Territorial Language Committee）成立，成员国包括肯尼亚、乌干达和坦噶尼喀。委员会以促进斯瓦希里语标准化、管理斯瓦希里语教材出版、设置英属东非教学课程为主要任务（Biswalo，2010）。除此之外还成立了东非文学局（East African Literature Bureau），鼓励青年作家使用斯瓦希里语进行文学创作（Tibategeza，2009）。即便如此，斯瓦希里语和英语仍存在显著的功能分化，英语广泛用于政府高层行政事务和高等教育，而斯瓦希里语的使用仅限于地方行政事务和基础教育（Bwenge，2012）。

然而，斯瓦希里语的蓬勃发展引起了英国殖民者的警觉。他们担心斯瓦希里语最终会将各民族团结起来，颠覆殖民统治。菲尔普斯-斯托克委员会（the Phelps-Stokes Commission）①曾对斯瓦希里语的传播速度深表担忧，并提醒殖民政府不应放松敦促民众学习其他本土语言、英语或其他欧洲语言（Jones，1925）。1953 年，《宾斯传教团报告》（*Binns Mission Report*）指出，斯瓦希里语影响了其他本土语言和英语教学，扰乱了整个教育系统。出于非洲学生利益考虑，应将斯瓦希里语逐出校园。这一提议最终未获采纳（Rubagumya，1991）。在反殖民意识觉醒过程中，斯瓦希里语无疑促进了族际交流，加速了推翻殖民统治的步伐。

由此可见，出于实用性考虑，英殖民政府并未限制斯瓦希里语使用，相反还充分利用了其作为大众语言的优势。与此同时，殖民政府准许少数人接受英语教育，晋级为教育精英，充当殖民者和民众间的沟通桥梁。这部分人在国家独立后成为统治精英，对坦桑尼亚的语言格局和政治格局产生了深远影响。

5.3　独立后的语言教育政策

独立前夕，斯瓦希里语已然成为号召各民族团结一致、塑造共同政治理念的媒介。1954 年，朱利叶斯·尼雷尔（Julius Nyerere）②领导下的坦噶尼喀非洲民族联盟（The Tanganyika African National Union，简称坦盟）③成

---

① 美国纽约菲尔普斯-斯托克委员会创立于 1911 年，其创立者卡罗琳·菲尔普斯·斯托克女士对于黑人职前教育模式深表支持，并积极给予资助。20 世纪 20 年代初，该基金会组建了一个由英美教育界人士组成的特别委员会，负责调查非洲教育状况。该委员会在一定程度上促进了非洲教育复兴。
② 朱利叶斯·尼雷尔（1922~1999 年），坦桑尼亚政治家、国父，建国后第一任总统，泛非主义的坚定信仰者，非洲统一组织主要领导人之一。坦桑尼亚民众尊称尼雷尔为 Mwalimu（老师）。
③ 坦盟前身是坦噶尼喀非洲人协会。1954 年，尼雷尔将协会改组为坦盟。1977 年，坦盟与桑给巴尔设拉子党合并为坦桑尼亚革命党（The Chama Cha Mapinduzi，CCM），尼雷尔任主席。20 世纪 80 年代以前，坦桑尼亚始终实行一党制，以革命党为执政党。

立，规定斯瓦希里语为官方语言和基础教育阶段的教学媒介语，在全国范围内鼓励其使用和传播，使其成为国族认同和国家文化的重要组成部分（bin Kassim，1991；Vavrus，2002）。

自 1961 年独立以来，坦桑尼亚政治体制经历过两次转型：从建国初期沿袭资本主义制度（1961～1966 年），逐步过渡到乌贾马社会主义制度（1967～20 世纪 80 年代中期），后又转向资本主义制度（20 世纪 80 年代末至今）（Swilla，2009）。乌贾马社会主义时期以"斯瓦希里化"为主要特征，斯瓦希里语由此获得了应用于所有公共领域的合法性，国民中升腾起一股爱国热情（Wright，2004）。本书依据上述时间节点，将独立后的语言教育政策划分为"斯瓦希里化"前夕、"斯瓦希里化"时期和后"斯瓦希里化"三个时期。就英语和斯瓦希里语在教育领域内的具体应用，坦桑尼亚国内存在两大对立阵营，其冲突态势主导了国家语言教育和政治历史的发展方向（Blommaert，1996）。

5.3.1　"斯瓦希里化"前夕

独立初期，坦桑尼亚延续了资本主义制度。[①]这一时期是"斯瓦希里化"政策的筹备阶段，也是即将践行乌贾马社会主义制度的缓冲阶段。政局尚不稳定，有必要采取循序渐进的改革方式。

坦噶尼喀大陆独立时，大多数居民已能够使用或理解斯瓦希里语。1962 年宪法规定"坦噶尼喀的语言是英语和斯瓦希里语"（Brock-Utne，2005）。斯瓦希里语原为桑给巴尔人的母语，随着共和国成立，其国语地位进一步加强。1964 年 12 月 10 日，总统尼雷尔在共和日当天发表斯瓦希里语演讲。这是坦桑尼亚语言史上里程碑式的事件，从这一天开始，斯瓦希里语正式成为坦噶尼喀的国语。尼雷尔是斯瓦希里语笃定的拥护者，他指出文化是一个国家的精髓和灵魂所在，缺乏文化的国家不过是由一群没有灵魂的人拼凑而成，殖民主义的罪恶在于教唆殖民地民众以本土文化为耻，迫使他们否认本土文化的存在或价值（bin Kassim，1991）。尼雷尔提倡充分发挥斯瓦希里语作为族际通用语的职能，并将莎士比亚的《尤利乌斯·恺撒》（*Julius Caesar*）和《威尼斯商人》（*The Merchant of Venice*）

---

① 本书指出，非洲国家的资本主义制度并非真正意义上的资本主义，是由殖民者移植到非洲，因此缺少如下基本特征，如经济上以私营经济为主，减少政府干预，生产力高度发达，社会富裕，商品生产发展到很高阶段；政治上由资产阶级政党掌权，实行多党制。非洲国家不具备发展资本主义的客观条件，而是被迫卷入资本主义世界体系，成为西方列强经济掠夺的牺牲品。

两部英文作品翻译成斯瓦希里语。

建国初期的语言教育政策沿袭了殖民地时期的教学实践，具体表现为斯瓦希里语在基础教育前四年用作教学媒介语，五年级起作为语言课程教授；三、四年级开展英语课程学习，五年级起英语取代斯瓦希里语用作教学媒介语，并一直持续至高等教育阶段。1962 年《教育法令》（Education Ordinance）包含两个核心政策：其一，将半私立教育机构收归国有，将教会学校和其他独立性质的学校整合进新的教育系统；其二，将基础教育管理权移交给当地教育机构（Biswalo，2010）。上述政策隐含如下指导思想：若要彻底摆脱殖民统治、建立民主自治国家，必须充分发挥斯瓦希里语的通用语优势，消除族际交流障碍，实现信息无障碍流通。

1964 年，社会发展、文化、青年和体育部下属文化艺术司内设立"斯瓦希里语倡导者"（Promoter for Swahili）这一职位，主要职能包括扩大斯瓦希里语的使用范围，确保其在政府、学校中使用；去除语言糟粕，指明正确的发展道路；实现书写系统和使用的标准化；鼓励所有坦桑尼亚人学习合乎语法的斯瓦希里语（bin Kassim，1991）。同年，斯瓦希里语研究所（Institute of Kiswahili Research，IKR）[1]成立，主要职能是收集、编纂斯瓦希里语新词，并规范其使用（Kiango，2005）。大规模斯瓦希里语本体规划旨在为"斯瓦希里化"时期的语言地位规划和语言教育规划做好前期准备。

5.3.2　"斯瓦希里化"时期

"斯瓦希里化"时期也即乌贾马社会主义变革时期。在这一时期，坦桑尼亚人爱国热情空前高涨。1967 年 1 月，执政党坦噶尼喀非洲民族联盟通过了《社会主义发展纲要》，亦称《阿鲁沙宣言》（The Arusha Declaration），正式宣布坦桑尼亚将建成真正的社会主义国家。该宣言是中央纲领性文件，概括了乌贾马社会主义的基本思想，反对西方新自由主义（Neo-liberalism）发展模式，以乡村发展为主要目标，具体措施包括建立农场和乌贾马村社。不同语言背景的人被聚集在一起，进一步提升了斯瓦希里语的使用（Mulokozi，2002）。乌贾马社会主义的教育理念体现为尼雷尔所倡导的"为自力更生而教育"（Education for Self-Reliance）原则。

1. "为自力更生而教育"原则

依照这一原则，教育能够改善人民的生活、提高社会福利；教育应

---

① 研究所前身即 1930 年成立的跨境语言委员会。

该遵循乌贾马社会主义原则，减少对西方的依赖；教育应以满足国家需要、提供终身教育为目标，避免产生教育分层。1967 年，坦桑尼亚总理和第二副总统拉希德·卡瓦瓦（Rashid Kawawa）宣布在不影响国家运作效率的前提下，斯瓦希里语可用于处理政府事务，英语将作为第二官方语言填补斯瓦希里语无力发挥的语言功能空缺（bin Kassim，1991；Brock-Utne，2005），斯瓦希里语由此获得官方语言地位。随后，卡瓦瓦宣布小学一至七年级课程全部使用斯瓦希里语教授，所有培训小学教师（Grade A teachers）[①]的师范学院（teachers' colleges）必须以斯瓦希里语作为教学媒介语。可见，坦桑尼亚已为斯瓦希里语用于基础教育做足了准备。

“为自力更生而教育”原则重视面向大众的基础教育，而非中等教育和高等教育。在乌贾马社会主义制度引领下，国家教育系统重组，政府承诺将全民教育视为重中之重。每个坦桑尼亚儿童，无论其出身、种族或宗教信仰，都享有进入公立学校或政府资助学校学习的机会（UNESCO Institute of Education，1979）。在《阿鲁沙宣言》和“为自力更生而教育”原则问世后，斯瓦希里语成为公立小学的教学媒介语。在乌贾马社会主义时期，斯瓦希里语象征着与西方不结盟的政治立场，全民教育是实现国家自力更生的前提条件（Vavrus，2002）。

为了实现“斯瓦希里化”目标、促进斯瓦希里语发展，根据议会第 27号法案（1967 年），国家斯瓦希里语协会（Kiswahili National Academy，斯瓦希里语名称是 Baraza la Kiswahili la Taifa，BAKITA）成立，由共和国总统担任名誉主席，足见国家对这一机构的重视（葛公尚，2003）。1970年，斯瓦希里语研究所并入达累斯萨拉姆大学（University of Dar es Salaam，UDSM），专门从事斯瓦希里语语法、修辞、文学、字典编纂等方面的研究。同时该大学成立斯瓦希里语系（Department of Kiswahili），专门负责培养斯瓦希里语教学和研究人才。除此之外，桑给巴尔政府分别于 1978和 1986 年成立了斯瓦希里语和外语研究所（Institute of Kiswahili and Foreign Languages）与桑给巴尔斯瓦希里语委员会（Zanzibar Kiswahili Council），负责斯瓦希里语人才培养（Mulokozi，2002）。

“斯瓦希里化”政策成功解决了坦桑尼亚的国语问题。截至 20 世纪 70年代，斯瓦希里语的国语地位几乎获得所有坦桑尼亚人认可。在乌贾马社

---

① 持 A 级教师教育文凭的人需在初中毕业后，经过两年培训，方能教授小学课程。这一级别的
　　教师往往专业性不强，英语能力更是有限，基础教育中的英语教学状况可想而知。

会主义意识形态指引下,英语成为殖民主义、新殖民主义(neo-colonialism)、资本主义和精英制度的爪牙;斯瓦希里语是挣脱新殖民主义和资本主义枷锁、实现国家解放的语言(Bwenge,2012)。基础教育和成人教育以斯瓦希里语为唯一教学媒介语,成效显著。1974 年,政府普及基础教育,1980年入学率达到 98%。1977 年,成人文盲率从 75%下降到 17%(Tibategeza,2009)。教育领域的突出成绩很大程度上归因于斯瓦希里语教学实践活动。

国民对斯瓦希里语的积极态度加速了语言发展进程,与此同时,他们对待英语的情感却复杂了许多(Bwenge,2012)。英语是社会地位的象征,自 1965 年起,斯瓦希里语和英语间关系时常激起全国性的热烈讨论,斯瓦希里语也不断尝试将教学媒介语职能扩展到中等教育。

2. 斯瓦希里语进军中等教育

早在 1969 年,坦桑尼亚政府就尝试将斯瓦希里语的教学媒介语职能扩展到基础教育以上阶段。国家第二个五年发展规划(1969~1974 年)指出,小学到中学的教学媒介语断层产生并固化了语言沟壑,导致高等教育脱离国家和国民的实际需要,但英语和斯瓦希里语间的转换不可能在短期内实现,应为准备教材留出充足时间。1969 年,教育部向所有中学校长发放公告,概述了斯瓦希里语逐步取代英语的计划。依据公告内容,政治教育(Political Education)①、家政学以及历史、地理、生物、农学和数学等科目分别从 1969~1970、1970~1971、1971~1972 学年起,使用斯瓦希里语作为教学媒介语(Brock-Utne,2005)。政府相关机构立即承担起语言本体规划的任务。截至 1975 年,政治教育、地理、商业、数学、历史、农学和家政学等学科已拥有斯瓦希里语教材,同时经济学、生物学、化学、技术教育和物理学等学科也已实现术语现代化(Roy-Campbell,1992)。然而,1969~1970 学年后,整个改革项目戛然而止,斯瓦希里语进军中等教育的计划搁浅。

1980 年,总统尼雷尔授权时任教育部部长杰克逊·马克维他(Jackson Makweta)成立总统教育委员会(Presidential Commission on Education),回顾国家教育状况,并为未来二十年的教育改革提出合理建议。1982 年 2月,委员会提交调研报告,建议中等教育和高等教育分别于 1985 年和 1991年开展斯瓦希里语教学实践。讽刺的是,该建议在后续官方委员会报告中被删除(Mazrui & Mazrui,1995)。政府非但未能采纳这条提议,反而在推

---

① 政治教育是一门用以学习坦桑尼亚革命党政治哲学体系的学科,以乌贾马社会主义为主要教学内容。

进英语教学的道路上越走越远。1983 年，教育部部长马克维他宣布教学媒介语转换不会发生（Brock-Utne，2005）。1984 年，在教育委员会报告提交两年之后，坦桑尼亚政府规定斯瓦希里语和英语都应用作教学媒介语，加强英语教学；斯瓦希里语有望成为基础教育以上阶段的教学媒介语，其课程教学也应得以强化。此规定一出，国内一片哗然。

同年，在英国政府资助下，克莱·克里普（Clive Criper）和比尔·W.陶德（Bill W. Dodd）二人就坦桑尼亚教育系统中的英语使用开展调研。结果显示，只有10%的中学四年级学生的英语水平达到英语用作教学媒介语的要求，能够轻松阅读与学术研究相关的英文书籍的大学生不足 20%。令人大跌眼镜的是，二人最终仍建议教育部确定英语为教学媒介语（Criper & Dodd，1984）。尽管国内反对声音四起，政府仍着手筹备英语教学资助项目（English Language Teaching Support Project）。1987 年，该项目与英国政府对坦桑尼亚的发展援助一同开启，继续开展英语教学是获得援助的前提条件之一（Mazrui & Mazrui，1995）。英国政府强制规定所有图书的首版必须在英国发行，这一要求严重阻碍了坦桑尼亚国内出版业的发展，有损本土知识体系建立。

由此导致的结果是，坦桑尼亚的教育分化现象十分严重。只有10%的小学毕业生有机会进入中学继续接受教育，其中又仅有 2%的学生有机会接受高等教育（Rubanza，1996）。2013 年一组官方数据统计了 2006～2012 年公立小学和私立小学的数量及入学人数，显示私立小学仅占学校总数的0.02%～ 0.05%，接受私立英语教育的学生占学生总数的1%，而进入公立学校接受斯瓦希里语教育的学生约占99%。具体情况如表 5.1 所示。

表 5.1　2006～2012 年小学数量和入学人数统计

项目		2006 年	2007 年	2008 年	2009 年	2010 年	2011 年	2012 年
小学数量/所	总计	14 700	15 446	15 673	15 727	15 816	16 001	16 331
	公立小学	14 440	15 122	15 257	15 301	15 265	15 412	15 525
	私立小学	260	324	416	426	551	589	806
入学人数/人	总计	1 316 399	1 378 708	1 380 161	1 358 448	1 356 805	1 388 684	1 404 578
	公立小学	1 303 000	1 365 000	1 361 000	1 337 000	1 333 000	1 362 000	1 364 000
	私立小学	13 399	13 708	19 161	21 448	23 805	26 684	40 578

（Ministry of Finance of Tanzania，2013）

上表如实反映出坦桑尼亚教育的精英本质。2019 年数据显示，私立小学的学生入学比例略有上升，但也仅为总入学人数的 4.24%。①众所周知，私立学校向来以英语教育为噱头，学生一入学即接受英语教育，这对于学生及其家长而言有着巨大吸引力。然而，高昂学费远远超出普通家庭的承受范围，大多数家长只得望而止步。私立教育的受众群体多为精英阶层子女。与这一群体不同的是，公立学校学生需在中学阶段完成斯瓦希里语到英语的教学媒介语转换，在认知水平和学术发展方面对学习者提出了重大挑战。精英阶层子女境况则完全不同，全英语教育意味着他们在基础教育和中等教育阶段的教学媒介语完美承接。英语以文化资本的形式在精英家庭中传承，良好的学习环境和充足的学习材料等优势条件让普通家庭学生望尘莫及。

5.3.3　后"斯瓦希里化"时期

20 世纪 80 年代中期，全球化势头迅猛，新自由主义思潮②国际传播。与此同时，非洲大陆爆发经济危机，西方国家由此获得插手非洲国家事务的大好机会。世界银行和世界货币基金组织大力提倡国家经济结构调整，坦桑尼亚随后被卷入经济自由化（liberalization of the economy）浪潮中。除此之外，社会主义阵营内部剧烈动荡。坦桑尼亚于 1992 年实行多党制，逐步抛弃了社会主义建国理念，乌贾马社会主义时代终结。经济结构和政治制度上的重大调整引发了教育体制转型，突出体现在英语堂而皇之地进入基础教育，在其强大攻势下，斯瓦希里语步步后退。

1. 《教育培训政策》

在社会经济、政治变革中，语言天平逐渐向英语一边倾斜。1992 年，政府允许私立小学开展英语授课。1993 年，教育部公文将"政治教育"重新更名为"市政学"③，以英语授课，体现出教育部为适应全新政治格局做出的学科结构调整（Brock-Utne，2002b）。在国家经济状况恶化、发展举步维艰之时，为了获得教育资金援助，教育部、总理办公室、规划委员

---

① 参见 globalpartnership 网：https://www.globalpartnership.org/sites/default/files/document/file/2020-05-Tanzania%20Mainland-ESP-IR_0.pdf.

② 新自由主义反对社会主义，倡导个人主义，提倡自由放任的市场经济，反对国家过多干预，主张私有化。

③ 1968 年部长公告将中学课程中的"市政学"（civics）更名为"政治教育"（斯瓦希里语为 Elimu ya Siasa），"政治教育"的学科目标与"为自力更生而教育"原则相吻合。1970 年 7 月，一份针对中学教师的公告要求他们使用斯瓦希里语讲授"政治教育"，以区别于英语讲授的"市政学"。

会、课程发展协会等政府机构被迫接受西方援助的附带条件，包括教育私有化和教科书市场自由化。具体要求为削减政府对公立学校投入，实行教育收费，废除全民教育，使用国外教材和西方考试制度。坦桑尼亚逐渐丧失了本国教育事务决策权（Brock-Utne，1995），语言教育成为西方国家操控非洲人民的政治工具。

"斯瓦希里化"时期奠定的斯瓦希里语的优势地位开始出现松动。从20世纪90年代起，语言教育政策内容开始出现前后矛盾、模棱两可的迹象。1995年，教育部颁布《教育培训政策》，其中第五章"正规教育与培训"（Formal Educaion and Training）详细规定了从学前教育到中等教育阶段的教学媒介语和语言课程设置。具体规定如下。

　　•学前教育阶段的教学媒介语为斯瓦希里语，英语为必修科目。

　　•基础教育阶段的教学媒介语为斯瓦希里语，英语为必修科目。

　　•除作为语言科目外，中等教育阶段使用英语作为教学媒介语，斯瓦希里语从初中一年级起为必修科目。

　　•英语是现阶段中学教育的教学媒介语，大多数教学材料只限于英语版本，这种局面可能会长期保持。因此，从小学一年级就应开展英语科目学习，确保七年小学教育后，学生具备足够的英语识字能力，以应对中等教育和高等教育，以及就业市场对英语能力的要求。

上述规定标志着英语在教育领域全面反弹，斯瓦希里语教学的过渡本质一览无遗。表面上，《教育培训政策》沿用斯瓦希里语和英语各司其职的惯例；实质上，英语教学功能进一步强化，不仅继续占据中等教育，英语课程学习也由小学三年级提前至一年级。整体而言，《教育培训政策》内容过于笼统，既缺乏具体实施步骤和指导方针，决策部门又无法对政策实施予以全程监管。宽泛的政策内容和宽松的实施步骤加大了政策实施难度，相关部门往往依据常识或以往经验确定实施方案，极有可能导致政策内容相同、实施结果各异，有碍统一教育局面形成（Tibategeza & du Plessis，2012）。除此之外，《教育培训政策》鼓励私人机构参与教育事务，这在独立后颁布的教育政策中尚属首次。

经济结构调整引发了教育私有化热潮，私立小学如雨后春笋般出现在多个城市。这些学校全英语授课的金字招牌吸引了承担得起巨额学费的学生家长。教育私有化强化了官方"唯英语"导向的语言教育政策（Vavrus，2002），国民对英语的追捧程度甚至超越英国殖民统治时期。面对英语带给其使用者的社会地位、经济优势、受教育机会、社会垂直流动机会等好处，家长向教育部门施压，要求建立更多私立学校，英语私立教育随之迅猛发展。私立学校以优质的师资力量、充足的学习材料和精良的仪器设备吸引家长眼球，相较而言，公立学校能够提供给学生的实在是少之又少（Tibategeza，2009）。

2.《文化政策》

1997 年，教育部颁布《文化政策》（Sera ya Utamaduni，即 Cultural Policy）。第一章内容涵盖对国语、本土语言、外语和教学媒介语的相关规定[1]。具体内容如下。

第一条　国语

第 1 款　《坦桑尼亚联合共和国宪法》应将斯瓦希里语确立为国语；

第 2 款　鼓励个人或组织使用斯瓦希里语写作或出版；

第 3 款　国家斯瓦希里语协会负责斯瓦希里语的研究与推广；

第 4 款　国家斯瓦希里语协会应与其他斯瓦希里语传播机构加强合作，获取充足资源，发挥各自功能；

第 5 款　本土语言应继续促进斯瓦希里语发展。

第二条　本土语言

第 1 款　我们的人民应使用本土语言，并引以为傲；

第 2 款　对言语社区、个人和机构研究、记录、保存、翻译本土语言的行为予以鼓励；

第 3 款　对编纂本土语言词典和语法书的行为予以鼓励；

第 4 款　对公立和私立机构出版、传播本土语言材料的行为予以鼓励。

---

[1]　《文化政策》最初是一份斯瓦希里语文件，随后翻译成英文。在英文译本中，第一章标题为 Language，下设 The National Language、Vernacular Languages、Foreign Languages 和 The Medium of Instruction 四部分。但一些国外文献（如 Brock-Utne，2005；Tibategeza & du Plessis，2012）在涉及这一政策内容时，均提到《文化政策》第三章涉及语言问题。即便如此，本书仍旧遵照英文版本中的章节安排，在引用具体条款时可能会与其他文献存在出入，特此说明。

第三条　外语

第1款　英语应成为学前教育、基础教育和中等教育阶段的必修科目，在高等教育中同样鼓励，英语教学有待进一步加强；

第2款　鼓励教授其他外语，如法语、葡萄牙语和俄语。

第四条　教学媒介语

第1款　设定并实施专项计划，以确保斯瓦希里语用作所有教育和培训阶段的教学媒介语；

第2款　斯瓦希里语应成为学前教育、基础教育和中等教育阶段的必修科目，在高等教育中同样鼓励，斯瓦希里语教学有待进一步加强。

与《教育培训政策》相比，《文化政策》具有一定进步性：一方面，除斯瓦希里语外其他本土语言的重要性获得正式认可，这在坦桑尼亚语言规划史上尚属首次（Mulokozi，2002）；另一方面，政府鼓励学习、研究、记录本土语言，肯定其他本土语言对斯瓦希里语的积极影响，充分认可国家语言多样性事实。

《文化政策》提倡将斯瓦希里语用作所有教育阶段的教学媒介语，与《教育培训政策》的内容背道而驰。遗憾的是，《文化政策》同样措辞含糊，如第四条第1款规定设置专项计划以确保斯瓦希里语教学，但就具体计划内容和如何设定、实施、评估等核心问题缺乏实质性指令，一定程度上反映出决策者对待语言问题的暧昧态度。相关部门迟迟没有制定出任何有望实现教育领域"斯瓦希里化"的详尽举措。在面对质疑时，相关人员往往不愿正面回应，顾左右而言他地称文化事务已归属另一部门管理[①]，教育部不便干涉（Tibategeza，2009）。部门间就语言教育问题相互推诿，反映出国家整体规划导向，即教学媒介语设置并非政府亟待解决的问题，不作为亦表明抗拒改变现状的态度。

《文化政策》虽然充分认可本土语言的重要性，但其他本土语言却被禁止用于报刊出版和广播传媒等领域（Rubagumya et al.，2007）。政府对待本土语言的暧昧态度一定程度上反映出对语言忠诚感、认同感和语言部族主义（tribalism）的担忧。极端做法是政府禁止人口普查人员向被调查者询问任何与语言使用相关的问题（Brock-Utne，2005），这也是坦桑尼

---

① 2005年12月，坦桑尼亚联合共和国第四任总统宣布内阁成立，并宣布文化事务不再归属教育部管理，而是划入信息、文化体育部。

亚境内语言数量难以确定的原因之一。政府秉承将语言多样性视为"问题"而非"资源"的语言规划导向,由此在民众中形成了对本土语言的消极态度。与此同时,失去政府强有力支持的斯瓦希里语后劲不足,在与英语的博弈中居于下风。

3. 斯瓦希里语节节败退

坦桑尼亚政府官方网站上赫然写道:坦桑尼亚教育体制以双语教育为特色,学生需要同时学习斯瓦希里语和英语(Trudell,2011)。然而,斯瓦希里语的地位和应用程度远落后于英语,突出体现在教学媒介语的选择过程中。

1998 年,《教育部咨询报告》建议,从 2001 年起将斯瓦希里语用作中等教育阶段的教学媒介语。1999 年,就制定相关实施策略的会议在阿鲁沙召开。会议建议教学媒介语转换计划即刻进入筹备状态,以确保斯瓦希里语在五年内成为初中一年级的教学媒介语,并逐步取代英语,斯瓦希里语协会负责协调制定实施草案(Mulokozi,2002)。然而,会议报告提到"资金匮乏是实施政策面临的主要困难,需要资金扶持的计划不得不推迟执行"(Brock-Utne,2005)。国内再一次就教学媒介语问题展开了激烈争论,连总统本人也成为支持英语教学阵营中的一员。

斯瓦希里语教学迟迟未能取得长足发展,原因之一是政府大力支持英语教育。20 世纪 90 年代以来,坦桑尼亚开展教育私有化,英语私立学校数量陡增。教育部为私立小学提供英语版教学大纲。从 2000 年起,私立小学学生可以使用英语作答毕业考卷,而以往这项考试只提供斯瓦希里语试卷(Swilla,2009)。2003 年,教育部颁布 2 号公告,规定国家考试中英语和斯瓦希里语作为两个独立科目,分开测试。在此之前,学生可以在英语和斯瓦希里语中任选其一。对公立学校学生而言,斯瓦希里语作为测试语言无可厚非,但英语现成为独立的测试科目,对他们而言有失公允。上述政策内容偏离了《教育培训政策》和《文化政策》中的相关规定,凸显出该国语言教育政策整体缺乏连续性、充满任意性、前后矛盾、有失公允等特点。

2001 年,教育部颁布教育领域发展计划(Education Sector Development Programme),指出英语教学是坦桑尼亚中等教育的优势之一(Ministry of Education and Vocational Training of Tanzania,2001)。2004 年,教育部颁布 9 号公告,对中学课程调整做出指令,其中规定每周 3 学时[①]用于斯瓦

---

① 在小学和中学教育中,每一学时为 40 分钟。

希里语教学;英语教学时间为 7 学时,两年后降为 6 学时(Tibategeza,2009)。这份公告体现出两种语言在课程时间分配上的极度不均衡,斯瓦希里语不仅无望成为教学媒介语,而且在课程安排上也远不及英语。这种情况与坦桑尼亚国内流传甚广的语言教育观念不无关系,即学习英语机会有限,学校教育可能是唯一途径,延长英语教学时间可以有效提升英语水平;斯瓦希里语随处可见,因此没有必要花费大量时间专门学习。2009 年,教育部提议制定全新的《教育培训政策》,允许英语教学从学前教育持续至高等教育阶段(Qorro,2013)。可以说,斯瓦希里语无望在短期内,甚至有可能永远也无法实现语言功能的提升和扩展。

斯瓦希里语的势弱甚至波及了斯瓦希里语的大本营——桑给巴尔岛。2006 年,桑给巴尔岛开展教育政策回顾,通过总结 1996 到 2006 年的教育政策实施效果后发现,中学生数学和科学成绩偏低,遂决定自小学五年级起将这两学科的教学媒介语由斯瓦希里语转换为英语,以帮助学生为中等教育阶段的学习做好准备。另外,五年级新增“信息、交流和技术”(Information,Communication and Technology)学科,以英语讲授(Babaci-Wilhite,2013)。上述决定影响深远,原因在于桑给巴尔岛语言状况与坦噶尼喀大陆不同,岛上居民几乎全部以斯瓦希里语为母语。桑给巴尔岛本应是斯瓦希里语链条中最为牢固的部分,但当地的教学实践活动为斯瓦希里语的命运敲响了警钟。

5.3.4　小结

斯瓦希里语在与英语博弈中的一次次后退标志着本土语言教育和斯瓦希里语发展历程的倒退。就现有局势而言,亲英语派在教学媒介语论战中大获全胜,“斯瓦希里化”成果现已所剩无几。可以说,“斯瓦希里化”后期政策与前期相比有所颠覆。建国初期,爱国情绪高涨,斯瓦希里语最大限度发挥了其族际通用语作用,成为乌贾马社会主义意识形态的象征和表述工具。然而,当轰轰烈烈的独立浪潮退去,更为现实的问题浮出水面。斯瓦希里语进军中等教育受阻,预示着英语意识形态已在坦桑尼亚悄然苏醒。语言教育政策转向反映出国家经济结构调整和政治格局变动,斯瓦希里语意识形态(社会主义价值观)和英语意识形态(资本主义价值观)的对立与纠缠成为后“斯瓦希里化”时期国家语言生活的主旋律。“教学媒介语危机”是坦桑尼亚语言冲突的最直观表现,背后是国内外多股势力相互牵制、彼此制约。

5.4　剖析坦桑尼亚语言冲突

在非洲近代史上，坦桑尼亚始终站在非洲解放运动前沿。《阿鲁沙宣言》开辟出一条适合本国实际的乌贾马社会主义道路，赋予了人民主宰自己命运的权利。拥有斯瓦希里语作为族际通用语，坦桑尼亚成为非洲国家中最有可能实现"教育本土化"的国家。然而，建国初期的"斯瓦希里化"梦想渐行渐远。教学媒介语之争为何迟迟没有定论？想必这是许多人头脑中的疑问。

一直以来，坦桑尼亚政府对学校教育中教学媒介语选择所产生的问题不闻不问，任由语言危机深化。"教学媒介语危机"突出体现为语言教学中的几点自相矛盾之处：其一，政府虽然对教师和学生英语能力有限的事实心知肚明，却仍坚持英语教学；其二，教师虽然使用斯瓦希里语确保授课效果，学生却只能使用英语作答结业试卷；其三，斯瓦希里语教学难以保证英语考试成绩，学生考试失利再正常不过（Roy-Campbell & Qorro，1997）。英语更多时候成为获取知识的障碍，模糊语言与知识间界限，获取知识常被等同于拥有英语能力（Roy-Campbell，1992）。

通常情况下，选择教学媒介语需考虑如下问题：学习者的语言能力是否已达到有效学习的要求？语言选择是否与国家整体目标相一致？语言本体发展程度、教学材料和教师数量是否已达到语言教学的基本要求？（Fasold，1984）斯瓦希里语显然已经满足成为理想教学媒介语的标准，不仅宏观上有利于提高国家整体教育质量，激发国民创造性，实现全民参与国家规划目标，促进国家经济增长和民主建设进程；而且微观上有利于减轻学生挫败感，树立自信心，实现学生认知能力和个性健康发展，并有望在很大程度上缓解"教学媒介语危机"。然而，坦桑尼亚独立至今，斯瓦希里语不仅未能应用在中等教育中，其在小学阶段的教与学也备受质疑。该国语言冲突最为直观地体现在斯瓦希里语和英语在教育领域的博弈中。

就英语和斯瓦希里语在各教育阶段的教学职能分配问题而言，坦桑尼亚国内分化为两个冲突群体——亲斯瓦希里语派和亲英语派。双方各执己见、互不相让。两个冲突群体与统治精英和民族主义者构成的社会阶层划分近乎重合。教学媒介语派别之争虽因语言而起，但实际上牵涉许多隐藏在深层结构中的非语言因素，导致坦桑尼亚语言生活中现实性和非现实性语言冲突并行存在。考虑到坦桑尼亚尚且平和的语言生活局面，可以说该国语言冲突以隐形语言冲突为主要表现形式，冲突还未达到爆发临界点、

"语言合法性危机"还未出现,更多时候表现为语言运用上的不和谐。下面依据语言冲突分析框架就坦桑尼亚语言冲突具体情况做出阐释说明。

亲斯瓦希里语派出于实际教学效果考虑,主张停止中等教育阶段的英语教学,并强调以母语或以学生熟练掌握的语言教学,学习效果更佳。英语教学可能导致严重后果,根本原因在于教师和学生普遍欠缺英语能力,学生需要同时面对课程内容和教学媒介语的双重压力;公立小学英语课程学习无法满足英语作为教学媒介语的要求,导致中等教育阶段的教学效果和教学质量严重下滑,很大程度上影响了实现国家发展目标;更为关键的是,整个社会依照是否通晓英语分化为两个阶层,英语由此具有阶层分化属性和破坏国家整合的潜在危险(Biswalo,2010;Mulokozi,2002)。与亲斯瓦希里语派截然相反,亲英语派是英语教学的笃定支持者,不仅主张全面推行英语教学实践,甚至提倡将其提早至基础教育阶段,以此避免教学媒介语转换带来的冲击效应。亲英语派以科技发展和国家现代化需要为出发点,指出英语是全球通用语,是传播世界先进知识的语言。坦桑尼亚若想与国际社会接轨,英语能力必不可少。相比之下,斯瓦希里语现代化程度远落后于英语,无法表达先进的科技理念,同时语言本体规划将耗资巨大,远远超出政府所能负荷的范围。亲英语派由此得出结论,英语具有任何一门本土语言所不具备的优势,他们也正是抓住这一点大做文章。

然而,任何诋毁斯瓦希里语发展程度的言论都被证实缺乏现实依据。截至1985年,国家斯瓦希里语协会已完成五本包含不同学科术语的册子,尤其是第二本到第四本主要是与中学课程相关的术语汇编。截至1990年,中学课程中除生物和数学外的全部学科都已完成斯瓦希里语术语编译(Legere,2006)。斯瓦希里语的国际通用程度不及英语,但作为东非、中非通用语和非洲联盟(African Union)[①]官方语言之一,全世界范围内使用斯瓦希里语作为第一语言和第二语言的人数约6000万至1.5亿。[②]斯瓦西里语是使用人数最多的非洲本土语言,甚至有希望发展成为非洲大陆通用语。因此,任何以斯瓦希里语本体规划程度不够或使用范围有限为借口、坚持英语教学的言论都必然带有其他不可告人的目的。

在教学媒介语派别之争中,亲英语派占据上风。这一派以统治精英为

[①] 1963年5月22~26日,31个非洲独立国家在埃塞俄比亚首都亚的斯亚贝巴举行首脑会议。
    会议于5月25日通过了《非洲统一组织宪章》,决定成立非洲统一组织(Organization of African
    Unity,简称非统),并确定5月25日为"非洲解放日"。在2001年首脑会议中,非洲统一
    组织更名为非洲联盟(African Union,简称非盟)。

[②] 参见维基百科:https://en.wikipedia.org/wiki/Swahili_language.

主要成员构成，背后亦有西方国家大力扶持。就驱动机制而言，语言功能再分配型语言冲突占据坦桑尼亚语言冲突的主流趋势。任何主张斯瓦希里语和英语教学功能再分配的政策内容往往都会不了了之。统治精英缺乏政治意愿是斯瓦希里语教学面对的最为强大的反作用力。任何要求教学媒介语功能重新分配的尝试都会引起统治阶层不满。决策层一旦消极倦怠，语言政策基本上不会进入实施层面（Bamgbose，1991）。据图 2.4"语言教育规划和语言冲突辩证关系"所示，无具体措施的语言教育规划会直接导致语言冲突。统治精英在制定政策过程中拥有绝对话语权，又在实施政策过程中设置重重障碍。官方语言教育政策内容模棱两可、含糊不清，政府部门不仅拒绝给予翔实的实施步骤和后期指导，而且总是能够找到各种理由佐证言行不一的合法性和正当性。

决策层的消极倦怠还体现在无视学者和教育专家的研究成果，固执地走在"唯英语"的道路上。两大阵营对于斯瓦希里语教学所能产生的益处无法达成共识，这构成他们之间冲突的潜在动因。实际上，斯瓦希里语教学倡议并非一时兴起、毫无理据，而是研究者几十年不懈努力的成果。达累斯萨拉姆大学下设"坦桑尼亚的语言资源"（Languages of Tanzania）和"坦桑尼亚和南非教学媒介语"（LOITASA）两个科研项目，自创立以来成绩斐然，为语言状况调查、语言本体研究和语言教育政策发展做出极大贡献（Tibategeza & du Plessis，2012）。研究者长年深入坦桑尼亚中小学课堂，参与教学活动，积累大量第一手资料，在教学媒介语设置问题上十分具有发言权。他们认为应该严格区分英语作为科目（English as a subject）和英语作为教学媒介语（English as the medium of instruction）两种教学实践。本土语言教学益处颇多，不仅有助于学生掌握课程内容，而且可以有效促进英语或其他外语学习（Senkoro，2005）。然而，政府无视国家语言现实，脱离课堂教学实际需要，采取"一言堂"式的政策制定和实施路径。研究者的成果往往被束之高阁，几十年的努力在决策者抗拒改变现状的执拗中付之东流。

在坦桑尼亚教育领域中，英语和斯瓦希里语分工明确，各司其职，被人为放置在非此即彼的对立面上。因此，坦桑尼亚语言冲突的触发机制很大程度上具有人为性。形成这一局面的原因之一在于教育参与者（包括决策者、实施者、学生及其家长等等）对语言学习和语言教育持有诸多错误理念（misconceptions）。错误理念之一即英语教学是学习英语最为有效的方式，学习英语等于使用英语学习（learning English = learning in English）。由于英语是名副其实的赋权语言（empowering language），民众对英语极度追捧。他们担心英语课程学习强度不够，无法将学生最大限度暴露在英语环境中，甚至有可能导致该语言在坦桑尼亚的消亡。英语教学是唯一挽救策略，甚至连"国父"尼雷尔也成为这一观点的拥护者。这种言论使得教学媒介语问题雪上加霜（Roy-Campbell，1992）。错误理念之二即越早学习英语，掌握英语的可能性越大，亦可称作"越早越好"（the earlier, the better）谬论（Phillipson，1992）。伴随20世纪90年代私立教育合法化，私立英语小学和幼儿园不断涌现。支付得起巨额学费的家长将子女送入私立学校就读，期待他们在日后竞争中能够先声夺人。由于社会语言大环境仍以斯瓦希里语为主要交流媒介，除少数精英家庭外，英语对出身普通家庭的学生而言是一门不折不扣的外语。接受过中等教育的学生既无法完全融入英语社区，所学英语又几乎派不上用场，由此陷入一种身份认同的尴尬境地。即便如此，民众仍然由于无从认清现实，对本土语言和英语持有截然相反的态度。

　　民众的语言态度极大影响了语言教学。他们对英语热情、积极，对本土语言（包括斯瓦希里语）冷漠、消极。英语教育被等同于高质量教育，斯瓦希里语却总是引发教育质量低下的消极联想（Neke，2002）。这种态度分化在很大程度上阻碍了斯瓦希里语教学的顺利开展。斯瓦希里语虽为基础教育阶段的法定教学媒介语，但英语更受青睐。对学生家长而言，子女越早接触英语对个体发展越有益处。中学校园中随处可见"只许讲英语"（English Only）的布告板，禁止学生使用斯瓦希里语交谈，违规者将受到严厉惩罚。民众由此认定斯瓦希里语欠缺进入中等教育的资格，进一步固化了原有消极态度（Tibategeza，2009）。语言态度分化很大程度上产生于"英语等同于教育"（English equals education）这一理念。流利的英语象征着受过良好教育，英语意识形态深入人心。受教育程度不高的学生家长迫切希望子女接受英语教育。身在职场，他们切身体会到英语的重要性，并期望子女可以通过学习英语摆脱现状，避免重蹈覆辙。家长对英语赋权能力的"误认"过程强化了英语的支配地位，英语与特定社会文化融为一体，其象征性价值进一步提升（Neke，2002）。在全面考量坦桑尼亚语言教育发展史后，以上结论着实不难理解。独立前，本土语言长期被边缘化，殖民统治遗留下的语言歧视早已根深蒂固；独立后，国家教育体制未能及时调整（Sa，2007）。对学生和家长而言，本土语言不仅无法确保提高成绩，还有可能导致他们学无所成。除上述国内因素外，西方国家营造的国际大环境也对发展中国家，尤其是后殖民国家的政策导向产生了深远影响。

　　除去语言冲突深层结构中国内社会环境、国民意识形态等因素外，全球化浪潮这一超出国家界限的外在因素也是导致坦桑尼亚语言冲突的重要原因。西方国家控制下的国际组织（例如世界银行、国际货币基金组织等）常以经济援助为由干涉非洲国家教育事务，大力扶持前殖民语言用作教学媒介语（Senkoro，2005）。自 1979 年起，坦桑尼亚陷入了严重的经济危机，在与世界货币基金组织漫长的谈判最终达成协议后，国家开始了乌贾马社会主义向资本主义的转向。政治、经济气候变化引发了英语和斯瓦希里语间关系变动，英语象征性价值持续增长。同一时期，坦桑尼亚向英国寻求帮助以加强中等教育，英国最终以资助项目的形式拨款 146 万英镑，前提条件之一是英语必须继续用作中学阶段的教学媒介语（Rubagumya，1991）。截至 2007 年，坦桑尼亚大约 40% 的政府预算来自外界援助（Rubagumya et al.，2007）。西方国家充分利用了非洲国家的无助感，正如菲利普森所言，不论是深藏帝国主义本质还是呈现出新自由主义面目，资本主义体系全球扩张永远具有重要的文化和语言维度。后殖民国家中英语的优势地位与英、美两国的英语全球传播策略不无关系，旨在维护资本主义国家利益，实现发达国家对不发达国家的支配（Phillipson，1999）。

　　综上所述，在国内外因素共同作用下，斯瓦希里语入主中等教育阻力重重。上到决策者下到平民百姓均选择无视社会语言现实，由此导致教学媒介语选择和现实生活中的语言运用完全脱节（Senkoro，2005）。鉴于坦桑尼亚的语言状况，最为理想的语言格局是全体国民都能够拥有母语、斯瓦希里语和英语三语能力。母语用于言语社区内部交流，斯瓦希里语用于族际交流，英语则负责对外交流。在学校教育中，母语至少应用作小学低年级教学媒介语，斯瓦希里语用作小学高年级和中学阶段的教学媒介语；英语可从小学高年级开始作为课程学习，逐步过渡到英语教学，最终实现两种教学媒介语的平衡状态。大规模双语教育是缓解"教学媒介语危机"的最佳途径。与此同时，转变思维定式，包括固有的语言偏见，对本土语言使用和发展而言同样至关重要。

5.5　语言冲突影响因子

　　相较南非和尼日利亚而言，坦桑尼亚语言冲突较为内敛，多以隐形语言冲突为主，表现形式也相对温和。国内民族关系融洽，尚不存在爆发民族冲突的较大可能性。作为国内最为常见的冲突单位，社会阶层间语言冲突使得坦桑尼亚深陷"教学媒介语危机"，探寻语言冲突影响因子有助于为缓解危机找寻可能方案。

5.5.1　语言政策脱离语言生活

通常情况下，国家教育政策旨在确保大多数学生享有平等受教育的权利，建立高质量的教育机构，其他社会机构有义务促进教育目标实现（Roy-Campbell & Qorro，1997）。实现上述目标的前提条件之一是教育政策必须贴合真实的语言生活。然而在坦桑尼亚，语言教育政策与语言生活严重脱节，具体体现在如下两方面。

其一，行政领域与教育领域内的语言运用无法衔接。斯瓦希里语为官方语言和政府工作语言，英语在政府事务中并不发挥显著作用。几乎所有坦桑尼亚人都熟练掌握斯瓦希里语，然而英语是中等教育和高等教育中唯一合法的教学媒介语，并有强势入侵基础教育的趋势。私立小学已经开始全英语授课，这与官方政策背道而驰。由于相关规定多为政策性条文，法律约束力较低；同时决策层态度暧昧，为私立英语教育大开方便之门，英语得以堂而皇之地进入基础教育。与此同时，国内的基础设施建设永远落后于教育改革倡议，因为教育扩招意味着要兴建更多教室、语言实验室、办公室、学生寝室和学习中心以满足实际需要（Tibategeza，2009）。然而，国家窘迫的经济状况迫使基础设施建设迟迟无法启动。

其二，政策内容脱离真实的课堂实践。在实际教学中，任课教师间缺乏相互配合。采访结果显示，非语言科目教师只关注教学内容，既不关心自己所使用的语言是否合乎语法，也不屑于纠正学生的语法错误，当然更有可能是他们无法辨别错误与否。非语言科目教师将与语言相关的教学内容全部归至语言科目教师的职责范围之内（Tibategeza，2009）。在这种情况下，即便语言科目教师能力过硬，有限的课堂教学时间仍无法弥补其他科目教师犯下的错误。更为糟糕的是，任课教师英语水平参差不齐，斯瓦希里语教学或斯瓦希里语和英语相互转换的授课方式是大多数课堂上真实的语言实践活动。

由此可见，语言教育政策既未考虑日常生活中的语言运用状况，又选择无视施教者的语言能力。决策者一意孤行制定出的政策内容极易加剧"教学媒介语危机"，积聚社会不满情绪。

5.5.2　国际语言等级制发挥作用

不平等的语言关系并非源于语言自身具备或不具备某种属性或特征，而是源于人为建造的语言等级结构。国际语言等级制是世界范围内语言不平等的症结所在，是欧洲中心主义意识形态的产物（Blommaert，2005）。

处于等级结构顶端的是英语、法语、西班牙语等所谓"世界语言"（world languages）或"大语言"（big languages）。"大语言"之所以地域跨度广，主要是因为其母国是 19、20 世纪殖民掠夺的中坚力量，殖民地遍布世界各地，殖民者语言和文化传播广泛。前宗主国语言凭借其巨大的语言价值赋予使用者以象征性权力，国际语言等级结构就此形成。斯瓦希里语和英语在坦桑尼亚的语言冲突是国际语言格局中力量抗衡的一个缩影。在"大语言"（英语）存在的环境中，其他语言的合法性频繁遭受质疑。

英语、斯瓦希里语和其他本土语言一同构成坦桑尼亚"三语语言格局"（Abdulaziz-Mkilifi，1972；Rubanza，1996）。20 世纪 60 年代，坦桑尼亚开始轰轰烈烈的建国大业，斯瓦希里语是乌贾马社会主义的传播媒介。在这一时期，坦桑尼亚遵照"一个国家、一种语言"的建国模式，出于对本土语言可能滋生部族主义的担忧，遂采取了模糊其他本土语言的策略。斯瓦希里语扛起了乌贾马社会主义大旗，成功团结了各族人民。在总统尼雷尔的领导下，斯瓦希里语"一枝独秀"的局面逐渐形成。强化斯瓦希里语、淡化其他语言是为巩固统一大业而带有政治紧迫性的一种抉择。

在"为自力更生而教育"原则指导下，斯瓦希里语成为整个基础教育阶段的教学媒介语。本土语言教学有望改变语言权力集中在少数人手中的局面（Brock-Utne，2001）。就这一点而言，"为自力更生而教育"原则颇具进步意义，强调了本土文化的核心价值，巩固了斯瓦希里语的地位，搭建起以非洲为背景的基础教育，认可本土知识结构的重要性。或许为避免政策过于激进，或许出于国家实际考虑，政府首先选择关注基础教育，力争在全国范围内普及基础教育。

在乌贾马社会主义价值观指引下，英语成为众矢之的，但建国初期的教育变革并不彻底。中等教育几乎延续了殖民地时期的精英特质，不仅入学人数极少（仅占适龄学生总数的 5%或 6%），且突出地体现在英语教学实践中。进入 20 世纪 80 年代，坦桑尼亚乌贾马社会主义事业急转直下，资本主义在坦桑尼亚兴起，斯瓦希里语教学大受影响，"斯瓦希里化"的累累硕果被逐步侵蚀。斯瓦希里语的高潮与低谷和国家政治体制变革息息相关，其与英语间的动态关系展现出不同历史时期统治阶层在意识形态上的难以调和，由此产生的"教学媒介语危机"严重影响了国家整体教育质量。

就撒哈拉以南非洲地区整体而言，坦桑尼亚中学入学率不仅低于各国平均值，而且明显低于所有邻国（如肯尼亚、乌干达、赞比亚等）（Sa，2007）。国家经济结构调整后，学生家长不得不承担更多的教育费用。对于大多数经济困顿、难以实现温饱的家庭而言，教育成为奢侈品。除此之外，入学率低与英语教学实践不无关系。教学媒介语断层深刻反映出乌贾马社会主义教育理念与殖民主义思想遗迹间的格格不入。教学媒介语脱节是由于在同一教育体制中，两类教育制度难以共存。

全球化是资本主义发展的新阶段，经过粉饰和渲染，资本主义的剥削本质虽已不再明目张胆，但掩盖在语言和文化背后的掠夺本性比坚船利炮更能发挥作用，破坏力也更强。尼雷尔曾说，殖民主义最具有侮辱性的罪恶莫过于迫使殖民地民众看轻甚至放弃民族文化（Senkoro，2005）。只有彻底挣脱全球化掩盖下的资本主义枷锁，非洲人民才能获得真正意义上的自由。对坦桑尼亚而言，不妨从中学教学媒介语改革入手，扎根本土文化，充分发挥本土语言建构本土知识结构的积极作用（Samoff，2007）。

5.5.3　英语定位不明

英国的殖民历史和近代英语的国际传播使得英语在前英属殖民地国家中所扮演的角色愈加复杂。凯奇鲁（Kachru，1990）将英语的全球传播描绘为三个同心圈（three concentric circles），即内圈（inner circle）、外圈（outer circle）和扩展圈（expanding circle）。内圈包括英国、美国、加拿大、澳大利亚、爱尔兰、新西兰六个英语国家，构成世界上英语文化和语言的大本营。外圈包括世界范围内前英属殖民地，这些国家在独立后选择英语为官方语言（唯一官方语言或官方语言之一）和教学媒介语（尤其是高等教育）。很多外圈国家产生了本土化的英语变体，如南非、尼日利亚、印度、新加坡等国。在扩展圈国家中，英语是一门外语，仅用于国际贸易、外交谈判或语言课程学习。外圈和扩展圈将非英语母语国家划分为英语作为第二语言（English as a second language）和英语作为外语（English as a foreign language）两种类型。坦桑尼亚曾是英属殖民地，且以英语为官方语言之一，依照凯奇鲁的观点，坦桑尼亚应属外圈国家，即英语作为第二语言的国家行列。

在宏观层面上，第二语言往往用来指在某一国家或地区发挥关键作用的语言。英语作为第二语言通常包括两种情况：一种情况是几乎所有迁入英语国家的非英语母语者都必须学习英语以满足最基本的生存需要，英语是与迁入国国民开展交流的必备语言；另一种情况是英语在一些国家是优势语言，且往往是官方语言，虽然使用人数不多，却是获得事业、学业成功的必备条件（Richard & Schmidt，2002）。在后一种情况中，英语被赋予较强的政治性色彩，象征性意味浓厚。依据这一标准，英语可以称得上是坦桑尼亚的第二语言。

在具体语境中，英语是第二语言还是外语的界限并不十分明晰，本应作为第二语言的英语更多时候表现出外语特征。英语虽为坦桑尼亚官方语言，却很少用于处理政府公务和各级政府的日常运作中。就这一点而言，英语的第二语言特征并不显著。学习第二语言最理想的场景是学习者处于可充分利用的语言环境中，接收来自课堂内外的第二语言输入，并能及时将所学转化为具体运用。然而，坦桑尼亚的实际情况是，学生在课堂上被灌输拙劣的英语，课下几乎没有任何使用英语的客观需求，语言输入和输出不畅导致语言习得受阻。即便是私立英语学校的学生在走出校园后，也会发现在具体语境中，英语几乎没有用武之地。除精英家庭外，英语对普通民众而言是一门不折不扣的外语。由于缺少社会语言环境，英语教学在很大程度上陷入恶性循环。教师语言水平拙劣，毕业后有志从事教师职业的学生经过岗前培训后走上讲台，将同样拙劣的英语教授给他们的学生。因此，扎实英语基本功是大规模开展英语教学的前提条件。在此期间，应充分发挥斯瓦希里语的教学媒介语职能，为英语教学做好充足准备。

因此，斯瓦希里语-英语双语教育是缓解坦桑尼亚"教学媒介语危机"、合理利用语言资源的有效路径，并最终有望实现两种语言功能互补。提巴特格泽（Tibategeza，2009）提议试行"均衡双语教育模式"，即小学低年级采用斯瓦希里语教授基础课程，高年级采用英语教授高级课程；在中学阶段，斯瓦希里语和英语依然有所分工，但每种语言教授课程的数量不能少于总课程数的50%；两种语言的课程学习贯穿基础教育和中等教育阶段。这一提议是缓解语言冲突、化解"教学媒介语危机"、优化教学效果、实现共赢的有益尝试。

5.6 本 章 结 语

语言议题是一道社会议题，社会制度变迁最终会反映并作用于语言层面。坦桑尼亚历经了殖民统治、乌贾马社会主义、资本主义三个历史阶段，与此相伴随的是英语和斯瓦希里语在发展历程中的起伏涨落。独立后，坦桑尼亚几乎从未发生过剧烈的政局动荡，也不存在尖锐的民族争端。尼雷尔及其继任者的英明领导自不必说，拥有一门广为接受的族际通用语是坦桑尼亚一大优势所在。斯瓦希里语象征着国家整合和民族融合，有益于坦桑尼亚国族建构。同时，斯瓦希里语的地区通用语地位加强了坦桑尼亚与东非、中非各国的交流与合作，有利于实现地区发展和非洲大陆的共同进步。

　　尽管斯瓦希里语为国家统一和东非地区一体化做出卓越贡献，坦桑尼亚却正在逐步远离建国初期的"斯瓦希里化"梦想，教育本土化大业不断遭受侵蚀。新自由主义思潮将发达国家和发展中国家置于同一国际视野下，西方文化和价值观的涌入蚕食了坦桑尼亚年青一代的信仰。英语教学不断得以强化，尤其是私立教育合法化以来，更是一发而不可收拾。在西方国家物质层面和统治精英精神层面的双重支持下，英语被扶植为斯瓦希里语的强劲对手，斯瓦希里语的发展趋于迟缓。

第6章 后殖民非洲国家语言冲突的共性与个性

南非、尼日利亚、坦桑尼亚三国语言冲突现实虽各具特色，究其本质却颇具共性，且在很大程度上展现出后殖民非洲国家的共有特点。非洲大陆的语言问题既反映出非洲国家经济、文化上对西方的依附情结，又与容易引发严重社会问题的国家政治紧密相关。一些前英属殖民地国家独立后，教育中本土语言的应用程度甚至不及独立前。本土语言教育政策或停滞不前或有所退步，具体表现为大幅压缩本土语言教学时间，或直接选择英语作为唯一教学媒介语（如加纳）（Albaugh，2007）。前英属殖民地国家中普遍存在着基于英语的社会阶层分化，整个社会可被笼统划分为两大语言群体，即同时拥有本土语言和英语知识储备的少数人群体和言语库中仅存有本土语言的多数人群体。两大群体的分化实质上反映出统治阶层和非统治阶层在语言使用上的差异。几乎所有前英属殖民地国家均采用过渡式双语教育模式，语言教育政策规定英语从小学高年级或中学阶段起取代本土语言用作教学媒介语。不具备英语言语技能的非统治阶层由此被剥夺了平等接受教育的机会和权利，统治阶层正是期待通过语言分化实现置多数人群体于无知和边缘化状态的目的，借此巩固统治地位（Alidou ＆ Jung，2002）。英语的分化作用机制需要如下两方面因素相互配合：其一，统治阶层深谙英语具备分化潜能，为了维护特权地位，他们抗拒任何形式的教学媒介语改革；其二，非统治阶层的思想依旧处于被殖民状态，孤注一掷地追逐英语象征性权力。英语教育成为精英教育的显著特征，是统治阶层借以彰显阶层属性和身份认同的重要标记之一。

6.1 非洲大陆语言冲突的共性所在

南非、尼日利亚、坦桑尼亚三国语言教育政策演变史折射出在语言冲突过程中，语言因素如何与其他社会变量交相呼应。后殖民非洲国家的语言冲突是英语全球化视野下，语言政治化、精神殖民化、教育精英化、语言选择国际化等多股力量共同作用的产物。

6.1.1　语言政治化

语言与政治相互促进、互相制约，语言是记录政治发展历程的活化石（彭志红，2000）。通常情况下，语言政治是指充分发挥语言规划实现国家统一、民族融合，加强社会控制和促进政治变革等功能。语言因而成为重要工具，并最终具体化为语言政策（薄守生，2008）。政治目标（地方、国家抑或国际层面）是一些语言对另一些语言盈亏影响的关键（Trudell，2011）。南非、尼日利亚、坦桑尼亚三国语言冲突是语言问题严重政治化的产物，反映出统治阶层，即决策者狭隘、故步自封的语言思维导向。语言被用作争夺政治权力的武器，成为权力集团垄断特权、实现特权再生产的有力工具。

三国语言冲突强度呈逐级递增态势。语言冲突爆发在不同层级上，具体化为不同的冲突单位。坦桑尼亚语言局势相对平缓，斯瓦希里语作为族际通用语发挥积极作用，社会阶层间语言冲突在进入 20 世纪 80 年代后逐渐显现。虽然斯瓦希里语侵占其他民族语言的使用空间，导致大量语言转用现象，但坦桑尼亚并不存在明显的族际语言冲突。尼日利亚语言冲突显现于民族和社会阶层层级，主体民族间语言冲突贯穿国家语言发展史，独立后精英阶层和非精英阶层间的语言冲突复杂化了原有局势。相较而言，南非语言冲突强度最大，种族、民族、阶层三个层级纵横交错，可谓一个各层级语言冲突全面爆发的国家。

社会阶层间语言冲突为三国共有特点之一。精英阶层与非精英阶层在言语库储备上存在巨大差异，同时精英阶层具有维持并强化语言分化的主观刻意。精英阶层的构成跨越了民族界限，通晓英语是这一阶层最为耀眼的光环。统治精英充分发挥手中决策权，利用语言政策稳固英语的权力地位及其使用者的特权地位。他们既不愿将英语象征性权力分享给其他阶层，也不愿提升本土语言赋权能力，只希望维持现状、确保政治权力代际传承。非精英阶层自然不满足于现状，但他们过多关注如何获取英语象征性权力，因而并未意识到本土语言也可成为挽救他们溺亡于英语大潮的救生圈。阶层间语言冲突具体表现为一方期待维持现状、垄断语言权力，另一方期待改变现状、获取语言权力的拉锯战。双方都期待获得只有一方拥有的东西，即英语象征性权力，因此群体目标不可调和。

三国语言冲突共有特点之二体现在"重官方语言，轻国语"的政策导向。国语，即国家的语言，是国家统一的象征，往往是一个国家使用人数最多的语言或族际通用语，也可能只具有象征性（如新加坡马来语）。官方语言主要用于处理政府事务和对外事务，其实用性大于象征性。一个国家的国语和官方语言往往依据情感—工具维度划分，国语的情感色彩更为浓厚。三国语言政策详细规定了官方语言及其具体使用，但对国语问题却讳莫如深，确立国语和官方语言的过程深受政治权力左右。三国均在独立后保留英语作为官方语言，保持国语位置空缺；抑或即便给予本土语言以国语地位，官方语言始终凌驾于国语之上。在塑造并加强本土国语地位方面，坦桑尼亚始终走在非洲国家前列。斯瓦希里语虽为名副其实的族际通用语，但其国语地位的确立或以国家领导人的政治演说为标志，或以具体语言实践为准绳。《坦桑尼亚联合共和国宪法》或与语言相关的法律文件均未曾对此做出明确规定，因此只能说斯瓦希里语是"事实上"（de facto），而非"法律上"（de jure）的国语。坦桑尼亚虽然实行双官方语言制度，但只有英语才是商业、外交、高等教育等领域的首选语言。《南非共和国宪法》规定 11 种官方语言，却只字未提国语；《尼日利亚联邦共和国宪法》虽允许豪萨语、约鲁巴语、伊博语与英语一并发挥官方语言职能，但国语问题至今悬而未决。由此可见，三国政府对选择国语均持有谨慎和观望的态度。当国语选择面临重重困境时，确立多种官方语言成为必要的分流机制，有助于舒缓语言紧张态势，给予某些语言群体以心理慰藉。然而即便在多官方语言国家中，语言功能也不可能平均分配给每一种官方语言。

这种语言政策导向在非洲大陆极为常见，实质上反映出非洲国家中普遍存在的语言金字塔结构。官方语言（外来语）始终处于塔尖，主体民族语言或地区通用语屈居其后，剩余其他本土语言又可依据地域传播范围和使用人数进一步细化。非洲语言金字塔结构如图 6.1 所示。

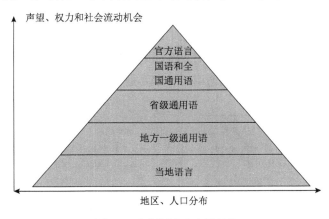

图 6.1　非洲语言金字塔结构

这是一幅语言使用者所能获取的声望、权力、社会流动机会和语言使用地区、人口分布的关系图。如图 6.1 所示，官方语言虽使用人数有限，地域分布狭窄，却始终占据金字塔顶端。国语和全国通用语、省级通用语和地方一级通用语处于中间三个层级，在使用地区、人口分布横向维度上逐级增加，在权力、声望和社会流动机会纵向维度上逐级递减。处于底层的是众多当地语言，使用者分布广泛、数量众多，却无法赋予使用者以社会地位和上升空间。真实的语言分布和使用状况更为复杂，但这一结构仍然准确捕捉到了非洲语言的多样性特征和语言地位等级势差。

　　国语选择是一个敏感话题。对于大多数撒哈拉以南非洲国家而言，保守方案是保持国语位置空缺，以此避免语言选择和推广过程中的诸多麻烦；极端做法则是将所有本土语言都贴上国语标签，推广一种语言就意味着推广所有语言。[①]上述行为均在一定程度上反映出统治阶层的不作为和回避态度。非洲国家独立后的首要任务是实现民族整合和国族建构，这一任务长期占据政治生活的核心位置。各民族在确立民族身份认同和族际关系过程中，语言掩盖了许多更深层次的问题，俨然成为矛盾症结，高高居于其他因素之上（张友国，2010）。民族界限与语言界限虽不完全重合，但几乎每个民族都拥有民族语言，语言因而成为彰显民族属性、凸显民族区隔最为直观的标识。语言所具备的民族认同功能极易被别有用心之人利用，借以操控他人的语言行为，煽动语言民族主义[②]之风。

　　多民族国家融合的关键在于如何在不影响民族情感表达的基础上培养国族认同情感。在这一过程中，族际通用语应充分发挥其形塑国家精神、消除民族隔膜的积极功能。多民族国家的语言冲突一定程度上源于民族认同和国族认同的博弈。各民族如何既对国家表示认同，又不威胁民族身份认同，同时民族认同又不至于发展成民族分离主义，这就需要国家直接干预。语言政策便是较为常见的干预手段，政策内容在分寸拿捏上需格外谨慎。若过分强调各民族语言绝对平等，则有可能滋生语言民族主义，导致国家分裂；若强制推行族际通用语（尤其是某一民族语言），打压其他民

---

① 喀麦隆政府将国内 250 余种本土语言选作国语，苏丹国内 140 种本土语言成为法定国语。

② 语言民族主义（linguistic nationalism）思想诞生于 18 世纪末 19 世纪初，在约翰·G. 赫尔德（Johann G. Herder）、约翰·G. 费希特（Johann G. Fichte）、威廉·冯·洪堡特（Wilhelm von Humboldt）等先驱者的倡导下，"一个国家、一个民族、一种语言"的理念在 20 世纪初达到顶峰。德国是近代语言民族主义的发源地，德意志地区在 19 世纪初分崩离析，迫切需要建立一个统一的德意志民族国家，赫尔德、费希特等人选择了语言作为民族凝聚的基础，后者曾提出"哪里有一种独立的语言，哪里就有一个独立的民族，有权力管理自己的事务"。语言民族主义在世界上影响极大，独立前用语言来界定民族，独立后用语言促进国家统一与团结，成为大多数民族国家的惯例。

族语言，则有可能激起民族冲突，破坏国家统一大业。因此，语言政策极有可能产生强烈的政治效应。

所有尚未与国家产生认同的民族主义，都必然会酿成政治问题，甚至引发剧烈动荡。南非阿非利堪民族将语言民族主义缘起、发展和衰退的全过程诠释得淋漓尽致。阿非利堪人的美好愿望是建立一个只使用阿非利堪语、只由阿非利堪人构成的民族国家，这一理念在种族隔离时期达到巅峰。阿非利堪人政府鼓励黑人建立共和国，美其名曰给予黑人自治权，但其真实目的在于通过种族分化，造就"阿非利堪人帝国"。广大黑人被区隔为多个语言群体，语言差距被人为夸大。民主新南非成立后，官方语言政策倡导语言平等，体现"语言制衡"原则。阿非利堪语虽为官方语言之一，但从"二分之一"（英语与阿非利堪语）下降到"十一分之一"（现有 11 种官方语言）必定伴随着其语言群体的心理落差。因此，南非政府面临着双重任务：既要对阿非利堪语言民族主义时刻保持警醒，又要意识到若要实现真正意义上的国家融合，阿非利堪民族是必须团结的力量。

在尼日利亚，主体民族表现出强烈的语言民族主义情感，尤其是实力强大、雄踞北方的豪萨族。独立前夕，豪萨语和英语共同成为北区官方语言，主体民族语言中只有豪萨语获此殊荣，无疑为其独立后争夺国语地位增加了筹码。豪萨人的"大族情结"驱使他们瞄准独立后的国家政权（Allan，1978；Adegbija，2004）。这一企图自然引起另外两个主体民族和众多少数民族的反对，英语成为其他民族与豪萨族的语言民族主义抗衡的工具。语言分区现象长期困扰尼日利亚，约鲁巴族和伊博族的语言民族主义倾向虽不及豪萨人显著，却仍作为潜在的民族分裂势力，威胁国家的长治久安，比夫拉战争即是明证。主体民族排斥除本族语外的他族语言，将民族认同凌驾于国族认同之上，有损于民族融合和国家整合。尼日利亚人虽不排斥出于实用目的学习他族语言，但一旦涉及国语问题，民族情感便会迅速升腾，演化为民族语言保守势力。语言民族主义始终处于尼日利亚语言生活的核心位置，成为主导性的语言意识形态。

坦桑尼亚虽不存在典型的语言民族主义势头，国族建构相对成功，但其语言政治性倾向依旧十分明显。斯瓦希里语和英语在语言地位上的起伏涨落很大程度上与乌贾马社会主义和资本主义政治制度的相互更替紧密相关。在乌贾马社会主义时期，政府大力推广斯瓦希里语，出台"斯瓦希里化"长远规划，斯瓦希里语成为乌贾马社会主义意识形态的传播工具。然而，随着乌贾马社会主义改革热情逐渐冷却，资本主义回潮，全面振兴斯瓦希里语的诸多计划几经搁浅，或最终被放弃。取而代之的是英语教育全面复兴，甚至大有取代斯瓦希里语教学的趋势。英语成为适宜表达多党制、市场经济和自由主义思潮等西方意识形态的语言，语言政治性呼之欲出。

在后殖民非洲国家，语言权力在一定条件下可以与政治权力相互转化。统治阶层以英语能力作为一种甄别机制，在通往国家权力金字塔顶端的通道上设置关卡，语言权力与政治权力相伴相生。归根结底，只要有一种精英分子或官方行政通用的优势语言存在，那么无论精英人数多少，这种语言在日常生活中使用频率多低，都会产生一个以优势语言为标志展开沟通的精英群体。优势语言可以通过国民教育或其他行政措施，享有独尊地位（霍布斯鲍姆，2006）。

6.1.2　精神殖民化[①]

非洲大陆殖民化不仅意味着非洲人民军事上被征服，政治、经济上失去自主性，同时也意味着他们在文化和意识形态层面产生了依附情结，学校教育成为殖民地民众意识形态发生转变的主要动因机制（Kallaway，1984）。西方殖民者不仅通过强占土地、矿产等物质资源将非洲变成原料产地，更是通过思想上愚化民众，割断非洲人与非洲文化、传统的联系，在精神上进一步操控失去"文化之根"的非洲人民。

与政治、经济、军事殖民等常见殖民形式不同，精神殖民的作用更为深远，作用机制也更为隐蔽。精神殖民并非一定依附于客观存在的殖民体制而生，政治、军事殖民终结也并不意味着精神殖民瓦解。精神殖民是"认知暴力"（epistemic violence）的一种形式，是外部力量（"殖民者"）对一个客体或一组客体（"被殖民者"[②]）思维空间的干预，影响后者思维结构、思维运作模式和思维内容中的核心成分，所产生的结果持久且不易消除。在此过程中，双方力量明显失衡，或自愿或不自愿地参与其中。这种无意识特征正是精神殖民的罪恶所在，它往往可以在政治殖民消退以后继续发挥作用。当"被殖民者"承认"殖民者"的"文明开化思维"优于自己的"原始思维"时，精神殖民化过程完成（Dascal，2007）。

[①]　此小节标题灵感源于肯尼亚著名作家恩古吉·瓦·提安格（Ngugi wa Thiong'o）于 1986 年出版的《精神的去殖民化：非洲文学中的语言政治》（*Decolonizing the Mind: The Politics of Language in African Literature*）一书，他在序言中宣布"我的任何作品不再使用英语而只用基库尤语和斯瓦希里语出版"。

[②]　将"殖民者"与"被殖民者"打上引号的原因在于精神殖民不同于其他殖民类型，被殖民者可能意识不到自己的思维方式正在发生变化，殖民者也可能意识不到自己正在改变他人的思维方式。

20 世纪见证了西方世界观、意识形态、生活方式的全球传播，殖民者语言成为传播和渗透西方价值取向、殖民化民众思想的绝佳工具，西方殖民者对这一点心知肚明。如英属东非殖民地官员曾在 20 世纪 30～40 年代提议将斯瓦希里语发展成东非地区通用语，却遭到英国殖民部（Colonial Office）[①]的反对，其理由是英语的作用不在眼前，而在于输入宗主国文化，英语在"树立持久的价值观念"以实现文化渗透上所起的作用是任何非洲本土语言难以比拟的（李安山，1998）。殖民统治时期，宗主国语言、思想、文化和价值观念流入非洲国家，非洲本土语言和文化遂遭遇生存危机。为了继续控制殖民地，宗主国通常在给予殖民地政治独立前，预先培植一批受过西方教育、能够代理自己实施统治或至少能够与之打交道的人物，将他们设定为交权对象（潘兴明，2004）。这些人绝大多数是西方国家培养出来的，既不完全了解非洲国家国情，又缺乏治国经验，按照欧洲模式建国已成为非洲各国统治精英的共同目标，搬用西方政治、经济结构和体制成为后殖民国家的普遍特点（陆庭恩，1992）。国家独立后，统治精英成为西方价值观念的倡导者。他们垄断前殖民语言，确保子女尽早接受外来语教育以便接替他们的位置，实现特权再生产。精英阶层的言行举止和生活方式具有标本示范作用，由此导致非洲大陆随处可见追捧西方文化和价值观念的言论和行为取向。

正如《非洲语言与文学阿斯马拉宣言》（Asmara Declaration on African Languages and Literatures）所说，殖民主义是非洲语言和文学发展的最大障碍，殖民枷锁依然束缚着独立后的非洲国家，并继续殖民化非洲人民的精神世界[②]。语言权力的象征性及其作用的隐蔽性，语言与思维、语言与知识的紧密联系使得语言成为精神殖民化的首选工具。无论在殖民还是后殖民时期，西方国家始终垄断话语权，以欧洲中心视角看待一切。东方人[③]被西方人丑化，前者的语言、文化遭到无情扭曲。无论在本国或在殖民属国中，西方国家始终无法坦然面对语言多样性的客观事实。在历史上很长一段时期内，西方社会歧视兼通双语或多语者，双语能力和双语现象被视为严重的个人问题和社会问题（Wardhaugh，1992）。对"单一语言、单一文化"（monolingualism & monoculturalism）的偏爱在西方社会蔓延，渗透程度之深以至于非洲殖民属国的建国理念完全被其左右。非洲民众全

---

① 英国殖民部成立于 1854 年，是英国管理殖民地的主要政府机构之一。

② 参见南非太阳网：http://www.sun.ac.za/taalsentrum/assets/files/Asmara%20Declaration.pdf.

③ 东方人包含所有亚洲、非洲等前殖民地国家和地区的人民，他们一同构成"东方民族"。

盘接受外来语合法性，认为只有宗主国语言才能承担起教学、文学创作、知识传播、科技创新等重任，贬低本土语言为"部落语言"和"未开化"的语言。独立后的非洲国家仍在文化上依附于西方国家，欠缺对本土文化的认同，国民缺乏独立的文化意识和自主性。

学校是开展精神殖民的主要场域。低收入国家的基础教育中缺席率、降级率、辍学率居高不下，学校教育对许多儿童而言可望而不可即，因此以学校为背景的实践活动总是能够唤起民众的积极回应（Benson，2006）。他们将学校视为神圣殿堂，推崇学校所倡导的一切标准。由于非洲国家普遍缺少社会语言环境，外来语对普通民众而言始终具有一种神秘感，学校教育成为接触外来语的唯一途径。正因为如此，教学媒介语选择才能够成功地塑造普通人的语言思维和语言态度，前殖民语言的教学实践固化了"本土语言无用论"思想。非洲民众接受了布朗特（Blaut，1993）所说的"殖民者世界模式"，在这一模式中，非洲本土语言与发展格格不入，任何优秀的东西都产自西方国家进而向边缘国家或地区扩散。这种西方思维范式实质上是"欧洲中心论"和"白人至上论"思想的一种延续。

在非洲前英属殖民地，英语是名副其实的赋权语言。精英阶层垄断英语象征性权力和国家高端行业，进而压抑其他阶层的志向和自尊，后者意识到欠缺英语能力是自己被排除在国家权力之外的根本原因，并将这一因果关联视为合情合理。在非精英阶层的默许下，语言成为名正言顺的排斥工具。他们对精英阶层十分忠诚，具体表现在每当有提议用本土语言取代英语作为教学媒介语，家长们总是最先站出来反对（德·斯旺，2008）。英语的优势地位由此被不断强化，特权阶层地位也不断得以巩固。在精英阶层影响下，后殖民国家的话语体系仍处于殖民语言操控下，新殖民主义浪潮加剧了这一态势。

新殖民主义兴起于第二次世界大战后，是旧殖民体系瓦解过程中演变出的一种新型国际关系体系。在这一体系中，昔日殖民国家与广大前殖民地间的不平等关系在很大程度上依然存在（张顺洪和孟庆龙，2007）。然而与老式殖民主义赤裸裸的暴力和强权不同的是，西方国家放弃了直接殖民统治，转而采取更为隐蔽、间接的殖民侵略手段，继续实现控制、掠夺落后国家和地区的目的。文化与意识形态是较为常见、行之有效的隐性侵略武器（张顺洪和孟庆龙，2007）。英、美两国是新殖民主义的主要倡导者和推行者，英国在非洲大陆的殖民统治持续几个世纪，美国在第二次世界大战后的世界地位进一步强化了英语在非洲的特权地位。后殖民国家中的精英阶层本就缺乏人为重新分配语言功能、提升本土语言地位的政治意愿，英语成为国际通用语的趋势更是浇灭了他们仅存的一点本土语言保护意识。

　　由此可见，非洲国家虽然在政治上获得独立，但彻底实现去殖民化（decolonization）①的征程还很漫长。几内亚政治家塞古·杜尔（Sékou Touré）②曾说，"如果有人认为取得独立就万事大吉，可以不必再作努力，那他就是不睁开眼睛看看现实状况，就是同历史的进程背道而驰"（陆庭恩，1992）。爱德华·萨义德（Edward Said）③将东方殖民地人民对西方殖民者的反抗分为两种：一种是"收复领土"的反抗，即"一线反抗"；另一种是"意识形态反抗"，即"二线反抗"，也就是文化反抗。文化反抗必须使被囚禁的民族语言、民族文化恢复本来面貌，必须组织并维系社会记忆（张其学，2004）。大多数非洲国家在 20 世纪 60 年代完成了"一线反抗"，建立起独立的主权国家，但"二线反抗"战果稀少。"外来语意识形态"仍然左右非洲民众的语言行为和语言态度，制约他们的语言选择，并最终影响国家语言生活。非洲国家若要开展意识形态反抗，实现精神去殖民化，必须充分发挥本土语言和本土文化作为斗争武器的作用。既然精英阶层不愿将英语象征性权力分配给其他阶层，后者只有借助其他方式才有可能实现语言权力平衡。建立起基于本土语言和教育的赋权机制是最为有效的办法，不仅可以有效缓解语言群体间紧张关系、减缓语言冲突，还能够促进本土语言发展、和谐语言生活，维持语言文化多元格局。

　　精神去殖民化是一个从自我发现升华到再次觉醒和重新定位的过程。"被殖民者"必须首先认识到西方意识形态的奴役性，有意识地发掘和去除所有殖民统治残迹，并在得以释放的空间内添补进本土特色的人文情怀。

---

①　我国著名非洲研究专家李安山这样界定去殖民化："去殖民化"一词最早出现于 1932 年的《社会科学百科全书》。最初，"去殖民化"用以指非人民从殖民统治下争取政治独立的过程。随着这一过程的深入，"去殖民化"开始包括所有前殖民地摆脱宗主国政治控制、经济剥削和文化统治等各个方面的斗争。它既可指独立前的反抗，亦可指独立后的斗争。

②　塞古·杜尔（1922～1984），几内亚国父，政治家、外交家、国务活动家，非洲民族解放运动的先驱、非洲民族主义领袖、非洲社会主义尝试的主要代表人物。曾任几内亚第一共和国总统，并因在成立非洲统一组织过程中发挥了决定性作用而被尊称为"非洲之父"。

③　爱德华·萨义德（1935～2003），美国当代批评理论家，后殖民理论的创始人。生于耶路撒冷，后到美国求学。他的理论有着强烈的政治批判色彩，其锋芒直指西方文化霸权主义和强权政治，以"东方主义"（orientalism）为理论基石。萨义德笔下的"东方主义"至少包括两层含义：第一层含义是指"东方"与"西方"长期处于对立状态的原因不外乎双方在政治、经济乃至语言文化上存在着难以弥合的巨大差异；第二层含义是指处于强势地位的西方对处于弱势地位的东方长期以来的主宰和话语权力压迫，西方与东方的关系往往表现为纯粹的影响与被影响、制约与受制约、施与与接受的关系。

去殖民化也即"重新非洲化"（Re-Africanization）的过程，旨在唤醒非洲传统价值观回归。重新非洲化需要以代际传承和家庭教育为基础，以本土语言为媒介，以传播本土文化为使命。本土语言对去殖民化过程至关重要，如何逆转对本土语言的消极态度成为去除精神殖民化的关键所在。

6.1.3　教育精英化

在政治学和社会学理论中，"精英"概念用于指称某一社会中拥有不合比例的财富、特权和决策权的一小群人（Bottomore，1993）。精英阶层具有"可模仿性"（imitability），其令人向往的品质、行为方式和思维模式常常受到他人仰视和模仿（Nadel，1956）。因此，精英阶层具有影响公众行为、指引舆论导向、塑造观察视角的潜在能力。通常情况下，在阶层分化显著的西方国家，公共政策的制定与实施从来不是为了满足公众需求，而是由精英偏好决定的，反映精英阶层的态度和价值观，最终为满足特定的阶层目标服务（Kotze & Steyn，2003）。

非洲精英阶层普遍接受西方教育，与民众相比经济上十分富有（Lloyd，1967）。统治精英之所以拒绝改变继承自殖民地时期的语言教育政策，是因为他们渴望充分发挥外来语作为阶层区隔标志的作用，确保精英阶层独享特权地位。教育成为社会分化工具，有助于精英阶层再生产。非洲教育的精英特质突出体现在本土语言教学和外来语教学的分化上，学校因此成为一个产生文化区隔的场所。教学媒介语脱离非洲文化背景和价值观念，教育脱离大众和非洲发展需要，由此催生了侵扰整个撒哈拉以南非洲地区的教育危机（Hameso，1997）。

在撒哈拉以南非洲国家中，教育是主要的权力来源。在殖民统治时期，为粉碎潜在的反殖民情绪，殖民政府总是尽量确保绝大多数地方精英对殖民状况足够满意，这些地方精英在非洲国家解放和独立运动中发挥了核心作用。各国的精英阶层以西式教育为共同点，其构成跨越了民族乃至国家界限，编织出错综复杂的机构和意识形态网络。然而，非洲国家在教育上非但未能实现全民教育和教育平等，反而出现了教育发展停滞甚至倒退的局面。这一切都与外来语语言教育政策难脱干系。当然，外来语教学并非造成这一局面的唯一原因，却是最常见也最为有效剥夺普通人平等受教育机会的手段。

学校教育通常折射出更广层面上的社会、文化因素。语言既是教学媒介，又是学习对象。语言多样性既影响教育，又反受教育影响。教育中的语言选择左右群体参与教育的程度和个人受教育机会，进而影响学习者参与社会活动并最终为社会做出贡献的机会与潜力。教育中语言的重要性可见一斑，其中教学媒介语选择又是重中之重。众多学者（Baker，2006；Cummings，2000；Williams & Cooke，2002，etc.）已普遍认可母语教育效果更佳的事实，联合国教科文组织更是大力提倡母语教育，将其作为全民教育（education for all）的关键所在。然而，大多数撒哈拉以南非洲国家却反其道而行之地采用外来语语言教育政策，不仅严重影响了学习效果和学生认知水平发展，强化了教育不平等，破坏了民主建设进程，而且加深了非洲国家对西方语言文化的依附，削弱了自身发展潜力，导致儿童陷入身份认同误区，最终阻碍了本土语言、文化和非洲文明的伟大复兴。

精英阶层之所以致力于开展外来语教学，目的在于实现精英圈的再生产。精英圈是一种与社会流动性相关的策略，权力持有者借助语言选择来建立或保持自身权力和特权。具体而言，精英阶层通过官方语言政策赋予精英阶层所特有的语言运用模式以合法性，限制其他阶层获得政治地位和社会经济成功机会，以此构建精英圈（Myers-Scotton，1993）。在某种程度上，只要社会权力关系不平等，语言群体间存在语言使用差异，语言精英圈就会出现。精英圈有强弱之分，"弱精英圈"（weak elite closure）常见于西方国家，表现为即便阶层间存在语言使用差距，非精英阶层仍可通过教育掌握精英阶层特有话语方式，从而晋级为其中一员。"强精英圈"（strong elite closure）具备如下三个特点：有利于提升社会经济流动性的语言或方言变体不是大多数人的母语；全民教育未全面开展；学校教育未广泛教授有利于提升社会经济流动性的语言或方言变体，具体表现为精英阶层熟练掌握并频繁使用官方语言，大多数人日常生活中完全无须使用官方语言（Myers-Scotton，1993）。

几乎所有撒哈拉以南非洲国家的语言生活都符合上述三个特点，寻到"强精英圈"的踪迹也就不足为奇。统治精英虽然具有决策权，但普遍缺乏治国经验，通常选择将建国构想搭建在西方意识形态之上。他们当中大多数人已被完全"西化"，无从察觉外来语语言教育政策的消极作用（Bokamba，2011）。精英阶层是外来语教学的直接也是唯一受益者。有数据显示，非洲国家高等教育平均率约为12%，远低于32%的世界平均水平，南非可以达到20%，尼日利亚为14%，而坦桑尼亚仅为4%[①]。

教育精英化直接导致大多数国家辍学率和降级率居高不下，教育事业

---

① 参见 QS 网：https://www.qs.com/africas-higher-education-landscape/.

发展迟缓，国民识字能力[①]低下。联合国前秘书长科菲·安南（Kofi Annan）曾指出"无论身在何处，对任何个人而言，识字能力都是一项基本人权"[②]。过渡式语言教育模式严重影响了非洲民众的识字能力，在儿童母语学习尚未定型、认知能力尚未成熟的情况下转用外来语教学，儿童不仅无法习得新知识，而且通过母语获取的知识也会逐渐生疏，最终忘却。中途辍学的儿童很难再重新接受教育，识字能力也便逐渐退回到接受教育前的文盲状态，这是对物力和人力资源的巨大浪费。一旦转换教学媒介语，尤其是类似撒哈拉以南非洲国家普遍流行的"短期撤离"（early exit）[③]，教育便具有了限制性和局限性（Hameso，1997）。

世界银行 2020 年 9 月数据显示，撒哈拉以南非洲地区三个成年人中至少有一人是文盲，整体识字率仅为 65%左右。[④]发达国家这一比例接近100%。在世界各国识字率逐渐改善的情况下，由于教育基础设施建设、教师培训、教材编写等工作均未能与人口的持续增长相适应，撒哈拉以南非洲国家中的文盲数量反增无减，有机会接受中等教育和高等教育的人更是少之又少。教育危机反冲到社会层面，导致国家民主进程停滞不前；国民无法为国家政治、经济建设出谋献策；少数人长期垄断政治权力，滋生大量腐败现象；本土语言严重消亡，极大影响了民族文化传承和发展。这一状况阻碍了非洲大陆经济、文化、社会发展，加速了社会分化。

教育是发展的传送带，是实现发展和现代化目标、引起社会变迁的动因。事实上，非洲各国教育制度脱离实际需要，照搬殖民地时期的教育模式，过度依赖外来语。几乎所有前英属殖民地国家都保留了英语作为官方语言和教学媒介语。各国统治精英在语言意识形态，尤其在对待本土语言问题上，具有极大相似性。他们在很大程度上继承并延续了殖民母国价值体系，体现为语言选择中的"英语至上"原则。英语教学固化了已有社会分层，足可见殖民统治强大的后续影响。出身精英阶层的学生从不缺乏学习英语的家庭环境，也更有可能接触到英语书籍和音像制品，或通过旅游等方式接触不同环境中的英语使用。英语教学在赋予精英家庭巨大优势的同时，强化了非精英家庭的不利地位，进一步加强和机构化了文化资本的不平衡分配。英语成为社会上层语言，下层人虽对其充满崇敬之情却无力

---

① 联合国教科文组织将识字能力界定为"能够读出和写下与自己生活相关的简短介绍的能力"。
② 参见 African Library Project 网：http://www.africanlibraryproject.org/our-african-libraries/africa-facts.
③ "短期撤离"往往指仅在小学前三年开展母语教育，第四年或更早即转为外来语教学的过渡性质的双语教育。
④ 参见世界银行网站：https://data.worldbank.org/indicator/SE.ADT.LITR.ZS?locations=ZG.

获得，教育质量和经济地位低下的现实剥夺了后者有效学习英语的机会（Babaci-Wilhite，2013）。

总而言之，非洲国家若要实现发展，语言教育政策是必须优先考虑的问题（Wolff，2010）。诚然，非洲国家可以吸收西方教育体制中的精华，但应依据本国实际有所调整，全盘接受并非明智之举。事实上，非洲国家迫切需要开展全民教育，为民众参与社会经济和政治发展创造条件，以高质量教育促进国家发展。高质量的基础教育应为学生配备日后生活和学习必备的读写技能，具备识字能力的人更能够接触到受教育和雇佣机会。识字能力水平较高的国家也更能够应对发展过程中的种种挑战（Carr-Hill，2008）。这一切都需要以教学媒介语不会阻碍获取平等受教育机会为基本前提。

6.1.4　语言选择国际化

世界语言系统与世界经济和政治系统一样，是现代世界系统的重要组成部分。世界语言系统是全球范围内所有语言构成的一个等级结构，由超超中心语言（hypercentral language）、超中心语言（supercentral languages）、中心语言（central languages）和边缘语言（peripheral languages）四个层级构成。[①]在全球化视野下，不同语言使用者频繁接触交流，闭门造车的孤立社会早已不复存在。为了提升交际效率、融入国际社会，人们自然会选择学习更具有交际潜能和交际价值的语言，语言 Q 值便是衡量语言交际价值的标准。一种语言的 Q 值由两个因素决定："流行度"和"中心度"，Q 值是由二者相乘而来。其中"流行度"是一种语言的使用人数占目标群体总人口的比例；"中心度"是一种语言使用者中兼通多语者占目标群体中多语者的比例。Q 值越大的语言，交际价值越高，也就会吸引越多想要提高自身交际潜能的学习者（德·斯旺，2008）。

就当今全球语言系统而言，英语在 Q 值上遥遥领先于其他语言。若将整个世界视为一个群体，英语母语者人数虽不及汉语和西班牙语，但世界范围内英语广泛用作第二语言或外语的现实状况弥补了英语在母语人数上的劣势，很大程度上提升了其"流行度"。将英语用作第二语言或外语的人数越多，也就意味着英语使用者中兼通多语者越多。当其他语言母语者

---

① 德·斯旺认为世界范围内的超超中心语言非英语莫属；超中心语言约有 12 种，其中包括阿拉伯语、汉语、英语、法语、德语、印地语、日语、马来语、葡萄牙语、俄语、西班牙语和斯瓦希里语；中心语言约有 100 种，使用人数占世界人口的 95%；世界上 98% 的语言都属于边缘语言，尽管多达数千种，使用人数却不足世界总人口的 10%。

都倾向于选择英语作为第二语言或外语时，英语的"中心度"便超过了世界上任何一种语言。同时，语言能够产生外部网络效应，某一群体学习某种语言极有可能导致其他群体做出同样选择，最终形成所有群体追逐一种高 Q 值语言的局面。因此，在全球化背景下，任何语言选择都不再是某一语言群体的任意决定，语言选择的国际化趋势已十分显著。

在南非、尼日利亚和坦桑尼亚，英语使用人数虽不及恩古尼语、索托语、豪萨语、约鲁巴语、伊博语和斯瓦希里语等本土语言，但英语在全球范围内的影响力逆转了其在使用人数上的劣势。任何一个想在国际舞台上争夺话语权的国家都不会放弃追逐优势语言，这便解释了为何英语仍继续用作大多数后殖民国家的官方语言。英语是新兴国家不愿舍弃的语言资本，其在国际语言市场上的通用语地位帮助这些国家坚定了已经做出的或即将做出的语言抉择。在非洲，一些前法属殖民地国家现转用英语作为官方语言和教学媒介语，如卢旺达、加蓬、布隆迪和南苏丹国内的法语地位已经出现动摇。虽然非洲只有 24 个英语国家，但至少有 26 个非洲国家将英语列为官方语言之一[①]，足可见英语在非洲的势力范围。英语已经成为非洲国家参与洲际合作和国际竞争的有力筹码。因此，作为前英国殖民地，南非、尼日利亚、坦桑尼亚三国更加没有理由拒绝英语。对它们而言，英语是殖民统治留下的最好礼物，给予了它们在国际竞争中先声夺人的优势。因此，坚持英语教学在某种程度上是国际语言大环境下颇具实用性的语言选择。

非洲国家期待仿照西方教学媒介语和课程设置开展本国教育改革，并坚信西方发展模式和教育模式是实现非洲现代化的唯一出路（Babaci-Wilhite，2013）。英语在世界范围内的霸主地位和支配作用引发了对"英语帝国主义"的热议。英语帝国主义是一种语言主义（linguicism[②]），通过合法化群体间物质权利、非物质权利和资源的不平等分配，进而在意识形态、社会结构和社会实践中得以复制和维持。由于历史原因，英语占有更多的物质资源和象征资源，从而成功赋予其使用者以象征性权力。因此，许多第三世界国家中的师资培训、课程设置和课时安排反映出一种"英语意识形态"，表现为以盎格鲁-撒克逊文化为标准衡量其他文化（Phillipson，1992）。"英语帝国主义"有些言过其实（Parmegiani，2012），

---

① 参见维基百科网：https://en.wikipedia.org/wiki/List_of_countries_and_territories_where_English_is_an_official_language.
② 语言主义指为维护语言群体间权力、声望、资源分配上的不平等而出现的和语言相关的行为、信念、政策等。

虽不能排除前宗主国刻意在后殖民国家维持外来语的优势地位，但非洲国家大多数决策是为维护精英阶层利益和提升国际地位而制定的。英语全球化趋势有力塑造了对象国的语言选择，影响了民众的语言态度。

6.2　非洲法语国家的语言政策转向

自 1884 年柏林会议后，西方国家开始全面瓜分非洲大陆，其中英国和法国是两股最为强大的殖民势力。然而，两国在殖民理念上迥然相异，英国崇尚"分而治之"管理模式，对于非洲传统文化和语言并不十分排斥，甚至主张在基础教育阶段使用本土语言作为教学媒介语。与之形成鲜明对比的是，法国则主张采用"同化"策略，培养传统非洲社会中的精英分子，甚至授予他们法国国籍，法语是所有教育阶段毋庸置疑的合法的教学媒介语。法国建立的"法语国家组织"将所有以法语为官方语言的非洲国家囊括其中。然而，伴随着英语作为全球通用语地位的确立，非洲前法语国家面对这一趋势，纷纷在语言政策导向上做出相应调整，民众的语言选择和语言态度也随之发生变化。

以布隆迪为例。布隆迪共和国位于非洲中东部赤道南侧，人口约 1150 万（2019 年），由胡图（Hutu）、图西（Tutsi）和特瓦（Twa）三个部族组成，分别占人口总数的 84%、15% 和 1%。[①]2005 年《布隆迪宪法》第 5 条明确规定，基隆迪语既是国语和官方语言，亦是各部族间的族际通用语。98% 的布隆迪人能够熟练使用基隆迪语，坦噶尼喀湖附近的部分居民讲斯瓦希里语。[②]2014 年 8 月，布隆迪参议院一致通过决议，确立英语为该国官方语言之一。该决议明确规定，布隆迪的官方语言包括基隆迪语、法语和英语。

时任布隆迪高等教育与科学研究部部长约瑟夫·布托雷（Joseph Butore）表示，布隆迪公职人员必须掌握英语，因此全国各级学校均应开设英语课程；唯有通过这种努力，才有可能使本国在东非共同体[③]（简称

---

① 参见中华人民共和国外交部官网：http://www.fmprc.gov.cn/web/gjhdq_676201/gj_676203/fz_677316/1206_677486/1206x0_677488/.

② 参见维基百科网：https://en.wikipedia.org/wiki/Languages_of_Burundi.

③ 东非共同体是由坦桑尼亚、肯尼亚、乌干达、布隆迪、卢旺达和南苏丹六个东非国家组成的区域性国际组织。该组织于 1967 年首次成立，1977 年解散；后在 2000 年由肯尼亚、乌干达和坦桑尼亚在阿鲁沙重新组织成立。2007 年，布隆迪和卢旺达正式加入；2016 年，南苏丹成为第六个东共体成员国。

东共体)中具有竞争力,因为该组织绝大多数成员国以英语为官方语言。^①综合考虑国家发展需求、地缘政治、时代背景等多重因素,布隆迪调整官方语言政策的原因可归结为如下几点。

首先,融入东共体的客观需要。东共体已成为撒哈拉以南非洲地区经济增长最快的区域性国际组织,如何在这一集团中充分发挥作用并拥有话语权,是布隆迪政府迫切需要思考和解决的问题。在东共体六个成员国中,英语均位列其他五国的官方语言之中,斯瓦希里语则是三个国家(坦桑尼亚、肯尼亚、乌干达)的官方语言之一。《东非共同体条约》第119条第4款明确规定,为了加强成员国间相互合作,应该发展并传播本土语言,尤其应致力于将斯瓦希里语发展为地区通用语;第137条规定,共同体的官方语言是英语,斯瓦希里语是国家间通用语。^②作为法语国家,为了积极融入共同体并与其他成员国开展对话,布隆迪需要重新审视原有语言政策,为英语和斯瓦希里语提供发展空间。这场"语言革命"在布隆迪融入东共体、实现与其他成员国多领域合作的客观需要中应运而生。自2012年起,东非商标组织^③通过协助布隆迪总统办公室直属且与东共体直线联系的相关部门,设置了"提升英语技能/建立英语语言中心"项目,开展了大量政府公务人员的培训活动。该项目旨在通过三个月的强化训练,培训2200名可以熟练使用英语的官员。2013年底,第一批155名学员顺利毕业。2014年10月16日,东共体与欧盟签订了《经济伙伴协定》。^④英语是与欧盟各成员国开展贸易的重要媒介,每一个精通英语的布隆迪人都能为改善本国投资环境、更全方位地向世界展示布隆迪做出贡献。

其次,邻国卢旺达的影响。卢旺达和布隆迪两国在民族、宗教、语言、文化和风俗等方面颇具相似之处。^⑤独立后,卢旺达保留了法语的官方语言地位,并在政治、经济、文化、教育等领域大力推广法语。截至2008年,该国在一定程度上具备法语语言技能的人数占到总人口的68%。^⑥然

---

① 参见布隆迪国内英语新闻网:http://www.iwacu-burundi.org/englishnews/english-is-now-official-language-of-burundi/.

② 参见东非共同体官网:https://investmentpolicy.unctad.org/international-investment-agreements/treaty-files/2487/download.

③ 东非商标组织是一个2010年成立于东非地区的非营利性有限公司,旨在促进东非地区和国际贸易增长,致力于确保东非民众通过贸易获得实际收益。

④ 参见欧盟委员会官网:http://ec.europa.eu/trade/policy/countries-and-regions/regions/eac/.

⑤ 卢旺达和布隆迪两国国民由胡图族、图西族和特瓦族三个部族组成,且各部族的人口构成比例也极其相似。历史上,两国都曾被划入德国势力范围,德国战败后,落入比利时管辖之内,因此法语在两国均享有重要地位。

⑥ 参见卢旺达国家公共电台网:http://www.npr.org/templates/story/storr.php?storyId=97245421.

而，恰巧在同年，卢旺达掀起了一场"弃法尊英"的语言变革，根本上动摇了法语作为教学媒介语之一的地位，英语取代法语成为卢旺达最主要的官方语言和所有教育阶段的唯一教学媒介语。这场语言变革使法语在该国被很快抛弃，曾有研究者预测，此举会对非洲其他法语国家产生不可估量的辐射作用。布隆迪"推英抑法"的做法无疑验证了这一推测。世界地图集（WorldAtlas）统计数据显示，布隆迪国内能够流利使用法语进行交流的人仅占人口总数的 3%～10%，法语仅限少数受过高等教育的精英人群使用。[①]尤其是卢旺达摒弃法语后，布隆迪成为东非地区唯一以法语为官方语言的国家。法语在该地区是否还有未来的话题被不断提及，这无疑动摇了布隆迪人坚守"法语遗产"的决心。目前，英语是布隆迪教育系统中的一门课程，但其在周边国家的广泛应用似乎可以解释布隆迪人骤然上升的英语学习兴趣。

　　最后，政局动荡后的抉择。联合国开发计划署曾在谈论布隆迪的语言及各语言的地位问题时表示："布隆迪没有语言政策。"这一评价毫不夸张。事实上，该国在独立后便被卷入了冲突的漩涡，领导层对此焦头烂额，无暇顾及与语言政策相关的事宜。[②]布隆迪内战（1993～2005 年）[③]引发了大屠杀和种族大清洗。许多布隆迪人背井离乡，逃至其他非洲国家、欧洲和北美。为了生存，他们学习英语；待国家局势稳定后，他们回到祖国，也将英语带回国内。鉴于此，尤其是考虑到一部分流亡回国的儿童已具备英语语言背景和语言技能，民众普遍乐意接受将英语作为基础教育阶段必修课程的举措。除此之外，十余年的政治动荡中，在布隆迪政府和反政府武装分子中间斡旋的非洲国家主要包括南非和坦桑尼亚，国际社会的干预与联合国维和力量的入驻，进一步将布隆迪人与法语分离开来。英语迅速成为仅次于基隆迪语的第二语言，民众和国际志愿者的接触与合作客观上促进了前者英语技能的提升，激发了他们学习英语的热情，各地语言中心的注册人数居高不下。

　　长久以来，布隆迪国内法语和基隆迪语争夺生存空间。基隆迪语是所

---

① 参见世界地图集官网：https://www.worldatlas.com/articles/what-languages-are-spoken-in-burundi.html.
② 参见 TRANS 网：https://www.inst.at/trans/16Nr/03_2/nizonkiza16.html.
③ 在布隆迪，占人口总数 15% 的图西人一直拥有国家统治权，控制着主要由胡图人组成的平民百姓。这种少数民族占高位的不正常社会结构埋下国家不稳定的恶果，并且在 1993 年 10 月到达最高峰。布隆迪第一位胡图人总统梅尔希奥·恩达达耶（Melchior Ndadaye）上任 4 个月后，即遭暗杀。恩达达耶的死导致了全面性的种族冲突，造成至少 20 万人丧生。2006 年，布隆迪政府与最后一支反政府武装组织签订了停火协议。

有布隆迪人的母语，象征着国家文化的统一。该国 20 世纪 70 年代的教育
改革侧重实现"基隆迪化"，基隆迪语被设定为整个基础教育阶段的教学
媒介语。然而，实际情况是基隆迪语教学仅限于基础教育前三年，四年级
是一个过渡年级，五年级起法语成为教学媒介语，直至高等教育结束。这
种过渡性质的语言教育政策催生了较高的辍学率和降级率。在政府部门，
法语更具支配地位，是行政、军队、教育等领域的主要语言。大多数政府
文件只备有法语版本，基隆迪语的官方语言地位并未得以充分体现。

随着新政策的出台，布隆迪的语言格局变得愈加复杂。2006 年，布隆
迪政府规定在基础教育阶段开设英语和斯瓦希里语课程。英语学习自小学
六年级开始，私立学校则更早。渴望在其他东非国家继续求学的学生必须
具备娴熟的英语技能，这种渴求无形中增加了布隆迪人学习英语的动力。
如今，布隆迪大学的英语语言文学专业已经成为该大学招生人数最多的文
科专业。英语能够在布隆迪教育系统中占据一席之地，究其根本，是面对
优势语言所能提供的种种有助于改善境遇的机会，该国国民所做出的一种
本能回应。由于英语与布隆迪的殖民历史并无瓜葛，英语的地位变迁可以
说是该国在后殖民时期改革和创新的结果。如今，英语与法语的地位已近
乎持平。独立后，布隆迪陆续加入联合国、世界贸易组织、非洲发展银行、
非洲联盟等国际或区域组织，这些组织大都以英语为工作语言之一乃至主
要工作语言，促使英语融入布隆迪国家教育体制的相关举措，比起教学决
策，更像是一种政治决策。

再以喀麦隆为例[①]，喀麦隆的官方语言是法语和英语。1998 年喀麦隆
政府第 4 号法令明确规定，国家教育系统由法语子系统和英语子系统构成，
旨在培养国民的双重文化意识（biculturalism）（Ayafor，2005）。虽然喀
麦隆多部宪法反复重申打造官方双语格局的必要性和重要性，但迄今为止，
这一核心语言政策内容并未得以有效落实。法语群体长期占据政府和行政
部门的最高职位，官方双语政策成为语言群体分裂和冲突的导火索。群体
认同感源于不同母语者建造的"想象共同体"。共同体内成员间存在情感
共鸣，这种强烈的情感需求阻碍了喀麦隆国内相对平衡的双语格局的形成
与巩固，这种消极情绪尤以英语群体为甚。

独立至今，喀麦隆社会中始终存在界限分明的两个语言群体：英语群
体（anglophones）和法语群体（francophones）。他们在教育体制、司法体

---

① 喀麦隆部分内容节选自笔者发表的《喀麦隆的语言困境及对策研究》一文，此文见于《辽宁
师范大学学报（社会科学版）》2019 年第 6 期，特此说明。

系、日常行为等方面分别选择向英国和法国看齐。英语群体遵循盎格鲁-撒克逊传统,法语群体控制的政府则十分看重与前法国殖民地国家间的"兄弟情谊",称其他非洲法语国家为"喀麦隆的兄弟国家"(brother nations of Cameroon)(Anchimbe,1999)。两个语言群体相互猜忌、怨恨,他们代表着权力、身份、社会地位有别的两个利益集团。在英语群体看来,法语群体控制的政府实施独裁统治,"边缘化"对待英语和英式文化,目的是将英语区彻底同化,磨掉英语群体的独特属性。他们一再呼吁英式司法体系、教育体系以及政府管理模式能够受到保护,政府停止同化行为,给予他们的语言和政治理念以足够尊重。如果这一愿望无法实现,他们则希望从喀麦隆分离出去,成立独立国家。2016 年 11 月,英语区的律师组织罢工,阻止政府任命不会讲英语且对英式司法体系一窍不通的地方治安官来英语区就职。律师们的和平示威游行遭到政府的粗暴对待。不久之后,教师也参与其中,要求政府不要在英语区学校中雇用不会讲英语的教师授课,这一提议获得社会各行业的广泛支持。面对这一状况,喀麦隆政府逮捕了与罢工事件相关的工会代表,关闭了英语区的因特网和其他通信设施。这一过激行为遭到国际社会谴责,总统比亚不得不在三个月后恢复了通信设施,下令释放被囚禁的罢工领袖,并撤销了对他们的指控。[①]

　　在西北区首府巴门达,英语区的分离分子和喀麦隆政府间的冲突更为激烈,法庭和学校中持续提升的法语使用频率引发了英语群体的不满和抗议。他们的和平示威最终升级为暴力事件。2017 年 10 月 1 日,西北区分离分子领袖自行宣布 1961 年并入喀麦隆政府的两个英语区将独立出来,成立"亚巴佐尼亚共和国"(Republic of Ambazonia)[②]。已有超过一半的巴门达市居民为躲避战乱逃离家乡。街上随处可见被遗弃的尸体,绑架事件层出不穷。在 2018 年 11 月发生的绑架事件中,80 名学生连同学校校长和一位老师成为被绑架对象。分离分子实施宵禁并关闭所有学校,直至政府同意在英语区举行独立公投,否则学校将无限期关闭下去。[③]

　　与大多数撒哈拉以南非洲国家相似,喀麦隆的多语特征十分显著,殖民语言依然占据该国语言生活的主导地位,语言问题的讨论时常掺杂进社会政治因素,这条"剪不断的殖民脐带"(unsevered colonial umbilical cord)

---

① 参见华盛顿邮报网:https://www.washingtonpost.com/graphics/2019/world/cameroon-anglophone-crisis/.

② 参见 THE KOOTNEETI 网:https://thekootneeti.in/2021/05/28/ambazonia-a-breakaway-anglophone-statehood/.

③ 参见维基百科:https://en.wikipedia.org/wiki/Anglophone_Crisis#2018.

仍在一定程度上制约着喀麦隆的自由发展。喀麦隆相对稳定的政局似乎为其营造了一个实施具有建设性语言政策的大好环境，但语言问题并未被纳入政府优先考虑的范畴之内。喀麦隆官方双语政策反映出该国政府在规划语言时欠缺长远考虑，具体表现在既未能充分考虑法语群体和英语群体间悬殊的实力差距，又未将众多本土语言视作规划对象。

因此，一个国家语言格局的调整和相关政策的落实均以特定的社会现实为背景。布隆迪和喀麦隆现阶段的语言举措很大程度上具有实用性和工具性特征。自布隆迪加入东共体以来，获取英语所能赋予其使用者社会经济地位的诸多努力是以牺牲基隆迪语和法语为代价的。在英语全球传播背景下，其他非洲法语国家，诸如加蓬、多哥、科特迪瓦、布隆迪等，纷纷谋求在以英语为母语的联邦中获得一席之地，一些非洲国家认为以英语为母语的国家发展得更快一些。2017 年 11 月，法国总统马克龙在访问布基纳法索时公开表示，不应该让英语在非洲的主导趋势持续下去，要把法语变成非洲甚至全世界第一的语言。英国《独立报》同年 12 月对此进行报道，称法语不可能成为世界语言，英语的统治地位无法撼动。①由此可见，即便在后殖民时代，非洲国家仍是西方国家的棋子，很大程度上"唯西方马首是瞻"。西方国家间博弈与较量进一步复杂化了非洲大陆的语言态势，凸显了所谓的"语言问题"，全球主义与地方主义、新殖民主义与非洲一体化、精英主义与民粹主义等意识形态在保护和推广本土语言与文化过程中相互制衡。

6.3　本章结语

通常情况下，制定语言政策往往受四种意识形态影响，语言同化（linguistic assimilation）、语言多元主义（linguistic pluralism）、本土化（vernacularization）和国际化（internationalism）（Cobarrubias，1983）。非洲大陆的"语言问题"深刻反映了语言本土化与语言国际化两种意识形态的冲突。语言多样性是非洲社会的普遍特征，无论在家庭生活中还是在言语社团内部，非洲人民尽情享受着多语能力带给他们的便利，语言多样性并未构成交际障碍。然而，一旦进入行政领域和教育领域，多种语言便被想象为会引发严重的社会问题，甚至影响政府的运作效率。语言因素与其他社会变量交互作用、语言群体间相互抗衡、殖民思想的顽固束缚等多重因素共同打

①　参见新华网：http://www.xinhuanet.com/world/2017-12/10/c_129761648.htm.

造出语言冲突局面。非洲大陆的语言冲突是全球语言系统局部运作的缩影，也是国际不平等秩序在语言层面的直观体现。非洲国家独立后的政府工作语言几乎全部选定为前宗主国语言。在政府事务之外，政客们使用本土语言往往是为了拉拢选民、获得政治支持、巩固或加强已有的政治优势。

从普遍意义上讲，民族语言往往是一个民族身份认同的标志，同时也是该民族价值观、文化和传统的象征。用作教学媒介语可以有力保持和推广一种语言及其所代表的文化，确保语言代际传承。在非洲国家，教学媒介语往往可以决定哪个民族或语言群体能够充分享有政治、经济机遇，哪些群体将与这些机遇擦肩而过（Tollefson & Tsui，2004）。在民主制度和法律尚有待健全的非洲国家中，教学媒介语调整能够改变语言权力结构，进而引起社会权力重新分配和社会结构重建。语言教育政策是统治阶层将自身权力合法化，维持现有权力结构的有力工具。语言教育政策既能够反映权力结构，又能够改变权力结构；既有望缓解语言冲突、促进语言文化多元主义，也可能激化语言矛盾、破坏语言资源。目前大多数撒哈拉以南非洲国家因为教学媒介语问题导致辍学率和文盲率居高不下，接受非母语教育的学生难以取得文凭证书，进而无法获取良好的雇佣机会，致使社会阶层间垂直流动无法实现。整个社会落入一种代际权力失衡的恶性循环，语言教育政策辅助精英圈发挥作用，阻隔非精英阶层通过习得外来语获得向上层社会流动的机会。

虽然过早开展外来语教学极易产生负面效应，但不可否认的是，外来语是一种语言资本，熟练掌握外来语是活跃在高端领域、接触前沿科技知识的必备条件。权衡利弊后发现，目前非洲国家语言教育的争论焦点并不应放置在是否摒弃外来语上，而是应在外来语教学和外来语课程间做出抉择（Hameso，1997）。外来语作为必修科目、母语或本土通用语作为教学媒介语的规定不失为促进语言平衡发展的良性策略。各国决策者不应无视或逃避语言多样性事实，而应理智地采取措施，努力和谐语言群体关系。解决非洲大陆"语言问题"的关键在于协调语言关系（尤其是外来语和本土语言间的关系），充分发挥语言教育政策舒缓语言冲突的积极功能。基于母语的多语教育（mother tongue-based multilingual education）有望实现上述目标，这就要求语言教育政策赋予本土语言等同于外来语的教学媒介语合法性。然而，当统治精英竭力维持现有语言权力格局的尝试叠加上民众的消极语言态度时，多语教育变得困难重重。简言之，多语教育虽然有望缓解弥漫在非洲大陆的语言冲突和教育危机，如何消除针对本土语言的固有成见、培养欣然接纳本土语言教育的积极态度成为重要前提。

第7章 语言冲突疏导机制

语言冲突产生于语言权力在语言群体间的不均衡分配。在语言赋权等级结构中，外来语是名副其实的赋权语言，其赋权能力远远超出本土语言。面对语言失衡态势，非精英阶层（本土语言使用群体）通常期望通过获取外来语象征性权力以改变自身处境。两大群体同时期待获得只有一方拥有的东西，存在冲突潜势。阶层间语言冲突虽然表现形式较为隐蔽，其影响却更为深远。

语言冲突事实既然客观存在，如何对其进行疏导？能否实现疏导程序的系统化和机制化？追本溯源，关键在于如何实现语言权力在语言群体间的重新分配，通常可具体化为如下两种途径：其一，淡化外来语的殖民和压迫色彩，终止其继续发挥标记精英阶层身份认同的职能，努力将其中立化为一种语言资源进而被所有非洲人共享；其二，提升本土语言赋权能力，使得本土语言群体能够在同等条件下获得与使用外来语相同或近似的象征性权力。相较而言，本土语言使用群体往往忽略后一种更具可行性的选项——找寻其他赋权语言。换言之，如果本土语言同样能够赋予使用者以象征性权力，他们无须依靠外来语获得社会地位、声望和流动机会，那么对外来语孤注一掷的追逐便会有所减缓，阶层间语言冲突态势也会有所缓和。提升本土语言赋权能力不仅有望颠覆现有语言不平等格局，而且有益于维持语言多样性和语言群体和谐共处。然而，语言赋权（empowerment through language）[①]的实际操作并不简单，多重因素或直接或间接参与这一

---

① "赋权"字面意为赋予权力。据《牛津英语词典》（*Oxford English Dictionary*）释义，empower 意为使某人更加强大、自信，尤其表现在掌控人生和伸张权利方面。赋权行为往往针对那些遭受社会歧视、被剥夺决策权、被边缘化的群体及其成员。伊丽莎白·韦特茂（Elizabeth Whitmore）将"赋权"界定为行为主体体验个人或社会变迁的互动过程，这一过程使得他们能够采取行动以实现对组织和机构的影响，而这些组织和机构也影响着他们的生活和他们所居住的社区（Whitmore，1988）。洛得和哈金森（Lord & Hutchison，1993）将"赋权"定义为"个人逐渐掌控人生各个方面以及有尊严地参与社区活动的过程"。本书中与"语言赋权"相对应的英文翻译为 empowerment through language，表明语言是赋权目标群体的手段之一。此种认识源于阿尔伯特·威德曼（Albert Weideman）和波吉特·斯米加（Birgit Smieja）1996 年所著《语言与教育赋权：北美、欧洲、非洲和日本的案例研究》（*Empowerment through Language and Education：Cases and Case Studies from North America, Europe, Africa and Japan*）一书。

过程。大幅提升本土语言社会地位、扩展其功能域是前提条件之一，具体措施包括制定语言人权法令、充分立法扶持、语言本体发展、第二语言规范、教学媒介语运用、为语言使用者提供奖励等（Bamgbose，2000）。

　　作为疏导非洲大陆语言冲突的关键所在，提升本土语言赋权能力有助于和谐语言群体关系、确保全民参与国家生活、降低以语言为由的排斥或歧视行为的概率。然而，目标群体若对一种语言持有轻视、冷漠或怀疑的态度，进而抗拒语言地位和功能格局调整，语言赋权便会失去动力支持。可以说，消极语言态度是语言赋权道路上的巨大障碍。鉴于学校在语言传播和扭转语言态度方面的重要性，准许哪种或哪些语言进入学校成为语言教育政策制定者需要回答的核心问题。语言教育政策大体包含教学媒介语和语言课程设置两种类型，其中后者的重要性远不及前者。获得教学媒介语合法性的本土语言具备更大的赋权能力，并由此激发出使用者更为积极的语言态度。

　　然而，真实情况是本土语言在学校教育中节节败退。由于外来语能够满足人们对财富、社会地位和语言资本积累的实际需要，自然促成了对其积极态度。外来语在国际语言市场上的价值为每一个想要超越地区狭隘、接触国际社会的个人和群体所不能忽视。或出于对多语教育可行性的担忧，或出于对本土语言价值的质疑，决策者笃定地反对本土语言教学。实质上，统治精英的疑虑主要源于"对未知的恐惧"（fear of the unknown）（Obanya，1999）和对现状的执着。他们担心语言权力格局一旦被打破，便有可能威胁他们基于外来语而建的特权地位。少数本土语言即便有机会应用于教学，也仅限于小学低年级，剩余空间全部由外来语填补。就此而言，本土语言教育的象征性大于实用性。受此影响，家长和学生总是迫不及待地撇开本土语言，期待迅速过渡到外来语。他们对本土语言反应冷淡，大都满足于过渡式语言教育模式。本土语言只是求学路上的一块跳板，最终指引他们走向外来语教育。

　　作为本土语言赋权过程中必不可少的主观因素，语言态度影响语言保持、语言复兴、语言转用或语言消亡等过程（Baker，2006），其重要性再怎样强调也不为过。一种语言并不会"杀死"其他语言，语言转用是语言使用者有意识或无意识语言选择的结果，语言态度是语言选择的关键，同时语言态度也深受其他因素影响（Mufwene，2005）。统治精英的语言态度深深影响其他社会阶层，对目标语的积极态度是双语或多语教育与实践取得预期效果的关键所在（Baker，1992）。复兴非洲本土语言的重大挑战之一便是深入人心的对本土语言和文化的消极态度（Bamgbose，2000）。

然而，提升本土语言赋权能力仅仅依靠扭转消极语言态度显然不够，还需要社会组织和结构的基本变迁（Adegbija，1994a）。本书将上述环节合而为一，称作"创建本土语言赋权策略"，并选择从语言态度、语言规划和语言政策三个层面入手详尽剖析该策略的形成和具体运作过程。

7.1 语言态度概念及作用机制

当语言权力垄断格局被打破，各语言群体持有的象征性权力相对平均化，语言冲突有望在一定程度上得以缓解。由于扭转消极语言态度是本土语言赋权策略成功运作的关键所在，本书尝试性地剖析在非洲大陆培养积极语言态度、摒弃消极语言态度的动力机制。在此之前，需要明晰语言态度构成、语言态度与语言冲突和语言规划间关系以及针对本土语言的消极态度的成因。

"态度"是社会心理学和社会语言学研究中的核心概念。心理学家卡茨（Katz，1960）将态度定义为"个人对某个符号、物体或所处世界或赞同或反对的倾向"。萨诺夫（Sarnoff，1970）认可态度所具有的评价导向，并指出态度是"（行为主体）对一组物体或积极或消极的倾向"。也就是说，态度可以用以表达喜爱和厌恶的情感，是对物体、人、群体、状况或环境中可识别的任何方面，包括抽象想法和社会政策，表现出的喜好和反感。盖瑞特（Garrett，2010）强调态度的行为倾向，认为态度是"以一种特殊方式去思考、感受一个人（或物体），并伴随某种行为倾向，这种倾向来自后天"。上述界定可概述如下：态度是行为主体表现出的对物质对象或非物质对象或积极或消极的情感倾向，往往伴随着行为倾向。

行为主体的态度与行为彼此作用，态度既能引发一些社会行为，又能因一些社会行为而生。在教育研究和语言规划领域，了解态度潜在的双面性至关重要（Garrett，2010）。态度通常包含三个构成成分：认知（cognition）、情感（affection）和行为（behavior）（Katz，1960；Gardner et al.，1985；Baker，1992，etc.），分别表现为行为主体总是对社会及具有社会意义的物体间关系持有某种信念，对目标物体怀有或赞同或反对的情感，而行为总是与认知、情感保持一致。态度与行为间关系是态度研究中的关键话题，政策制定过程是研究二者关系的理想领域（Garrett，2010）。

就功能而言，态度能够发挥工具性功能和价值-表述功能（value-expressive function），态度的功能往往是持有态度的原因（Katz，1960）。工具性功能产生于人类为实现奖赏最大化、惩罚最小化所做的努力，越是能够满足人们实际需要或越与满足实际需要相关的物体，人们越有可能对其形成积极态度；价值表述功能是人们对自我核心价值观与自我构想的积极表述，以此建立自我身份认同，确立自我概念。态度虽不易转变，但并非不能转变。由于态度并非形成于真空，态度变化总是与社会变化和社会结构调整密切相关。一旦原有态度所发挥的功能无法继续满足行为主体需要，或行为主体期望值有所提升时，态度自然会发生转变。

作为态度的基本类型之一，语言态度表现为行为主体对某一语言或积极或消极或冷漠的倾向。语言态度同样是一个由认知、情感、行为三个因素构成的有机统一体，是人们对自己或他人语言形成的心理架构。然而，语言态度并非仅限于对某种语言或美妙或刺耳的评价，也包括对语言使用者及语言保持和语言规划活动的整体观念。语言态度可能引发某些语言行为，也可能生成于某些语言行为。语言是人际交往的首选方式，因此语言态度影响人际交往的方方面面（Adegbija，1994a）。语言态度的一个重要方面就是语言的认同感，语言认同感可能和语言结构和交际功能没有直接关系，往往与语言群体的族群属性、历史、文化、政治等社会属性相关联（黄行，2002）。

语言态度影响人们的语言选择，具体化为保持或放弃一种语言、延续或终止语言代际传承、扩展或压缩语言使用空间。语言态度在一定程度上决定了一种语言是生是灭，是受人青睐还是遭人摒弃，是地位显赫还是无人问津。若某一语言群体对所使用的语言持消极态度，任何提倡和鼓励使用这种语言的努力都将付之东流，外界压力和挑战极易加快他们放弃本族语的步伐；相反，那些持积极语言态度的群体在面对相同状况时会选择抵制压力，力争维护语言人权和少数人权利，直至获得对本族语发展有利的机会（Chumbow，2009）。当行为主体意识到原有语言态度已不再能够满足现实需要和不断提升的期望值时，语言态度自然会发生转变。与此同时，社会组织和结构的变迁也需同步进行，主客观因素共同作用才能最终扭转消极语言态度。

语言的法律地位往往由语言政策赋予，语言政策植根于语言文化，语言文化包括与语言相关的行为、假设、文化形式、偏见、通俗观念、态度、陈规、思维方式以及宗教历史场景。语言态度受强有力的意识形态影响，二者紧密相关。语言意识形态是关于语言本质和语言作用机制的观念体系，左右着语言态度和语言实践。语言意识形态不仅仅针对语言本身，还包含对于语言交际本质的深入认识（Liddicoat，2013）。作为国家认同感的参照指数，语言在将国家建构成想象共同体的过程中发挥核心作用

（Anderson，1983）。

语言政策以改变语言行为和语言态度为目标之一，改变语言态度常常是显性或隐性语言规划议程的重要组成部分（Baker，1992）。如果人们对一种语言持消极态度，且总能引发消极联想，那么规划出更为积极的语言态度将有助于提升该语言的地位；反过来，如果人们对一种语言的态度过于狂热，那么规划出更为合理的语言态度则有助于避免社会各团体在语言学习人数上的极度不平衡现象。总而言之，极端积极或极端消极的语言态度都会对语言政策的制定和实施产生不良影响。刘易斯（Lewis，1980）曾指出如下几点。

> 任何语言政策，尤其是教育系统中的政策，必须充分考虑受其影响的目标群体的态度。一项政策若期待实现预期目标，必须满足如下三个条件：政策内容符合目标群体的态度、说服持消极态度者接受政策的正当性、努力排除导致异议的因素。无论如何，了解态度对于政策的制定和成功实施都至关重要。

健全的语言政策需要充分考虑如下因素：社会中的语言使用状况、功能、使用者、地理分布、语言保持的目的、语言态度等（Kaplan & Baldauf，1997）。语言态度影响语言政策的制定与实施，语言政策体现并塑造语言态度，也是语言态度的表达渠道。语言政策体现出决策者的语言态度，最终塑造芸芸众生的语言态度。一种语言能否抵御外部压力、强化现有功能并渗透至其他领域获取新功能，均依赖于决策者和目标群体的语言态度。鉴于语言态度的重要性，制定和实施语言政策时需格外谨慎。某一国家的语言教育政策除了受到专门的语言法律、法规或宪法中与语言相关条款的影响外，社会团体和公众的语言态度同样不容忽视。合理的语言政策和语言规划必须充分考虑规划活动所针对的目标团体的语言态度。

名为语言态度，实则包含对语言群体的态度。由于语言群体界限与民族界限高度重合，对某一民族的憎恶和敌意往往滋生对该民族语言的消极态度，激发语言冲突。消极语言态度位于任何语言冲突的核心位置（Seddik，2012），语言冲突反过来强化原有消极语言态度，长此以往将有损多民族国家的语言和谐、民族融合和国家安定。语言态度若调试不当，语言冲突深层结构中的民族变量便极有可能转化至表层结构，加大整体冲突强度。语言态度是语言冲突疏导机制的重要组成成分，扭转语言态度具有缓解语言冲突的积极作用。

鉴于非洲国家语言冲突现状和民族多样性特征，只有深入了解语言态度才有可能在一定条件下扭转消极语言态度，确保语言政策制定和语言规划有效开展（Adegbija，1994a）。在对语言态度缺乏基本了解的情况下制定语言政策，极易造成政策实施不力、语言发展停滞不前、语言冲突长存不消，甚至最终导致民族对立和国家分裂。在大多数撒哈拉以南非洲国家中，语言教育政策、语言冲突、语言态度形成恶性循环：语言教育政策赋予外来语以唯一教学媒介语合法性，外来语由此成为赋权语言；社会阶层在言语库构成上的差异再现为语言权力在语言群体间的不均衡分配，由此引发语言冲突；民众据此形成对外来语和本土语言的极端态度，进而影响语言政策的制定与实施。关注语言态度有益于重新分配语言功能、提升本土语言地位、杜绝语言不平等现象、和谐语言群体关系。在扭转消极语言态度之前，有必要对其成因逐一梳理。

7.2　非洲大陆极端语言态度成因

第二次世界大战后，反殖民主义浪潮席卷全球，随之而来的去殖民化运动影响深远。在人类近代史上，去殖民化第一波浪潮主要影响北美、南美和中美的西班牙与葡萄牙殖民地。倡导美洲大陆独立的是对现状不满的欧洲人，独立后继续保留欧洲语言理所当然（Christ，1997）。在去殖民化第二波浪潮影响下的非洲国家中，外来语使用者仅占人口少数且是纯正的非洲血统，独立后继续保留欧洲语言的做法未免让人费解。诚然，使用与传播外来语并非坏事，却不应以牺牲本土语言为代价，由此形成的对本土语言的消极态度才真正具有破坏性。非洲国家语言、文化多样性和语言、文化忠诚背后隐藏着多变的语言态度格局，语言态度受多重因素影响。因此，回望历史，理清多股社会、政治力量间关系对研究语言态度至关重要，同时有望为扭转消极语言态度找寻入手点（St. Clair，1982）。

7.2.1　殖民脐带

西方殖民者虽最终将政治主权归还非洲国家，但白人至上、欧洲中心主义、本土语言无用论等意识形态残迹持续影响非洲民众的语言态度和语言选择。虽然殖民政府使用一些非洲本土通用语处理政府事务，但仅此而已，它们更看重欧洲语言与文化的先进性和主导性。学校教育以传播殖民者语言和西方文化为首要任务，培养出非洲第一批教育精英，阶层间语言差距在殖民统治时期已经确立。殖民者到来之前，本土教育模式完全能够满足非洲人民的社会化需求，激发其创造性；反而是殖民教育体制麻醉了非洲人保护本土语言的责任感和自信心，极大降低了非洲大陆的教育质量（Babaci-Wilhite，2013）。

独立后，大多数撒哈拉以南非洲国家选择保留外来语作为官方语言，延续殖民统治时期的语言等级结构。教育精英在建国后成为国家统治精英，他们精通外来语，并基于自身成功经验，强烈要求保留外来语在学校教育中的优势地位。官方语言政策主要用于合法化前殖民语言，巩固其优势地位（Adegbija，1994a）。黑人精英满足于从殖民者手中接过国家权杖，仅热衷于用"黑色面孔"取代"白色面孔"，其他都可保持不变（Alexander，1999b）。本土语言不被允许涉足中等教育和高等教育，非洲民众由此形成对本土语言根深蒂固的偏见。精英阶层是阻碍本土语言进入学校教育的中坚力量，民众常常唯其马首是瞻，后者普遍希望子女接受精英式教育，掌握外来语成为最后一根救命稻草。任何本土语言教育倡议都会首先引起学生家长的强烈不满。

就国际关系发展趋势而言，新殖民主义浪潮几乎与反殖民主义运动相伴而生，是旧殖民体系瓦解过程中演变出的一种新型国际关系体系。西方势力在新兴国家仍不依不饶地存在，曾经的直接干涉如今披上了国外援助的合法外衣。在经济援助的吸引下，非洲政府和教育机构逐步丧失了决策自主性。在充分考虑西方投资者"感受"的同时，国外势力如同一只无形的手操控着非洲国家的语言实践，由此产生如下状况：卓有成效的试点项目常常无法在全国范围内推广；母语教育时间或课程数量大幅缩短或减少；语言政策内容缺乏稳定性，随时面临被彻底废弃的危险等（Wolff，2006）。

实质上，这是后殖民国家与前宗主国间"剪不断的殖民脐带"（Adegbija，1994a）。西方国家对待殖民地本土语言的态度模棱两可，口头上认可本土语言的文化价值，但传播西方语言和文化的基本立场从不曾动摇（Albaugh，2007）。独立后的非洲国家继承了西方语言主义遗产，延续了以语言为基础，合法化、实现并再生产群体间权力和资源不平等分配的意识形态、社会架构和社会实践（Phillipson，1992），内化了殖民地时期针对外来语和本土语言的态度分化。现行语言态度折射出多语格局中的语言政治和社会政治。

7.2.2　统治精英的标本作用

后殖民非洲国家的语言政策反映了统治精英的语言偏好，延续了殖民地时期的语言政策导向。作为榜样角色，精英阶层对本土语言的传播和发展并未起到积极作用；相反，他们时常流露出对本土语言的质疑，深深影响了广大民众的语言态度（Alexander，2003a）。精英阶层对本土语言的消极态度表现得尤为突出。他们普遍接受西式教育，精通外来语，且常以规避语言冲突、促进国家融合为托词，坚守前殖民语言的官方语言地位。但实际情况是，精英阶层借垄断外来语继而垄断国家政治权力。非精英阶层由于受教育程度低，欠缺基本的读写能力，无法习得书面形式的外来语，因此被阻隔在国家权力大门之外。精英阶层坐享与外来语相关的所有特权并期待实现特权的代际传承，他们无论如何也不愿与其他阶层分享外来语象征性权力。

可以说，开展本土语言教育、实现本土语言赋权的最大阻力来自精英阶层（Tibategeza，2009）。原因在于他们担心一旦本土语言赋权策略取得成功，语言权力格局便会变更，本土语言崛起则意味着他们与其他人站在同一起跑线上，从而失去竞争优势，这是他们所不愿看到的。统治精英掌握国家决策权，语言教育政策成为垄断特权的终极法宝。他们深知在缺乏社会语言环境的前提下，非精英阶层无法习得外来语，更谈不上外来语资本的家庭传承，学校教育成为获得外来语识字能力的唯一途径。统治精英通过设置教学媒介语障碍，将大多数学生阻隔在高质量教育大门之外。在缺乏日常语言环境的情况下，出身非精英阶层的学生难以凭借有限的课堂时间获取足够的外来语知识。这正是精英阶层希望保持的现状，既捍卫了本阶层特权地位，又能将非精英阶层永远置于被压迫状态，解除后顾之忧。精英阶层展现出被亚历山大称作"静态保持症候群"（Static Maintenance Syndrome）的症状，具体表现为他们期待维持现有语言权力格局，并借助前殖民语言独享"区隔利益"（profits of distinction）（Alexander，2003a）。

精英阶层对权力地位的贪恋不仅解释了前殖民语言为何能在新兴国家存留下来，而且也说明了它为何会在民众中传播得如此缓慢（德·斯旺，2008）。语言选择和语言行为的后续影响并不局限于精英圈内部，而是如同涟漪一般散去，影响其他阶层的语言态度和语言选择。非精英阶层对外来语极度虔诚，默许其合法性，语言进而由交际工具变为排斥工具。每当有提议用本土语言取代外来语用作教学媒介语时，家长们总是最先站出来发难。他们希望子女接受外来语教育，谋求更好的前程。

非洲各国的语言政策一定程度上反映了掌权者的语言态度。也可以说，非洲本土语言的未来在很大程度上依赖于精英阶层的语言态度。统治精英在语言政策制定和实施过程中缺乏政治意愿，具体体现在如下两方面：其一，他们不愿制定相关政策调整语言格局。即便出台政策，在实施过程中也会找寻各种借口搪塞，大多数政策内容仅限于"说说而已"；其二，政策往往缺乏严肃性和可行性，大部分行动计划几乎无法实施，且对任何违反政策的行为都不具有法律约束力，官方政策的软弱性体现于此。国家对侵犯语言权利的行为视而不见，同时由于法律制度不健全，任何个人、群体、非政府组织和公民代表在面对侵犯语言权利和违宪行为时都上诉无门（Bamgbose，2000）。

在语言政策实施过程中，机构支持是一种语言得以广泛传播的关键，这种支持可以来自各级教育机构、科研机构，获得支持的语言自然被积极看待（Adegbija，1994b）。以南非为例，《南非共和国宪法》规定任何公民有权使用自己选择的语言与各级政府部门交际。然而真实情况是，公民若用9种本土官方语言中的某一种与当局交涉，很难得到答复（德·斯旺，2008），南非全境仍是英语的天下。非洲国家普遍缺乏行之有效的语言政策，政策内容缺乏延续性反映出统治精英对本土语言的勉强心理。他们孤注一掷于英语，即便是抛出与多语制度和发展本土语言相关的倡议，也难免使人怀疑此种举措的严肃性和可行性。非洲国家封闭的精英圈局限了发展视野，牵制着国家发展潜能。

7.2.3 发展议题的"去本土化"

"发展"这一话题始终无法回避语言因素。发展并不是一个少数人参与的事业，大众广泛参与才能有效实现发展目标。试问，基于少数人参与的发展策略，其意义何在？

事实上，发展的真正意义无法通过一门将绝大多数人排除在外的语言来体现，这也是强调使用和发展本土语言的正当理由之一（Bamgbose，1998）。奥康博（Okombo，2000）运用如下多个命题搭建起非洲语境中语言与发展间关系。

（1）现代意义上的发展很大程度上依赖于知识和信息；

（2）非洲国家主要依赖国外知识和信息，尤其是在科技方面；

（3）知识和信息是通过非本土的国际语言传播到非洲大陆的；

（4）发展构想若在非洲扎根，提升非洲创造力，不能仅仅依靠少数精英，必须有大众广泛参与；

　　（5）单纯依靠非本土语言无法实现大众有效参与并实现最终发展目标。

　　实质上，物质投入和产出并非衡量发展的唯一标准，发展的真正意义在于"以人为本"。只有充分发挥人的潜能，在对所有人有益的前提下最大化地利用国家资源才意味着实现了真正意义上的人的发展（Bamgbose，2011）。当与发展相关的知识、技术、技能只能通过外来语传播时，不具备外来语能力的人便面临被边缘化的困境，无法真正参与国家发展也便意味着无法成为发展的受益者。实现可持续发展目标需要全社会的广泛参与，社会成员间交流顺畅有利于提升工作效率、加强相互配合、真正形成"以人为本"的发展理念。在非洲国家中，多数人参与意味着本土语言必须充当交流媒介。因此可以说，非洲经济和社会发展的关键依赖于非洲本土语言在国家发展大业中能占有一席之地（Bamgbose，1991；Chumbow，2009）。

　　然而，大多数非洲国家坚持贯彻"发展等同于社会经济发展"的狭义发展观。现代化意味着技术和工业快速发展，人们普遍相信外来语是实现现代化的必要条件，因为这些语言的母国是世界上科学和技术发展最为迅猛的国家，外来语因此成为获取先进科技知识的必备条件。非洲国家领导人痴迷于发展，甘愿以牺牲本土语言为代价。他们期待外来语能够带领国家走出地域偏狭，与世界接轨。外来语大受青睐，以至于发展和现代化成为降低本土语言地位、压缩本土语言使用空间的重要说辞。

　　非洲大陆的发展问题引发世界关注，但无论是联合国"全民教育"、"新千年目标"（Millennium Goals），还是非盟"非洲复兴"（African Renaissance）计划，普遍缺乏对非洲语言多样性，尤其是本土语言的关注（Wolff，2006）。联合国教科文组织在《世界教育报告》（*World Education Report*）中也未提供关于非洲语言多样性的数据信息，虽提及文盲率却未明确衡量标准。作为从 20 世纪 50 年代起就大力提倡母语教育和保护语言多样性的国际组织，联合国教科文组织的这一做法的确让人大跌眼镜（Watson，1999）。在非洲国家中，教育虽常被提及，但以何种语言开展教育却常遭忽视。如此一来，官方语言往往被默认为教学媒介语。同时，关注非洲发展问题的所谓"国际专家"（大都为经济学家、发展理论家、政策分析人士等）大都缺乏社会语言学专业知识，对语言问题避之唯恐不及，语言一时成为禁忌话题（Wolff，2006）。

　　可想而知，以一种多数人无法理解的语言传播发展理念、开创发展事业，自然无法实现预想的美好前景。这也解释了为何独立半个世纪以来，大多数非洲国家仍未在发展上取得长足进步。[①]顺鲍（Chumbow，2009）将这一情况描述为"没有发展的增长"（growth without development），即尽管出现了可喜的经济增长迹象，但非洲国家中普遍存在严重的城乡发展不均衡状况，市中心的摩天大厦与周边乡镇的低矮民居形成强烈反差。非洲国家之所以与发展擦肩而过，部分原因是语言因素从未被纳入全面考量之中。非洲国家迫切需要发展，但当这一关乎国计民生的话题跨越了本土语言时，非洲语境中自然也就不会留下本土语言与发展相关联的任何印记。当人们一旦形成"发展可脱离于本土语言"的思维定式，又怎会对本土语言形成积极的语言态度呢？

非洲国家历史与现实共同制约了本土语言的生存与发展，建构起后殖民国家的语言权力格局，塑造了国民的语言态度走势。罗伯特·阿姆斯特朗（Robert Armstrong）认为，如果我们羞愧于自己的语言，也便失去了最起码、维持社会健康运转的自尊。如果年轻人开始鄙夷父辈语言，他们就可能否定父辈的智慧。语言的情感意义体现在它包含着一个人的母亲、父亲、兄弟姐妹和挚友的选择（Hameso，1997）。非洲本土语言具有促进知识信息传播、加快民主建设进程、消除社会分化、推动国家发展的重要意义。只有当国民以本土语言为傲，表现出强烈的语言保护意愿时，消极语言态度才有可能最终扭转，否则任何发展本土语言的努力都将无果而终。因此，扭转针对本土语言的消极态度对非洲国家而言意义非凡。

7.3　语言态度层面

语言态度包含情感、认知和行为三个成分，扭转语言态度也应从这三方面入手，具体化为唤醒非洲精神、培养语言资源意识和本土化语言产业三个途径。它们相互作用、互为补充，共同构成本土语言赋权策略的语言态度层面。

7.3.1　唤醒非洲精神

非洲人民经过艰苦卓绝的反殖民斗争，终于迎来独立和自由发展的曙

---

① 联合国人类发展指数（United Nations' Human Development Index）2007 年数据显示，22 个非洲国家位列人类发展指数列表的最底端，其中包括科特迪瓦、埃塞俄比亚、马里、尼日利亚、塞内加尔、坦桑尼亚和赞比亚等国。

光。在这一过程中，泛非主义（Pan-Africanism）①成为唤起非洲人民斗志、号召全民参与独立解放运动的非洲精神，是非洲民族主义者反对殖民主义和种族主义的思想武器。泛非主义的历史内涵包括如下三个方面：一是争取非洲大陆的完全独立与彻底解放，实现"非洲由非洲人统治"的目标；二是联合非洲各独立国家，最终实现非洲大陆完全统一；三是认可非洲人民对人类历史进步做出的贡献，恢复和发展非洲本土语言和文化，最终实现非洲大陆的全面复兴（张忠民，1992；罗建波，2007）。

泛非主义的核心目标即实现非洲大陆完全统一和全面复兴。非洲一体化意味着加强各国在政治、经济、文化、教育等领域的合作，摆脱对西方的依附，促进非洲各国科技、知识创新，实现非洲人民的精神去殖民化。实现非洲一体化的前提条件是非洲各国必须开展有效交流，这种交流并不局限于政府层面，人民、地区、经济、教育群体和社会群体之间的联合同样至关重要（穆契，2001）。这一切需要以交流无障碍、打破文化壁垒、建立统一的非洲文化为基础，本土语言在这一过程中的作用举足轻重。

真实情况是，非洲国家普遍欠缺母语保护意识。在 2002 年"国际母语日"（International Mother Language Day）②题为"语言多样性：3000 种语言处于险境"的通告中，联合国教科文组织称非洲为"语言上最不为人所知的国家"（linguistically the least-known continent），原因在于大多数本土语言未能充分参与国家建设进程（Adegoju，2008b）。与此同时，非洲各国的语言文化差异阻碍了非洲认同感形成。曾经的殖民历史造就了非洲大陆的语言分区现象，"法语区""英语区""葡语区"等以前宗主国语言为划分标准的称呼沿用至今。处于不同区内的非洲国家在独立后依然保持与前宗主国的垂直联系，国与国间的横向联系相对较弱。即便是象征非洲一体化的非洲统一组织，也以英语、法语为官方语言，使用本土语言的提议屡次遭拒（穆契，2001）。建立在语言分区基础之上的文化壁垒阻碍了非洲统一文化的形成。

在非洲后殖民语言市场上，外来语和本土语言被贴上不同的价值标签。受此影响，非洲民众的语言忠诚发生动摇，民众表现出一种矛盾的语言心理：一方面，本土语言具有标记身份认同、区隔语言群体的作用，是

---

① 泛非主义是一种起源于美洲黑人后裔，最终在非洲生根、开花、结果的意识形态和政治哲学。在泛非主义启迪下，非洲民族主义诞生，进而发展成为反对殖民统治、争取民族独立、实现非洲自由发展的具有进步性的民族主义。

② 联合国教科文组织于 1999 年提出倡议，将每年的 2 月 21 日规定为"世界母语日"，旨在实现在全世界范围内宣传语言保护，促进母语传播，避免语言消亡。

语言群体的情感依托；另一方面，在外来语实用价值吸引下，本土语言群体期待增加语言资本，获取更多的象征性权力。就目前情况而言，非洲人们对外来语实用价值的追求远胜于对本土语言情感认同的需要。长此以往，精神殖民化将逐渐湮灭非洲精神，非洲各国需在此之前采取积极措施予以补救。

真正的独立自主意味着摆脱文化和心理上被奴役、被束缚的状态，使非洲人民在文化上和精神上重获自尊、自信，为本民族传统文化和语言而自豪，这是非洲精神的精髓所在。显然，这一切无法通过"他人的语言"实现，前殖民语言成为西方国家继续开展精神殖民和文化殖民的有力工具。因此，现在是时候唤醒非洲精神，激发起民众对非洲及非洲传统和文化最起码的忠诚。只有通过本土语言传递的非洲精神才真正具有号召力和感染力。换言之，唤醒非洲精神可具体化为唤醒母语尊严意识，母语教育[①]倡议有望解决非洲各国语言政策中长期存在的悖论，即一面挥霍着丰富的本土语言资源，一面却在哀叹缺乏外来语资源（Hornberger，2002）。

诚然，非洲语言数量庞大、发展不均衡，但并不能因此剥夺语言群体使用和发展本土语言的机会。语言是知识的储备，濒危语言更是为接触人类历史上富有价值的本土知识提供了唯一可能性（Alexander，2003a）。因此，母语保持对世界和整个人类而言意义非凡，同时世界也有义务帮助非洲国家建立本土语言和文化保护事业。所有本土语言都具备一定的教育功能，将其全部应用于教育虽然会不可避免地产生一些问题，但母语教育是个人或群体享有平等受教育机会的基本前提，由此产生的各类问题和额外费用都应该设法予以解决（Tadadjeu，1980）。出于非洲各国多语现实和国民多语能力考虑，跨境语言（cross-border languages）为解决上述问题、实现非洲大陆教育本土化提供了可能性。

跨境语言产生于西方国家瓜分非洲时的草率决定（Adegbija，1994a）。一些跨境语言由于使用者（包括母语者和第二语言使用者）人数较多而发展成为族际或地区通用语。有研究者指出只有三种非洲语言可以被称作真正意义上的地区语言，分别为广泛应用于西非、东非和南部非洲的豪萨语、斯瓦希里语和恩古尼语（Brock-Utne，2000）。这一论断虽过于简单，但跨境语言有助于非洲统一，有益于加强非洲国家在政治、经济、军事、文

---

① 通常情况下，当某一地区的居民掌握两种或两种以上语言时，这些语言可能是学习者的家庭语言、当地语言或通用语，那么学校教育便可能以上述任何一种语言开展，大多数非洲国家符合这种状况。鉴于"母语"概念的模糊性，本书中提及的"母语"既可用于指代父母的语言，又可用于指代一门或几门学龄儿童在入学前已熟练掌握的本土语言。

化、教育等领域的合作，同时国家间责任分摊有望提升非洲大陆整体资源利用率，促进本土语言的使用和发展（Wolff，2006）。跨境语言承载着实现非洲一体化的希望，有望号召非洲人民广泛参与非洲复兴大业。

非洲统一组织及其后身非洲联盟为推广跨境语言付出了不懈努力。非盟下设专门性语言机构——非洲语言研究院（African Academy of Languages，ACALAN），旨在通过推广非洲语言，促进非洲大陆的融合与发展。研究院既定目标包括：赋权非洲语言，尤其是跨境语言；促进各领域，尤其是教育领域多语格局形成；将发展和传播非洲语言作为非洲大陆融合与发展，国家间互敬、互谅、和平稳定的重要因素。[①]非盟《文化宪章》（Cultural Charter）第 16 条和 17 条指出，"非洲各国应意识到发展非洲语言对实现文化进步，加速经济、社会发展的必要性，各国应努力制定相关语言政策"，"非洲各国应为非洲语言进入学校教育做好准备，为了实现这一目的，各国应充分考虑非洲语言对社会融合、技术进步、地区统一和非洲统一的关键作用"[②]。非洲语言研究院将推广跨境语言作为工作重心，成立了跨境媒介语委员会（Vehicular Cross-border Language Commissions），确立了第一批共 12 种非洲跨境语言，其中包括豪萨语、富拉尼语和曼丁卡语（西非），林加拉语和芳语（中非），齐切瓦语和茨瓦纳语（南部非洲），斯瓦希里语、索马里语和马达加斯加语（东非），现代标准阿拉伯语和柏柏尔语（北非）（Bamgbose，2011）。非洲语言研究院作为一个面向所有非洲国家的超国家组织，在术语编写、词典编纂、绘制语言地图、提供语言服务、实现语言信息化等方面做出了卓越贡献，其在唤醒母语尊严意识过程中所能发挥的积极作用十分值得期待。

除此之外，西非国家经济共同体负责监督共同体文化事务的特别委员会在 2012 年第 6 次会议上提议将三种西非跨境通用语（豪萨语、富拉尼语和曼丁卡语）与英语、法语和葡萄牙语一道用作共同体的工作语言。[③]这样令人欣喜的尝试自然多多益善。2006 年"非洲语言年"吸引了全世界的目光，非洲语言承载着非洲精神，为非洲崛起提供动力支持。在非洲精神感召下，我们期待看到弥漫在非洲大陆的消极语言态度逐渐消散。

---

① 参见非洲语言研究院官网：http://www.acalan.org/.
② 参见非洲语言研究院官网：http:// www.acalan.org/eng/texts/charter.php.
③ 参见 INFORMATIONNIGERIA 网：https://www.informationng.com/2012/05/academy-proposes-new-working-languages-for-ecowas.html.

7.3.2　培养语言资源意识

与自然资源一样，语言也是一种资源，有助于促进社会经济发展、民主建设和消除贫穷与饥饿。语言（尤其是本土语言）是任何国家发展规划中必不可少的一部分。一个国家的语言可以同自然资源一样被利用和开发，以满足国家整体利益。然而，若规划不当，多语言共存也可能成为国家内部分裂和冲突的来源。语言规划与经济规划同等重要，作为国家发展规划的一部分，语言规划应与经济规划一起实现国家发展目标（Chumbow，1987）。多语国家中的所有语言，不论其使用人数多少，也不论其是外来语抑或本土语言出身，都应被视为可以有效开发利用以实现国家整体利益的资源。每种语言都是一种特殊的语言样品。同时，语言也是文化的资源，语言及其文字是文化的重要组成部分，也是记录文化最为重要的载体（李宇明，2008b）。语言资源若加以充分、合理利用，同样能够为国家创造无尽的物质财富与精神财富。因此，国家有义务尊重、支持并鼓励所有语言和谐共处，培养民众的语言资源意识。

语言资源观是平衡语言关系、拯救并发展本土语言的关键。对于语言群体和语言环境而言，本土语言和外来语都是不可多得的语言资源。只有当非洲民众意识到语言多样性是一座尚未开发的金矿时，他们才会心甘情愿地选择学习本土语言。具体而言，本土语言只有具备提升使用者的社会流动性、改善其社会经济生活、帮助其全面参与国家发展等积极功能时，才能够真正获得认可（Adegoju，2008b）。若要成功扭转消极语言态度、改变语言行为，必须使行为主体相信转变态度不仅对自身有益，还会造福全人类（Mufwene，2002）。语言和文化始终处于动态变化过程中，单单凭借哀叹过去美好的怀旧情结根本无法有效提升语言保护意识。本土语言群体需确信语言作为一种资源不仅能够为他们带来切实利益，还能够促进非洲大陆的进步和发展。只有这样，对待非洲本土语言的消极态度才有望得以扭转。与此同时，只有当外来语不再作为阶层区隔标志和耻辱标记，而是被中立化为与世界各国沟通的有利资源并为所有非洲人民共享时，非洲民众才有可能平心静气地看待前宗主国语言，外来语也才有望发挥其平衡国内矛盾、缓和族际语言冲突的积极作用。

非洲各国决策者大都继承了殖民者对"语言单极化"的崇拜，对语言多样性可能分裂国家大表担忧，语言多样性因而被视为必须解决的"语言问题"，这便是新兴国家在独立之初仍继续保留外来语作为官方语言的原因之一。本土语言价值几乎被完全忽略，随之而来的是对双语教育或多语教育的质疑。简言之，"语言作为问题"导向严重阻碍了本土语言使用和发展。因此，有必要在非洲大陆开展广泛的启蒙运动（enlightenment），前提条件之一是使用目标群体所能理解的语言向他们传达本土语言和文化的价值所在。充分发挥本土语言功能和培养民众语言资源意识两个环节相辅相成。语言资源意识有助于摆脱"多语多言"是"语言问题"的错误观念（徐大明，2008）。

与自然资源不同，语言资源的开发与利用具有循环性和无穷性，越使用和开发，其增量就越大，持续再生力就越强（范俊军和肖自辉，2008）。诚然，语言资源意识虽以人为主体，但政府和相关部门、机构的前期准备工作构成其形成基础。第一，政府应责成相关部门对全国范围内的语言分布及使用状况逐一摸查，将公民驾驭多种语言的能力视为国家语言能力的重要指标，努力提升国家语言能力。就现状而言，非洲大陆几乎没有与个人语言技能相关的统计数据。出于语言问题的敏感性考虑，有些国家（如坦桑尼亚）禁止在人口普查时向被调查者询问任何与语言相关的问题。这样的实践活动自然不利于掌握真实的语言状况。第二，坚持双语或多语规划导向。非洲国家以社会多语现象和个人多语能力为语言现实，脱离语言生活的语言政策和教育政策势必阻碍国家语言事业和教育事业的发展。理想状况下，语言政策应该能够和谐语言生活、解决语言争端。非洲场景中的语言政策似应包含如下内容：妥善处理外来语和本土语言间关系以及各民族语言间关系，重视并加强母语教育；保护本土语言，实现外来语的中立化和去精英化；努力实现本土语言的规划化、标准化、现代化，力争为尽可能多的本土语言创建书写系统，增强语言功能和语言活力。第三，政府应为民众提供自由使用本土语言的空间和实践机会，完善本土语言服务，避免任何人由于使用某种语言而遭到歧视，将通晓本土语言作为获取某些职位、接受高等教育的必备条件，为语言专业的学生提供资金和学术援助，借此激发民众在更广范围内和更大程度上使用和发展本土语言。

培养语言资源意识是一个缓慢而长期的过程。待前期工作准备就绪，语言资源意识有望在此基础上逐步建立起来。简言之，当本土语言被视为一种对个人和国家发展有利的资源时，人们自然会转变原有消极语言态度，朝着更为积极的方向改进。

7.3.3　本土化语言产业

语言是宝贵的国家资源，充分、合理地开发和利用语言资源能够创造客观经济价值。语言作为一种经济资源，语言产业应运而生。语言产业指语言材料和语言服务的发展、生产和分配,其中语言材料包括书籍、影音资料等形式;语言服务是语言教师、笔译者、口译者、语言学家等与语言相关的职业所提供的服务(Tadadjeu,1980)。作为殖民地时期非洲整体产业的一部分,语言产业仍在很大程度上依附于西方国家,大多数教学材料依赖国外进口。在国外出版公司竞争和国内资金缺乏的双重压力下,非洲本土出版业发展迟缓。

西方发达国家的语言产业早已成为重要的创收行业,只消看看它们出口的语言文化产品即可。以英国为例,2019年统计数据显示,英语教育行业每年为英国带来约27亿美元的收入[①],为英国人提供了大约35 700个工作岗位。[②]难怪英国文化委员会曾骄傲地宣称英语是英国最宝贵的资源,其价值甚至超过了英国在北海的石油储备。对于非洲国家而言,情况则完全不同。前殖民语言仍居于国家最中心位置,实际上阻碍了本土语言文化和科学产品生产。即便如此,本土语言仍具有极大的发展空间和前景。调查结果显示,超过七成的非洲消费者更愿意购买产品信息是由本族语书写的产品。[③]本土语言与人民日常生活息息相关,因此非洲语言产业应首先将注意力转至国内市场。若本土语言能力成为获得某个职位或接受高等教育的必备条件,由此产生对本土语言的语言需求,非洲国家的语言产业便有可能迅速发展,继而带动口译、笔译、术语研究、辞典编纂和其他与语言相关职业的兴起(Alexander,2003c)。如此一来,不仅有助于缓解各国就业压力,激发本土语言学习热情,为本土语言教育带来希望,而且有望大大提升本土语言标准化程度,促进语言传播和推广,摆脱非洲对西方的文化依附。学习热情一旦提升,旨在提高语言能力的语言产品便会层出不穷,直接刺激非洲国内出版业发展。

为了抗衡西方扭曲非洲现实的文学创作趋势,非洲各国应鼓励本土作者使用本土语言进行文学创作,借以还原出一个真实的非洲。以本土诗人为例,虽然本土诗歌的读者群可能不大,但能使以本国语言创造的诗歌存在下去,保持并增强对诗歌遗产的兴趣,便是最大收获(德·斯旺,2008)。若日后有机会将非洲诗歌翻译成其他语言,更是对非洲文化走向世界的巨大贡献。语言产业是文化产业的基础和重要组成部分,语言产业的发达程

---

① 参见 statista 网站:https://www.statista.com/statistics/474354/english-language-learning-revenue-by-country/.

② 参见 ENGLISHUK 网站:https://www.englishuk.com/facts-figures.

③ 参见 CETRA 网站:http://www.cetra.com/default/out-of-africa-state-of-the-language-industry-in-the-worlds- fastest-growing-economy/.

度很大程度上决定文化产业的发达程度（黄少安等，2012）。非洲的异域文化必将吸引世界的目光，非洲音乐、舞蹈、建筑、雕塑、艺术品等文化形式和文化产品有望为世界了解非洲、非洲走向世界搭建桥梁。一个国家文化产品的出口主要依赖于本国语言产业的发达程度，非洲国家的语言产业一旦建立并蓬勃发展，如期而至的经济和非经济效益将有效转变人们的语言态度。

唤醒非洲精神、培养语言资源意识、本土化语言产业三个途径分别对应着语言态度所包含的情感、认知和行为维度，三管齐下。扭转消极语言态度是本土语言赋权策略在语言态度层面上的体现。成功提升本土语言赋权能力、疏导语言冲突，不可一蹴而就，政府至少应制定中长期规划目标，语言规划层面上的努力不可或缺。各种规划类型相互配合有望提升本土语言地位，扩展其使用范围，最终实现本土语言与外来语的发展和使用机会均等。

7.4　语言规划层面

非洲语言规划发生在多个因素共同搭建的背景之下，其中包括多语现象、殖民主义残留、教育对社会变迁的积极作用、高文盲率以及对日常交际、国家统一和发展的担忧（Bamgbose，2000）。非洲语言专家和教育专家普遍对本土语言地位低下和功能域偏狭表示忧虑，语言活动家的职责在于提升民众的语言意识，确保他们对以"资源有限"为借口拒绝开展本土语言教育的言论提出疑问。目前教育领域中外来语"一枝独秀"的局面有望通过语言教育规划层面上的努力得以改善。语言教育政策可以通过赋予本土语言应用于基础教育以上阶段的教学媒介语合法性，赋权本土语言群体。非洲本土语言普遍功能域受限，且发展程度不高，有些语言甚至没有书写系统，因此语言功能规划和本体规划同样至关重要。这一过程中目标群体的主观配合与参与不可或缺。

非洲民众的态度障碍具体表现在人们逐渐认同并接受只有通过外来语（例如英语、法语）获得的教育才具有真正意义（Bamgbose，2000）。学生和家长普遍将学习并精通外来语作为正规教育的根本目标，在缺乏基本语言习得知识的情况下，他们仍愿意尽早开始外来语学习。有些家长甚至期望子女从学前教育起就使用外来语，不惜耗巨资将子女送入以外来语为教学媒介语的私立学校就读。当然，本土语言使用群体的语言态度时常模棱两可，原因在于忠于一门语言与使用另一门语言之间存在冲突。人们常常需要在出于有用性学习一门语言和为保持个人文化、民族或国家身份认同而学习另一门语言之间做出抉择（Sure，1991）。

在非洲国家中，外来语是迈入高等教育、政府行政部门和高薪职业门槛的前提条件，这三条途径又是提升社会垂直流动性的必经之路，外来语由此成为在社会阶梯上缓步上升的必要保障。精英阶层正是通过其独特的语言知识维持着权力地位。有精英阶层的成功经验在前，任何想要获取成功的个人都面对着学习外来语的来自自身和社会的巨大压力。学生家长的语言态度与他们的过往经验不无关联，深信由于语言问题而受到不公正待遇的家长尤为迫切地期望子女学习英语。当然，这并不意味着他们不再重视母语教育，只是坚持子女应享有充分的学习英语的机会。对于家长而言，他们认为作为母语的非洲本土语言不应进入学校教育，英语教育才是正规学校教育的真正意义所在。扭转如此普遍且根深蒂固的消极语言态度并非一件易事，需要十分专业的教育改革，而这些教育改革必须建立在充分构思和成功实施语言教育规划，尤其是语言教育政策的基础上（Wolff，2006）。

7.4.1　调整语言教育规划导向

开展本土语言教学是非洲本土语言存活和发展的必经之路（Salawu，2006）。当西方发达国家早已全面贯彻母语教育原则时，非洲国家仍陷在本土语言是否适用作教学媒介语的无尽争论之中，这场争论至今仍未平息。一派认为儿童应尽早接受外来语教育，以满足基础教育阶段之后的教学媒介语需求。既然迟早都要转换教学媒介语，那么宜早不宜迟。这一派的代表人物往往是国家统治精英及其身后的西方支持者，在许多非洲精英家庭中，英语或法语已成为儿童的第一语言（Tadadjeu，1980）。另一派则坚持母语教育应至少持续至基础教育结束，过早开展外来语教学，后果不堪设想。这一派主要由教育专家、语言学家、以联合国教科文组织为代表的国际组织以及有良知的个人构成，却终因势单力薄，书面形式的提议常常被束之高阁。整体而言，非洲国家的语言教育规划导向顺应统治阶层的政治意愿，对语言现实不闻不问。

由此产生的消极影响是，民众偏爱外来语。他们不愿将本土语言应用于教育，往往由于母语教育无法赋予学习者以社会和经济优势。当面对本土语言和外来语时，绝大多数人会不约而同地选择后者，原因在于他们总是面对"二选一"的局面，从未被给予同时选择两种语言的自由（Tadadjeu，1980）。外来语教育导致许多儿童家长无法全面、有效地参与子女的受教育过程。无奈之下，他们只得将希望寄托于学校。然而很难想象旨在宣扬统治阶层意识形态的学校将如何向儿童传递祖辈世代流传下来的本土文化遗产。强迫儿童使用陌生语言接受教育极有可能阻碍他们发展成为有创造力的社会成员，当学校教育总是聚焦于外面的世界而忽视儿童自身所了解、所感知的，由此隐含的信息便是他们所熟悉的语言、文化和体验没有任何价值。任何希望通过正规教育获取成功的学习者都不得不牺牲掉本土语言和文化传承（UNESCO，2007），这一切将最终危及社会整体发展。

　　然而，必须清楚意识到，解决这一问题的关键不在于反对外来语，而在于反对其特权地位。对于广大非洲国家而言，外来语永远是双语教育或多语教育中的常量，无法逃避（Alexander，2003a）。追求语言解放不仅意味着洗刷掉外来语的压迫色彩，同时意味着将推广本土语言作为促进非洲国家学术独立的策略之一（Mazrui & Mazrui，1998）。为了克服教学媒介语引发的诸多问题、实现教育平等，最佳方式莫过于开展"基于母语的多语教育"，以全面、持续地开展母语教育为前提。换言之，尽可能延长母语教育，最好持续至高等教育阶段。与此同时，外来语可用作辅助教学媒介语。除非将本土语言用作高等教育的教学媒介语，否则非洲各国的教育体制仍将偏倚通晓前宗主国语言的精英阶层（Alexander，2003a）。

　　出于母语教育的重要性和本土语言发展程度考虑，基础教育中的教学媒介语问题占据非洲语言教育论战的较大比重。非洲国家最普遍的教学实践是小学前三年以本土语言（常为通用语）为教学媒介语、外来语为教学课程，第四年转而开展外来语教学。这是一种过渡性质的双语教育模式，虽包含两种语言，本土语言却只是通往外来语的"跳板"。这一模式又可细化为"短期撤离"和"稍后离场"（late-exit）两种类型，前一种类型中本土语言教学仅仅持续三年或更短时间，后一种类型常延长至第四年或更久。过渡式双语教育不仅有损教学效果，而且时时传达出一种错误信息，即本土语言不具备成为基础教育以上各阶段教学媒介语的资格（Bamgbose，2011）。非洲各国普遍流传着"母语教育时间'越短越好'"（the shorter the better）的错误思想。与此相对的是，外来语教学效果不佳，对外来语投资越大意味着教育成本效益（educational cost effectiveness）越不平衡。

　　由此可见，语言因素是非洲儿童学业失利的主要诱因（Brock-Utne，2000）。为缓解这一状况，非洲国家亟须实现"教育本土化"，充分发挥教育系统提升本土语言赋权能力、传播本土文化和价值观的职能。多语教育是广为认可的语言赋权途径，有助于实现语言权力再分配、本土语言地位提升、本土文化传承、语言资源保护并最终实现人与社会和谐发展。目前针对非洲语言教育普遍达成的共识是有必要在教育系统中加大第一语言（L1）①使用力度、改善第二语言（L2）②教学，即培养起本土语言与外来语间的相互依赖关系。没有达成的共识主要包括三方面：其一，何时开展 L1 到 L2 的教学媒介语转换；其二，当 L2 作为课程教授时，是否还有必要转换教学媒介语；其三，有无可能在学校教育中发挥 L1 和 L2 的互补作用，开展双教学媒介语活动（Heugh，2006）。

实际上，非洲语言教育难题并不是一道"L1 或 L2"（L1 or L2）的单选题，而应是"L1 和 L2"（L1 and L2）的多选题。现有研究结果表明，延长 L1 教育时间有助于将通过 L1 习得的知识、概念迁移（transfer）至 L2，有效提升 L2 语言能力（Afolayan，1984；Bamgbose，2000，2019；Cummings，1991，etc.）。在这一过程中，至少需要花费 6 年时间学习 L2 课程才能达到将 L2 用作教学媒介语的水平。然而，在非洲国家缺乏 L2 环境、教师 L2 水平普遍偏低、教学条件恶劣等情况下，6 年时间恐怕不够，更何况是采用"短期撤离"模式（Heugh，2006）。急于转用 L2 不仅无法提升 L2 能力，还极有可能削弱 L1 识字能力，导致大批学生中途辍学，最终沦为文盲或半文盲。

为了有效缓解这一状况，充分利用学习者所掌握的语言资源的添加式双语教育（additive bilingual education）③是非洲大陆语言教育的理想模式。与过渡式双语教育不同的是，添加式双语教育始终坚持 L1 教育贯穿各教育阶段，实现 L1 与 L2 功能互补。当 L1 用作教学媒介语时，L2 可作为教学课程；当 L2 用作教学媒介语时，仍继续其课程学习，减少 L1 教学时间，但应确保 L1 参与教育的时间不少于总教学时间的 50%（Benson，2006）。L2 教学实践必须逐步开展，循序渐进地增加 L2 在总教学时间中的比重，降低 L1 比重，最终达到两种教学媒介语的平衡状态。具体设想如表 7.1 所示。

① L1 既可以指父母的语言，也可以指拥有多语能力的儿童在接受正规教育前已熟练掌握的除母语外的其他本土语言。在非洲多语言背景下，L1 往往是多种语言构成的言语库，而非仅仅指代一种语言。因此，后文提及的包含 L1 和 L2 在内的添加式双语教育，实则包含多语教育。
② L2 并非一定指代依照习得顺序学习的第二门语言，而是指只能通过学校教育才有可能习得的语言，因此 L2 常是儿童现有言语库之外的语言。在非洲教学实践中，L2 往往指代前殖民者语言。
③ 鉴于 L1 和母语概念的模糊性和包容性，此处提及的添加式双语教育实则包含多语教育。

表 7.1　添加式双语教育中的语言设置

年级	L1	L2
小学 1～2 年级	教学媒介语（90%）	课程 10%（口语能力）
小学 3～4 年级	教学媒介语（80%）	课程 20%（口语和识字能力）
小学 5～6 年级	教学媒介语（60%）	课程 40%（识字能力）
初中及以上	教学媒介语和课程（±50%）	教学媒介语和课程（±50%）

（Heugh，2006）[1]

　　鉴于 L1 的包容性，学生言语库中包括母语在内的至少两门本土语言（另一门语言多为所在地区通用语）都可被称作 L1。因此，添加式双语教育又可细化为如下运作过程：学生在基础教育初期（如前三年）接受母语教育，并以通用语和外来语作为教学科目；当学习者逐渐获得通用语的听说读写能力后，便可转用通用语教学，外来语继续作为教学科目。添加式双语教育以充分发挥 L1 作用为前提，通过调节 L1 和 L2 在教育中的功能分配，给予每种语言应用于教育的权利，实现个人获取双语识字能力和运用能力，最终赋权本土语言群体、缓解语言冲突。这样做不仅能够优化个人学习效果，提高政府教育投资回报率，还能够增强国家语言能力，促进非洲社会、经济发展，为非洲大陆知识创新和科技发展做出贡献。

　　就非洲大陆整体而言，大多数母语教育计划中途流产，却也不乏诸如尼日利亚[2]和布基纳法索[3]国内试点项目所带来的欣喜。令人遗憾的是，一些成效卓著的试点项目在推广过程中遭遇困境，如何推广试点项目成果是大多数非洲国家面临的问题（Bamgbose，2011）。为了进一步提升本土语言赋权能力，添加式双语教育不应止步于基础教育。换言之，非洲语言教育规划应尽可能延长 L1 教学时间，当 L1 无力承担教学媒介语重任时，转而开展 L2 教学。享有社会地位和声望的机构或个人有可能使公众相信非洲本土语言真正具有应用于社会、科学等高端领域的潜能，高等教育机构便具有这样的特质，因此在某种程度上，高等教育承载着复兴本土语言的重要使命（Alexander，2003c）。

　　语言教育规划除教学媒介语和语言课程设置外，还包括教师培训、教

---

[1]　对原表格有所调整，特此说明。

[2]　详见第 4 章关于尼日利亚"伊夫工程"的介绍。

[3]　布基纳法索最初实行"全法语"政策，即法语是所有教育阶段的唯一教学媒介语。1994 年，将 8 种非洲语言连同法语一道用作基础教育阶段教学媒介语的试点项目出台。研究结果显示，试点学校的学生在小学结业考试中的表现明显优于"全法语"学校的学生。政府不得不承认双语教育成果显著，并接受其为教育政策之一。家长对此也表示拥护，入学率明显升高。

材编写、教学基础设施建设、国家教育资金投入等环节。当充足的本土语言教学资料和师资力量成为可能时，本土语言和外来语间的关系也应该会有所改变。只有所有环节都以实现添加式双语教育为目标、以平衡本土语言与外来语间关系为准则，本土语言赋权策略才有望真正建立起来。

7.4.2 加强语言本体规划

非洲国家语言多样性现实客观存在，势必难以实现所有语言均衡发展，有些本土语言甚至没有书写系统。在语言规划层面，语言教育规划和功能规划与本体规划相互作用、互为前提，只有具备书写系统的语言才有可能应用于教育和其他公共领域，而实际应用也会进一步加大语言本体规划力度。语言本体规划包括对语言及其文字进行改革、规范、完善等工作，也包括为没有文字的语言创制文字，为文字设计注音方案等（李宇明，2008a）。具体而言，非洲语言本体规划大致包括创造书写系统，改革并协调已有书写系统，编写材料以备教学之用等。对于已拥有完备书写传统的语言而言，创造术语、扩展词汇是确保语言在更广领域得以应用的关键（Bamgbose，2011）。

诚然，非洲大陆确以语言多样性为显著特征，但这种多样性中不乏人为痕迹。殖民统治时期，为了杜绝民族主义运动，殖民当局故意夸大邻近语言间差异。非洲人自己并不太在意这种扭曲，反倒陶醉于那些细微差异，并乐于炫耀他们的"多语"能力。大多数情况下，"多语"不过是同一语言的不同方言而已（德·斯旺，2008）。例如南非祖鲁语和科萨语在很大程度上具有互通性，以至于有人建议将这两种语言连同恩德贝勒语与斯威士语一同归并入同一语族，并希望借此抑制非洲语言增生。这种做法虽有些极端，却也从一个侧面证实了非洲语言间的鸿沟并非想象中那样不可逾越。

尽管如此，非洲国家仍对语言本体规划热情不高，担心开发本土语言会耗资巨大，让本就捉襟见肘的国家经济雪上加霜。然而，目前没有任何证据证实使用本土语言的花费会比外来语更高。语言经济学家戈林（Grin，2005）指出，谈论花费本身没有任何意义，只有将花费及与之相关的收益联系起来才具有意义。也就是说，如果结果是值得的，投入再高的政策在经济上也完全讲得通。为值得花费的东西投资从根本上来说是完全合理和经济的决定。以国内资源短缺为借口拒绝发展本土语言的说辞完全站不住脚。同为非洲国家，索马里便率先实现了将索马里语教学从学前教育持续至高等教育阶段的目标（Alexander，2003a）。

　　虽然短期内本土语言在正字法开发、术语创造、教材编写、教师培训等方面需要人力、物力资源投入，看似超出非洲国家的承受范围，但是开发和推广本土语言所能带来的中长期收益却无法用金钱衡量。任何目光短浅，只关注眼前利益、无视长远利益，反对开发和利用本土语言的人都低估了教学媒介语的巨大影响。任何学习都以理解为前提，完全陌生的教学媒介语影响教学效果，直接导致高辍学率和降级率，由此造成的损失难以估量。

　　几乎所有撒哈拉以南非洲国家都存在严重的教育资源浪费现象。教师和学生使用外来语参与教学实践，双方无法有效沟通，脱离实际的语言教育政策耗费教育参与者的时间和精力，却难以实现预期的教学效果；高辍学率和降级率与各国教育投资不成比例，有机会接受高等教育的人少之又少，扼杀了非洲大陆的创造性和进步性；非洲学生不得不承受认知和心理的双重创伤，对本土语言、文化价值和自身存在价值的质疑阻碍了非洲复兴大业。投资本土语言的经济花费与这些非经济层面上的损失相比实在微不足道。

　　非洲语言研究院是加强非洲语言本体规划的中坚力量，目前已出台一系列具体措施，如研究院要求非盟各成员国成立语言委员会，以促进国内语言资源的开发与利用，还专门设立术语编写和辞典编纂项目，旨在赋权本土语言，培训辞典编纂和术语开发方面的专家，加强各国在语言标准化层面上的合作。[①]2004 年，非洲语言研究院召开"非洲语言与网际空间"（African Languages and the Cyberspace）研讨会，就网络时代非洲语言发展的潜力与挑战展开讨论。随后启动专项计划帮助非洲语言应对互联网与通信技术时代的挑战，其中建立主题数据库并开发非洲语言书写系统和翻译软件的畅想[②]最为激动人心。这一畅想对还不具备书写系统的非洲语言及其使用者而言是莫大福音，拥有书写系统的语言也将有机会进入学校教育、记录民族文化与历史、创作文学作品与世人共享。翻译软件将提升非洲人民使用本土语言交流与合作的机会，实现非洲一体化。互联网资源为发展本土语言提供了绝佳机会，相对成功的案例有望得以普遍推广，各国本土语言群体可以借此机会互通有无。同时，非洲各国还应充分利用联合国教科文组织、非洲发展与教育联盟（Association for the Development and Education in Africa）、南部非洲语言联盟（African Language Association of

---

① 参见非洲语言研究院官网：http://www.acalan.org/eng/projects/terminology.php.
② 参见非洲语言研究院官网：http://www.acalan.org/eng/projects/cyberspace.php.

Southern Africa）等国际或地区组织的研究成果，学习他国先进经验，力求最大限度地开发国家语言资源、降低操作成本。尽管语言开发过程将十分艰难，可能需要几代人的共同努力，却仍值得一试。语言教育规划和本体规划以为本土语言创造使用空间、提升语言地位、扩展语言功能为宗旨，构成本土语言赋权策略中的语言规划层面。与自然资源规划时间短、见效快相比，语言规划费用虽需实时支付，但既得利益见效慢且难以估测。对于精于追逐眼前利益的统治精英而言，语言规划起效慢、耗时长，并非理想的投资对象。因此，语言规划投资常被视为对可利用资源的浪费（Kaplan & Baldauf，1997），由此导致许多语言规划活动无果而终。单纯依靠为语言教学、语言功能和语言本体设置中长期目标显然不够，语言规划目标需最终转化为具体政策内容。语言规划和语言政策层面上的努力体现出"自上而下"的政府规划导向和"自下而上"（bottom-up）的语言选择和实践活动相结合，将语言规划思想具体化为政策内容可以为本土语言赋权策略提供实施依据。

7.5　语言政策层面

语言政策为本土语言赋权策略提供法律保障和实施依据。只有真正做到有法可依、有法必依，赋权行为才具有实际意义，被赋权的群体和个人也才有可能重新获得安全感。语言政策的常见形式包括宪法中的语言条款、专门的语言法规或条令、教育政策中与语言相关的规定等相对显性的政策条文。当然，隐性政策同样不容忽视，有时"没有政策也是一种政策"（"no policy" policy）（Fishman，2001）。正因为如此，非洲各国语言政策常常出现流程从简、考虑不周、实施不力等弊端。制定和实施语言政策必须本着平等、公开的原则，倾听来自目标群体的声音。语言权利意识产生于弱势语言群体内部，是与官方政策互补的一种诉求。

7.5.1　精细化语言政策流程

通常情况下，语言政策通过规定语言的官方用途，给予语言以声望和用于核心领域（如行政和教育领域）的合法性，从而实现赋权语言群体。值得一提的是，官方政策和法律条文本身无法确保语言赋权，除非各级政府或相关机构制定出与其相配套的具体措施和实施步骤。这正是非洲国家语言政策所欠缺的，"宣而不行"是非洲语言规划的祸根所在（Bamgbose，2011）。

据此，语言政策可划分为两种类型：象征型（symbolic）和实质型（substantive）（Peddie，1991）。象征型语言政策往往表示出对语言变化的期待，一旦涉及具体实施则态度暧昧；实质型语言政策包含如何引起语言变化的具体步骤。大多数非洲国家的语言政策属于象征型，不仅缺乏具体实施方案、充足资金供给、后续效果评估，而且欠缺必要的语言状况和语言使用状况的前期调研，经常在对语言现实和语言态度毫不知情或一知半解的情况下做出有违语言事实的决定，最终削弱甚至中和掉语言政策的创新性和进步性。大多数决策者只关注政策制定和修订，对具体实施似乎不太热衷，由此产生不少具有任意性却缺乏可行性的政策内容。可以说，"实施差距"（implementation gap）是非洲语言政策的突出特点。

通常情况下，语言政策流程应依循如下步骤：充分了解国家语言状况、民众语言需求、具体语言运用，力求最大限度开发和利用国家语言资源；重新审视现行政策，对合乎实际、行之有效的政策内容加以继承，对脱离实际、好高骛远的政策内容加以调整和删除；在政策内容基础上制定详尽的实施步骤和策略，摒弃笼统的政策制定范式，转为精细加工，确保每一条政策内容都遵循真实的语言数据；完善机构设置，加大司法力度，确保所有违反政策的行为都受到惩罚；重视实施效果评估，根据评估结果调整和修正已有政策内容；目标语言群体全程参与。具体流程如图 7.1 所示。

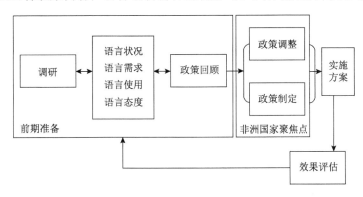

图 7.1　充分全面的语言政策流程

制定语言政策之前，前期准备工作十分必要。田野调查人员应首先深入不同地区收集语言数据，其中包括语言数量、每种语言的使用人数、语言功能分配情况、语言发展状况、民众语言需求和语言态度等等。待所有调查人员将数据汇总、得出真实的语言状况后，决策者及其智囊团可依据翔实的语言数据，回顾现行政策利弊得失，遵循扬长避短的原则，对原有失实之处或加以修订、废除，或制定全新政策。新政策出台后，针对预期目标拟定实施方案，权衡政策实施过程中的诸多因素，预想可能的状况，确保目标顺利实现。政策实施后，根据实施效果展开后续评估，发现可取与不可取之处，着手下一轮前期准备工作。

大多数非洲国家虽不反对被贴上"语言多样性"的标签，却不料"多样性"实为一个笼统概念，有必要在制定政策前将其细化，而不应反其道而行之地将其模糊化。然而，这正是大多数决策者的惯常做法。语言政策内容虽提及"多样性"，但就如何"多样"或如何看待"多样"的态度不甚明朗。"多样性"始终被视为一个必须解决的问题，而语言政策正是为了解决这个问题而存在。在这种导向下，语言政策往往弱化语言多样性，弱势语言及语言群体因此无法享有平等的法律地位和发展机会。非洲国家的少数民族语言本就不具备与主体民族语言竞争的实力，若再无法获得官方认可，便很难脱胎换骨，生存境遇岌岌可危。

在大多数国民的言语库中缺乏外来语储备的情况下，政府发起的自上而下、等级式的宏观语言政策往往难以如实反映民众真实的语言需求，这就需要自下而上、目标语言群体充分参与的微观语言政策发挥其补充作用。一些非洲国家的创造性尝试取得了显著效果，如尼日利亚欧克语保护计划（Oko Preservation Project）①和"伊夫工程"，肯尼亚鼓网（DrumNet）计划②、布基纳法索奥德（Oudet）计划③等（Omoniyi，2007）。上述计划虽不具备法律效力，更适于被称作语言实践，却也是"语言政策三角"④的重要构成成分。本土语言作为获取信息的媒介，不仅提升了信息传播和获取速度，提高了信息接收率，而且扩展了本土语言功能，增强了语言活力，是卓有成效的赋权手段。"自上而下"的语言干预模式和"自下而上"的

---

① 这一计划是欧克语使用者为保卫欧克语的民族身份认同功能、保护当地语言免受官方语言政策和其他主体民族语言威胁而开展的，其中一年一度的地方文化节已发展成享誉国内的文化、语言盛会。欧克语使用者为欧克语创造了书写系统，并专门出版欧克语杂志。家长从20世纪60年代起开始为儿童取带有欧克语特色的名字。

② 鼓网计划是美国非政府组织"非洲骄傲"（Pride Africa）于2002年在肯尼亚开展的倡议活动，旨在使农民具有与市场相关的识字能力，以此帮助他们获取生产和购买信息，改善农民劳动产出，增加收入。这一计划没有使用肯尼亚官方语言（英语和斯瓦希里语），而是使用基库尤语这一当地语言来分发传单和散布信息。

③ 奥德计划以这一计划的创始人命名，奥德神父是一位在布基纳法索生活了30年的天主教传教士。为了改善农民无法使用法语获取有效信息的状况，奥德神父使用当地语言库多国语出版相关材料，并专门成立团队将从因特网上获取的有用信息翻译为本土语言，传达给当地农民。

④ 一个言语社区的语言政策可以划分为三个部分：目标群体的语言实践、语言意识形态和官方语言干预行为，三者相互关联。语言干预旨在调整语言实践活动；语言意识形态产生于并继而影响语言实践活动，构成语言干预的基础。

语言实践模式并不矛盾，二者互为补充。政府应鼓励微观语言规划，宏观语言规划可以地方层面为基础，适应特定言语社区的需要（周庆生，2010）。

综上所述，精细化语言政策流程不仅意味着加强宏观层面上政策制定前调研、制定后实施和评估力度，也意味着鼓励并认可微观层面上个人、群体的语言实践对官方政策的补充，排解目标群体在语言选择和语言使用上的疑虑。非洲语言规划必须能够兼顾不同类型、不同级别的政府或非政府组织的决策和实施，必须能够兼顾多种不同的规划机制（周庆生，2005）。只有这样才能做到有的放矢，真正赋权本土语言群体。非洲民众不应将获取语言权力的希望全部寄托于统治阶层，而应努力争取实现自我赋权。自我赋权的关键在于培养个人和群体的语言权利意识，给予他们语言学习和语言使用的选择权。

7.5.2　提升语言权利意识

相对于生存权和生命权而言，语言权利并不具有生死攸关的意义。在面对语言选择或当语言权利受到侵犯时，生存境遇艰难的个体和群体自然不会将维护语言权利放在首要位置。因此可以说，对语言权利的需求并非源于自然情感的流露，而是必须经过一个培养过程（Albaugh，2007）。语言权利意识极少通过内省方式生成，需要外部游说力量的积极参与。对行为主体而言，语言权利倡议需具有足够的说服力和实用价值，否则即便给予选择权，他们也会出于实用目的的考虑，毫不犹豫地选择对自身发展有益的语言，无视本族语。

在世界范围内，联合国及其下设联合国教科文组织在倡导语言权利的事业中发挥关键作用。1948 年 12 月 10 日，联合国大会通过《世界人权宣言》（Universal Declaration of Human Rights），其中第 2 条规定：人人有资格享受本宣言所载的一切权利和自由，不受种族、肤色、性别、语言、宗教、政治见解，国籍、社会出身、财产，出身或其他身份等因素的制约。又如联合国 1966 年 12 月 16 日通过《公民权利和政治权利国际公约》（The International Covenant on Civil and Political Rights），其中第 26 条规定：在那些存在着人种、宗教或语言少数人的国家中，不得否认少数人同他们的集团中的其他成员共同享有自己的文化、宗教信仰或使用自己语言的权利（黄志敏，2001）。由此可见，语言选择和使用已与政治见解、宗教信仰、践行文化一道成为人的基本权利之一。任何个人、群体都享有使用母语的权利与自由，任何机构或组织不得干涉。1996 年 6 月，世界语言权利大会在巴塞罗那召开，发表《世界语言权利宣言》（Universal Declaration on

Linguistic Rights），旨在纠正语言不均衡发展态势，确保所有语言获得尊重、实现全面发展，营造公平、平等的语言氛围以维持和谐社会关系（UNESCO，1996）。该宣言规定：任何语言群体享有在所有领域使用本群体语言的权利，包括接受教育、商贸往来、接受审判、获取法律文本等（UNESCO，1996）。未能享有这种权利的个人和群体从某种程度上被去权（disempowered），因而无法参与决策过程，只能被动接受（Alexander，2003a）。联合国坚持不懈地倡导语言权利，成效之一即成员国不得不重新审视现行语言政策内容。对于已经开展母语教育的国家而言，其语言实践被证实具有正当性；不曾制定母语教育政策的国家也开始调整政策导向，投入试点性质的教育项目（Bamgbose，2004）。

　　语言权利被进一步区分为必要的语言权利（necessary rights）和充实取向型语言权利（enrichment-oriented rights）：前一种权利是能够实现基本需要的权利，是让人过上"有尊严"生活的先决条件；后一种权利是一种超出基本需要、使人过上好生活的额外权利。当语言权利与人权相结合，便产生了"语言人权"概念，只有前一种语言权利才属于语言人权（Skutnabb-Kangas，2000）。拥有识字能力是人权，更是语言人权；既是赋权工具，又是实现社会和人类发展的途径。识字能力虽不及吃饱穿暖等物质需求那样紧迫，却决定着个人能否获取平等受教育机会、实现自我价值、有效参与国家生活，同时在很大程度上决定着国家发展、国民素质提升和民主制度建设。不具备识字能力的人注定永远处在社会边缘地带。西方发达国家的国民识字率几乎接近100%。世界上识字率最低的 10 个国家中包含 9 个非洲国家。[①]

　　之所以出现这种情况，很大程度上是因为非洲国家教育体制失效，突出体现在语言教育脱离真实的语言生活。使用母语或学习者理解的语言接受教育是获得识字能力的前提，显然外来语无法完成这一使命。非洲国家普遍采用的过渡式双语教育生产出大批辍学者，这些人很难重返校园，最初获得的微薄的识字能力也在生计劳顿中一点点耗尽，最终沦为文盲。学习者若出于语言原因而失去识字能力和受教育机会，便可以说他们的语言人权受到侵犯。语言人权虽不及生存权和生命权那样引人关注，但作为基本人权之一，仍是世界各国公民应该享有的基本权利。越是不发达国家，越应将语言人权视为促进国家发展、提升国民素质的有力保障。

　　非洲国家普遍民主化程度不高，语言人权因而成为一件奢侈品。若政府拒绝承认弱势群体享有语言人权，坐以待毙并非良策。与其等待政府转

---

① 参见 Infoplease 网：https://www.infoplease.com/world/country-statistics/lowest-literacy-rates.

变态度，倒不如主动争取，民间自发的语言人权申诉团体似乎更能解决问题。它们可充分借鉴相关研究成果，调动民众语言权利意识，开展本土文化活动以唤起民众的语言忠诚，就语言人权事宜向政府表明意向，敦促政府基于《世界语言权利宣言》制定类似宣言或宪章，充分发挥语言活动家的作用，掐断来自语言灭绝（linguistic genocide）的威胁。例如在南非，语言活动家曾成功动员语言群体拒绝语言融合提议，即在恩古尼语族和索托语族中各选择一种标准语变体，以融合族内所有语言。南非语言活动家卓有成效的努力应该对其他非洲国家的语言活动家有所启发（Kamwangamalu，2004）。虽然可以料想前路上的重重阻碍，但鉴于语言人权的重要意义，任何努力都值得一试。

精细化语言政策流程和提升语言权利意识体现了语言政策层面上国家导向与自我选择的完美结合。若期待改善现有非洲国家语言政策制定和实施过程中的不利局面，必须从根本上驱散弥漫在非洲大陆且渗透至深的不良氛围。只有当官方政策更为审慎地考虑语言现实，语言群体内部的语言诉求更为强烈时，本土语言才有可能获得相对平衡的发展机会，非洲国内语言冲突也才有望得以缓解。

7.6　本 章 结 语

豪根（Haugen，1973）将语言多样性称为"巴别塔的诅咒"（The Curse of Babel），并指出只有当基于语言的歧视发生时，多语言共存才会成为问题。在语言态度影响下，语言多样性可能被看作一个问题抑或一种资源。为缓解基于外来语象征性权力分配不均而产生的语言冲突，应以提升本土语言赋权能力为切入点。本土语言赋权策略包含语言态度、语言规划和语言政策三个层面，这一策略不仅有望舒缓语言冲突，同时能够为本土语言营造健康的发展空间，维持语言、文化多样性。

约鲁巴语中有句俗语这样讲："树木茂则鸟安乐"（"It is the welfare of the tree that makes for the welfare of the bird"）。外来语是栖息在非洲这棵大树上的一只巨鸟，只有这棵树枝繁叶茂，这只鸟也才能够引吭高歌（Bamgbose，2005）。不可否认，非洲大陆在政治、经济、社会发展等领域存有诸多缺陷。一些国家常年政局动荡、军人专政、民族矛盾尖锐、国家民主化程度不高；生产结构单一，以生产初级产品为主，加工业薄弱，第三产业几乎停滞不前，经济上依然依附于西方国家。客观条件虽未能为本土语言的发展营造良好氛围，却也决不能因此忽视消极语言态度的破坏性作用。

第 8 章 思考与启示

撒哈拉以南非洲地区作为一个整体而言，民族、语言数量众多，族际语言冲突较为直观，各民族自觉保护本族语的意识较为强烈。欧洲殖民者到来之前，非洲各部族相安无事。人为划定的殖民统治疆域将最初毫无联系的部族归入同一国家，部族间开始争夺生存资源。白人殖民者的到来打破并重新塑造了非洲大陆原有的群体界限。白人构成凌驾于所有黑人之上的一个阶层，种族作为一个全新的群体划分标准登上舞台。不同肤色的人讲不同的语言，语言顺理成章成为一种身份标记，白人的语言由于其使用者的社会地位而备受推崇。在殖民统治即将结束之际，白人统治者培养了一批黑人精英，接替自己掌管非洲各国权杖。黑人精英阶层与非精英阶层在语言使用上的根本差异在于前者从小接受西式教育，具备娴熟的外语技能，后者则基本以使用本土语言为主。独立后，非洲各国选择极力淡化"民族"概念，宣扬外语作为"中立语"的功能，但此举却人为拉大了社会阶层间语言差距。整个社会以是否通晓外语为标准划分为两大语言群体（阶层），语言权力在阶层间呈现不均衡的分配态势。

8.1 研究发现

在非洲社会中，不同社会阶层在语言使用上存在差异，这种差异带有功利主义色彩。社会权力等级再现于语言权力等级，精英阶层的语言或方言变体得到积极评价，成为支配语言并获得象征性权力，保持已有语言权力格局并实现其代际传承是精英圈诞生的主要动机。非洲社会依据个人在言语库构成上的差异被笼统划分出精英阶层和非精英阶层：前者垄断外来语象征性权力，将外来语设置为通往权力顶峰的关卡；后者虽不具备外来语能力，却常常"误识"外来语的合法性，平衡语言权力格局的尝试反而使其陷入被支配的怪圈，难以自拔。由此可见，语言教育政策的影响力远远超出教育领域。

在非洲国家中，精通外来语是迈入高等教育、政府行政部门和高薪职业门槛的前提条件，亦是提升社会垂直流动性的必经之路，外来语由此成为在社会阶梯上缓步上升的必要保障。精英阶层可以通过其独特的语言知识维持权力地位。有精英阶层的成功经验在先，任何需要超越地区狭隘、提升社会地位和实现语言资本积累的个人或群体都无法忽视外来语在语言市场上的价值。正因为如此，语言学习通常呈"向上"趋势，任何期待进入上流社会的个人和群体都必须重视语言权力的作用机制。语言权力在一定条件下都可以转化为经济权力和政治权力，这便解释了人们为何会锲而不舍地寻求学习赋权语言的机会。作为世界上唯一一个大多数学龄儿童被剥夺母语教育机会的大洲（Djité，2008），非洲国家的教育状况令人担忧。统治精英倾向于延续殖民地时期的语言教学实践，缺少改善本土语言教育境况的政治意愿，维持现状对他们而言足矣。在统治精英忙于守护外来语象征性权力的同时，非统治阶层也陷入了追逐语言权力的慌乱中。他们将改变自身不利境遇的筹码全部压在获取外来语象征性权力上，很少过问本土语言兴衰。即便如此孤注一掷，却总是无法如愿，两大阶层在语言目标上难以调和。为了维护国家独立成果，决策者通常站在国家统一立场上权衡语言选择和语言使用，"民族"成为避之唯恐不及的社会变量。由于担心民族问题可能会导致国家四分五裂，统治精英将本土语言视为统一大业的潜在威胁，"民族中立性"因而成为建国之初确立官方语言的必备标准。前殖民语言的所谓"中立性"虽然看似缓和了族际关系，却以派生出社会阶层间语言冲突为代价。在非洲语言多样性背景下，外来语和本土语言依据区别性的赋权能力排列成等级结构，外来语成为名副其实的赋权语言。

　　南非、尼日利亚、坦桑尼亚三国在非洲大陆极具代表性：就地域范畴而言，三国分别是南部非洲、西非和东非地区最具影响力的国家，其政策取向会对周边国家产生巨大的辐射作用；就殖民历史而言，三国均是前英属殖民地，英语与本土语言之间的权力关系结构呈现出极为相似的特点。三国虽然在语言、教育状况和国家发展水平上存有差异，却仍在很大程度上展现出后殖民非洲国家的共性所在。无论是决策者、实施者还是目标群体，都未曾严肃对待本土语言教育，统治精英更是将语言教育政策用作维护特权地位、实现特权再生产的工具。在社会演进过程中，三国分别以种族隔离、民族分化、国族建构为突出特点，语言在其中扮演的角色特别值得深入探讨。基于三国语言生活特色和国内民族、种族构成复杂，各类冲突频发这一事实，对于语言冲突根源和本质的探究不能拘泥于语言现象的描述，而要从理论深度进一步探索一般意义上形成的两大阵营是如何相互牵制、互促发展的。

　　本书立足于社会冲突理论，从语言冲突视角出发，将构建而成的语言冲突理论及分析框架用以分析三个各具特色的对象国在开展语言教育过程中各参与群体的动态关系，透视语言教育政策和语言冲突间的辩证关系。

有鉴于语言冲突产生于语言权力在语言群体间的不均衡分配，如何平衡语言权力格局、赋权弱势群体成为缓解语言冲突的重中之重。当本土语言使用群体无须借助外来语彰显身份、获取个人发展机会时，语言冲突便会朝着有益方向发展。在打破统治精英垄断外来语格局无望的情况下，提升本土语言赋权能力、创建本土语言赋权策略成为关键所在。扭转非洲民众对本土语言的消极态度，对象国需要在语言规划和语言政策层面上做出调整和努力。上述因素共同构成了本土语言赋权策略，这一策略的核心实质在于语言平等，鼓励语言多样性，语言资源应被视作一种文化资源加以保护和利用。

冲突理论的核心思想是社会冲突来自对权力的争夺。在非洲国家中，往往只有少数人掌握英语、法语等外来语，由此导致社会被划分为以语言为基准的"权力拥有者"和"权力丧失者"两个阵营。在双方冲突中，一方想要保持现有权力结构，维持现状；另一方却想要颠覆现有权力结构，改变现状，双方矛盾常常不可调和。语言冲突一旦存在，需及时疏导。语言教育政策是较为常见的语言冲突疏导机制，通过重新调整、分配语言功能，可在一定程度上缓解语言冲突。然而，在社会矛盾相对突出的国家，语言教育政策不可能在政治上保持中立。原因在于教学媒介语总是与权力结构紧密相关。规定教学媒介语的相关政策既反映权力结构，又是改变权力结构的动因（Tollefson，1991）。因此，语言教育政策既可能缓解语言冲突、促进语言文化多元主义，也可能激化语言冲突、滋生语言特权。目前大多数撒哈拉以南非洲国家因为教学媒介语问题导致辍学率和文盲率居高不下，未能掌握教学媒介语就无法获得文凭证书，进而错失良好的雇佣机会，导致社会阶层间的垂直流动无法实现，形成一种代际权力失衡的恶性循环。

语言政策无法孤立于特定的社会、政治、经济、文化环境，也无法撕裂现行政策与先前政策间的关联。非洲大陆历经近百年的殖民统治，西方理念和意识形态早已渗透至社会各个层面，塑造了流传甚广、影响至深的对待外来文化和本土文化的极端态度。一方面，非洲民众极度崇尚前宗主国语言，视其为权力和地位的象征；另一方面，他们虽不愿放弃表达身份认同的民族语言，却又在本族语使用前景上看不到任何未来，"本土语言无用论"思想一时甚嚣尘上。这种模棱两可的矛盾情感中和出一种漠视心理，具体表现为对民族语言教育的冷漠态度。语言教育政策强化了外来语和本土语言间对垒，间接实现了一个阶层对另一个阶层的隐性压迫。

无论是在殖民地时期还是在后殖民时期，非洲的"语言问题"都反映出更广层面上的意识形态之争，体现出去殖民化和全球化的对立。去殖民化意味着摒弃殖民地时期的语言政策和语言实践，制定符合新时期国情和语言现实的语言政策和教育政策；努力实现本土语言全面复兴和教育机会均等，最终实现全民参与国家、社会和经济发展的目标。全球化则意味着非洲国家突破地域、摆脱故步自封的束缚、广泛参与国际事务、赢得国际舞台上的话语权，英语、法语等前殖民语言为非洲国家走向世界提供了语言保障。独立后非洲国家的语言抉择始终在这两个取向间徘徊。如何平衡去殖民化和全球化这两种意识形态，将是非洲国家在未来很长一段时间都需要思考和探索的问题。

8.2　余　　论

语言政策与规划作为一门独立学科的研究大致始于 20 世纪 60 年代，这与亚非拉殖民地轰轰烈烈的独立浪潮几乎处在同一时期。实际上，早期语言规划研究正是以帮助新兴国家解决独立后的语言问题为目标的。根据豪根（Haugen，1965）给出的定义，语言规划是"制定规范的正字法、语法和词典的活动，为处于非同质言语社区内的书面和口头交流提供指导"。学科创立之初，语言规划被细化为语言地位规划和语言本体规划，前者是为某一社会中的语言或语言变体分配或重新分配功能域，借此影响语言的地位；后者是对语言本身的规划，包括文字、语法、词汇、术语现代化、文体发展等若干方面。语言地位规划和本体规划二分法简化了语言规划过程，确定了早期语言规划研究的基本范畴。

早期研究将语言规划视作单向过程，流传广泛的实证主义观点认为面对语言问题，语言规划者可以借助科学的方法和细致的规划加以解决（Baldauf，2004）。这种研究取向一直持续到 20 世纪 90 年代。之后，一些研究者开始关注语言规划活动中的接受方，具体包括在面对语言规划产物时，接受者所表现出的行为和心理状态。哈曼（Haarmann，1990）提出应该在地位规划和本体规划之外增加声望（prestige）维度。任何一种语言规划都必须吸引正面价值，即规划活动必须具有声望，以保证获得语言规划者和预计使用这种语言的群体或个人的支持。语言声望规划是与形象（image）相关的规划活动，强调规划过程中的社会心理因素，改善语言形象、提升语言的社会声望有助于语言被目标群体所认可。根据哈曼的观点，语言本体规划和地位规划是能产性活动（productive activities），声望规划更多时候是一种接受性（receptive）功能，关注接受方如何看待语言规划行为。哈曼还认为语言规划应该在个人、群体、机构和政府四个层面开展，自下而上的规划模式首次得到正式认可和强调。语言规划是多个参与者彼此合作的过程，规划活动及其实施效果受到多重因素影响。声望规划更多时候强调的是参与模式（participatory model），尤其重视来自作为规划目标的某种语言的母语群体的支持。

根据 R. B. 卡普兰（R. B. Kaplan）和 R. B. 巴尔道夫（R. B. Baldauf）提出的语言规划目标框架，语言规划活动分为四种类型，每种规划对应多个目标，目标之间既不是彼此独立的，也不是孤立实施的，而是作为更广泛目标的一部分。具体语言规划类型和目标设置如表 8.1 所示。

表 8.1 语言规划目标框架

实现目标的途径	政策规划（语言形式）	培育规划（语言功能）
	目标	目标
1. 地位规划（关于社会）	地位标准化 ·官方化 ·国家化 ·非法化	地位规划 ·语言复兴 ·语言保持 ·语言传播
2. 本体规划（关于语言）	本体标准化（包括辅助语言） ·文字化 ·语法化 ·词汇化	本体精细化 ·词汇现代化 ·文体现代化 ·语言革新 ·国际化
3. 语言教育规划（关于学习）	政策发展 ·语言确定政策 ·教学人员政策 ·课程设置政策 ·教学教法政策 ·资金来源政策 ·社区关系政策 ·评估政策	习得规划 ·语言再习得 ·语言保持 ·外语或第二语言转用
4. 声望规划（关于形象）	语言推广 ·官方和政府 ·机构 ·利益集团 ·个人	知识化 ·科学语言 ·专业语言 ·雅文化语言 ·外交语言

（Kaplan & Baldauf, 2003）

具体而言，声望规划是指制定语言政策并鼓励使用某种特定的语言形式，在重要或有声望的情境中得以充分发挥语言的全部功能。声望规划是语言规划必不可少的一部分，不论是开展地位规划还是本体规划，相关语言或语言变体的声望都必须得以诠释。语言声望与语言地位关系密切。语言地位是指在某一特定社会环境中，一种语言相对于其他语言所处的位置；语言声望指的是生活在某个社会环境中的人如何理解并感知各语言之间的地位关系。声望反映语言地位，有成效的地位规划必须将声望规划纳入考虑之中（Ager，2005）。在语言声望规划中，语言形象深受语言态度影响。推广语言是提升语言形象的重要手段，其中环节之一即扭转语言转用（Reversing Language Shift）。依照费什曼（Fishman，2001）的观点，扭转语言转用的关键在于在某种语言 Y 和其使用者（Y-ians）存在的空间范围内，建立一个讲 X 语言的言语社区。这个言语社区存在下去的唯一条件是 X 语者将 X 语言传给自己的后代，即开展内在形象规划（internal image planning）。一种语言只有在具有声望的领域内使用，才能够被赋予一定声望，社会各界才会采用积极的态度看待这门语言的推广和使用。考虑到非洲语境中人们极端的语言态度，声望规划对于本土语言复兴和保持而言至关重要，甚至可以说是开展其他类型规划的前提条件。

语言声望与一门语言所能发挥的实际功能成正比，无法发挥对使用者而言较为重要的社会功能的语言在态度量表中的排名自然比较靠后。社会生活是分领域的，语言功能也应当是分领域的（李宇明，2008a）。非洲民众对外来语的积极态度主要源于外来语是国内和国际政治、经济、外交等享有声望的领域内的首选语言，是高等教育的唯一合法语言，在大众传媒和出版领域的使用率也远远超越本土语言。非洲国家中语言类型及功能类别划分如表 8.2[①]所示。

表 8.2　非洲国家中的语言类型和语言功能列表

语种	国家政府工作语言	地方政府工作语言	中等教育和高等教育	基础教育	大众传媒与出版	参与国家生活	文化	日常交际
外来语	+	+	+	+	+	+	-	-
通用语[②]	-	+	-	+/-	+/-	+/-	-	+
非通用语[③]	-	+/-	+/-	+/-	+/-	-	+	+

"+"表示一种语言在某个领域内的绝对运用；"+/-"表示在部分情况下使用或者有些语言可以使用，另一些语言则不常用；"-"表示几乎不使用。

---

① 本表受《语言功能规划刍议》（李宇明，2008a）一文启发，并依据实际情况对原表格加以调整。出于非洲国家语言状况和语言运用的特殊性考虑，本书选择细化原图表中的官方工作语言和教育领域，并增加了参与国家生活这一领域。

② 通用语既包括全国范围内的族际通用语（如斯瓦希里语），也包括使用人数较多但未达到族际通用程度的某个民族语言，如尼日利亚的豪萨语、约鲁巴语、富拉尼语，南非的祖鲁语、科萨语等。

③ 非通用语主要指使用人数不及族际通用语和主体民族语言的其他民族语言。本书意识到通用语和非通用语的划分略显笼统，欠缺一定的科学性和系统性，但非洲语言数量庞大，实难摸清每种语言的使用状况，况且现有文献大多采用这种笼统的分类方法，本书选择遵从惯例。

表 8.2 显示，外来语几乎垄断了所有公共领域，是国家、地方政府层面的工作语言。虽然有些国家将部分权力下放给地方政府，允许它们自主选择州或省一级行政单位的工作语言，选择结果往往呈现为外来语和一门通用语并行的双语格局，非通用语极少发挥官方语言职能。在教育领域中，即便通用语也只能止步于基础教育，现行教学实践多将本土语言局限于小学一至三年级，故使用"+/-"符号。在大众传媒和出版领域，以外来语为媒介的电视、广播、音像制品、纸质图书等产品占据超大比重，教育精英倾向于阅读外语读物。本土文化产品销路欠佳，高文盲率是导致这一局面的主要原因。参与国家生活体现在使用本族语获取信息、参与民主选举、维护自身权益。当人们由于读不懂外来语书写的投票细则而无法为心目中理想的参选者投票时，选举过程也就没有任何民主意义可言。大多数非洲国家只提供外来语版本的投票细则，民众由此被排除在国家政治生活之外，与民主无缘。在文化和日常交际等非官方领域中，本土语言占有绝对优势。语言多样性不再被视为问题，而被视为常态。然而，任何期待获得社会向上流动机会的个人都不会满足于非官方领域，他们更希望在公共领域大展拳脚。外来语是进入公共领域的通行证，其与本土语言在功能层面上存在清晰的界限。

非洲国家现有语言格局将本土语言及其使用者置于劣势，外来语垄断高声望领域。为了提升本土语言声望，语言功能必须在外来语和本土语言间重新分配，否则本土语言将永远处于发育不良状态。若在教育及国家行政领域没有得到权力支持及官方认可，本土语言难有脱胎换骨的机会，更别想与强势的民族语言或世界文化竞争（埃里克·霍布斯鲍姆，2006）。因此，非洲国家语言功能再分配势在必行，且必须分领域开展。在非公共领域，本土语言群体有责任确保本族语和文化的代际传承，本土语言应在坚守文化和日常交际两个领域的基础上继而向教育领域渗透；在公共领域，扩展本土语言的教育功能，鼓励本土文学作品的创作和出版，倾听本土作家的声音。简言之，非洲各国应在充分认可本土语言认同功能的基础上，扩展其他功能，增强其语言活力，最终提升其语言声望（Chumbow，2009）。同时，必须时刻警惕通用语排挤或吃掉非通用语的现象，不能任由"丛林法则"发挥作用。所有语言都是国家的宝贵资源，国家有义务维护每种语言及其使用者的根本权益，为各语言的使用和发展营造空间。

一门语言能够发挥何种功能是一个政治决定（Tadadjeu，1980）。当马赛克语言现实遭遇一元化语言规划导向时，非洲国家变得无所适从。即便如此，非洲国家不应完全放弃国语，最起码要有长期规划。根据具体国情确立一种"象征国语"是必要的,或者说在某些方面"象征国语"对国家发展是有积极意义的(何俊芳和周庆生,2010)。政府有责任也有义务逐步、适时、坚持不懈地培养有影响力的本地通用语,扩展其在教育领域和政府层面的功能维度,使其具备发展成为国语的可能性。通过调整语言功能进而开展语言声望规划,有望在建立语言冲突疏导机制的基础上进一步解决长期困扰非洲国家的国家通用语言问题,平衡语言群体关系,打造和谐的语言生态。

8.3 研 究 启 示

在后殖民非洲国家中,语言冲突一方是功能主义者,另一方是民族主义者,前者主张继续保留外来语作为教学媒介语,后者则主张开展本土语言教学(Mazrui,1997)。英语的特权地位一定程度上减缓了非洲本土语言发展,扼杀了非洲科技创新的萌芽,阻碍了非洲学生接触和了解世界先进科学技术知识的步伐。学校教育打压了学生对本土语言和文化的自信心,滋生了"本土语言无用论"思想。非洲国家之所以存在语言冲突,原因之一在于社会对多语共存的评价并不恒定。语言多样性是非洲社会的普遍特征,通晓两种及两种以上本土语言的人并不少见。无论在家庭生活中还是在言语社区内部,非洲人都尽情享受着多语能力带来的便利。然而,在行政领域和教育领域,出于沟通效率和运行效率考虑,多种语言并存成为严重的社会问题。除此之外,本土语言数量多,使用人数少,语言投资意味着短期内难以实现收支平衡。所以,外来语和本土语言在非洲语境中难以实现平衡发展,语言天平始终倒向一边。

在非洲国家中,语言平等主义(linguistic egalitarianism)应被重视。任何一种语言都应被视作可以有效利用的资源,语言政策需要尊重、支持并鼓励所有语言和谐共处。通常情况下,公共政策的顺利实施需要满足如下基本条件,包括交流便利、资源充足、政策实施者的积极意向或积极态度以及与政策实施相配套的国家行政机构,任缺其一都难以实现预期目标(Makinde,2005)。其中政策实施者的意向和态度是不折不扣的主观因素,政策实施成功与否很大程度上依赖于实施者如何看待相关政策及政策的指向对象。

后殖民国家作为一个整体,在语言选择和语言政策制定方面存在很大共通性,语言教育政策成为统治精英维持特权地位、实现特权再生产的工具。语言政策本应发挥其协调语言群体关系、维持语言多样性的积极作用,却无奈精英阶层缺乏政治意愿、非精英阶层缺乏积极态度，由此塑造了外来语和本土语言间的失衡态势。一个国家的统一与稳定与该国实行单语制之间并不存在必然联系。以印度为例，印度境内大约有 1600 种语言，但在政治上却比布隆迪、索马里和卢旺达等语言状况相对简单的非洲国家更为稳定，可见单语格局并非确保国家长治久安的万能钥匙（Tibategeza & du Plessis，2010）。在民族、语言构成复杂的国家，常常出现人为抬高或贬低某一语言的现象。地位被抬高的语言成为获得良好受教育机会、就业机会和升迁机会的保证；地位被降低的语言常常被边缘化。在一些情况下，语言地位完全依照人的意愿为转移，这样的语言管理路径难免会产生严重的社会问题。印度政府曾计划 15 年内让印地语取代英语成为印度唯一官方语言，这一人为提升印地语地位的做法违背了语言现实，因为当时只有不足 40%印度人会讲印地语。这一计划遭到了非印地语母语者的强烈反对，他们将强制推行印地语的做法称为"印地语殖民主义"。当然，并非所有多民族、多语言国家都会经历如此激进的语言发展路径。

后殖民国家的语言冲突中包含外来语、主体民族语言、少数民族语言等客体及具有行为能力和思维能力的各语言群体等行为主体，加之过往的殖民历史和现今的经济社会环境和发展困境，语言问题已不再是简单的议题。如何协调主体间与客体间关系成为必须回答的问题。针对相关问题，以下三点认识值得审慎思考。

（1）注重外来语的实用价值和强调本土语言的情感价值之间并无矛盾。语言价值是指语言能给其使用者所带来的眼前的或未来的、显性的或隐性的、有形的或无形的利益之总和。斯鲍斯基（Spolsky，2004）把语言的价值分为实用价值（pragmatic value）、潜在价值（potential value）和象征价值（symbolic value）。井上史雄（2010）主张把语言的价值分为理性价值（rational value）或市场价值（market value）和情感价值（emotional value）。

一种语言的实用价值包含在语言的经济价值中。语言的经济价值是指语言的使用价值、商品价值、交际价值、实用价值、理性价值或市场价值，也就是说，它能给语言使用者直接或间接带来实用或经济方面的好处（张治国，2019）。语言的经济价值体现在语言的使用人数和使用范围上。语言的使用者越多，说明该语言使用价值越大，其经济价值也就越高；语言的使用范围越广，说明该语言越强，其经济价值也就越高。作为殖民遗产的英语，其所具有的实用价值，是后殖民非洲国家无论如何都不愿轻易放弃也不应放弃的，英语的工具职能能够带给后殖民非洲国家参与国际交流和国际合作的机会。另外，全球劳动力市场发展已趋于成熟，英语是一种用于获取知识、社会交际与改善生活的工具。单纯地为了保护或复兴某种语言而影响某个语言群体正常社会流动的做法，显然是不可取的。

语言的情感价值是指那些能够满足语言使用者身份需求或情感需求的价值，主要是基于语言为"身份认同"的语言观。语言可以代表一种身份，抒发一份情感，表现一种态度，展现一种精神，因此语言的情感价值无法以客观标准来衡量。大多数人都对母语怀有一份珍贵情感，具有不可替代的心理价值。非洲各国的本土语言是语言群体的情感依托，是他们赖以生存的精神家园。不过，也有些人因为自己母语的弱小而不便使用或羞于使用，特别是在其他语言实用价值的驱使下，他们转用其他语言，其母语的情感价值便会大打折扣。由此可见，语言的情感价值最终会折射到语言使用者身上，他们的语言态度很大程度上影响某种语言的情感价值。

每种语言都是一种特殊的语言样品。语言是文化的资源，语言及其文字是文化的重要组成部分，也是记录文化最为重要的载体。毫无疑问，"语言作为问题"的导向向"语言作为资源"（language-as-a-resource）的导向转变是符合历史规律的。语言资源观是平衡语言关系、拯救并发展本土语言的关键。对于非洲的语言群体和语言环境而言，本土语言和外来语都是不可多得的语言资源。英语、法语、葡萄牙语等外来语的实用价值早已无须过多强调，民众需要相信本土语言作为一种资源不仅能够为他们带来切实利益，还能够促进非洲的整体进步和发展。与此同时，外来语不应再被塑造为阶层区隔标志和耻辱标记，而应该被中立化为与世界沟通的有利资源并为所有人共享，民众才有可能会平心静气地看待外来语和本土语言之间的势差。

非洲各国作为一个整体，非洲一体化意味着加强各国在政治、经济、文化、教育等领域的合作，摆脱对西方的依附，促进非洲各国科技、知识创新。这一切需要以交流无障碍、打破文化壁垒、建立统一的非洲文化为基础，本土语言在这一过程中的作用举足轻重。与此同时，非洲各国的语言文化差异阻碍了非洲认同感的形成。建立在语言分区基础之上的文化壁垒阻碍了非洲统一文化的形成。为了实现并保持语言天平的平衡，为了使非洲人民在文化上和精神上重获自尊、自信，为本民族传统文化和语言而自豪，需要激发民众对非洲语言、传统和文化最起码的忠诚，并时刻牢记非洲语言承载着非洲精神，为非洲崛起提供动力支持。

（2）保护各民族语言和确立族际共通语之间并无矛盾。语言是一种资源，有助于促进社会经济发展、民主建设和消除贫穷与饥饿。语言可以同自然资源一样被利用和开发，以满足国家整体利益。语言规划与经济规划同等重要，作为国家发展规划的一部分，语言规划可以与经济规划一起实现发展目标。多民族国家中的所有民族语言，不论其使用人数多少，都应被视为可以有效开发利用以实现国家整体利益的资源。充分、合理利用语言资源同样能够创造无尽的物质财富与精神财富。因此，每个国家都有义务尊重、支持并鼓励所有语言和谐共处，培养民众的语言资源意识。现代社会中，族际共通语是保障国家政治、经济事务有效运作的最重要的交际媒介。正是从这个意义上看，族际共通语是一个提供发展机会的实用工具，而非建立或维系社会不平等的手段（王浩宇，2019）。为了促进少数民族个体社会流动和推动少数民族群体全面发展，族际共通语的重要性不言而喻。

对于现代大多数多民族国家而言，国家语言格局的形成是一个自然而然的过程。族际共通语是伴随着某种语言的使用者在经济、文化和社会领域影响力的增强而不断发展的。族际共通语既是国家身份的标志，也是各民族交往的最重要工具，能够为使用者带来很多重要信息或经济利益，为不同民族在彼此关联的世界中创造了共同的交际空间，对语言使用者本身和整个社会都有益处。必须指出的是，族际共通语绝不是专属于哪个民族的语言，学习与使用族际共通语也并不等同于少数民族语言将会走向消亡。

非洲大陆的语言状况可能是世界上最复杂和多样的。据联合国教科文组织统计，非洲大陆语言数量约为 1500～2000 种，约占全球总语言数的30%。[①]数以千万计的非洲人能够讲阿拉伯语、索马里语、柏柏尔语、阿姆哈拉语、奥罗莫语、斯瓦希里语、豪萨语、富拉尼语和约鲁巴语。[②]考虑到非洲本土语言与外来语以及各种洋泾浜语和克里奥尔语共存并相互竞争，社会多语现象和个体多语能力[③]是大多数非洲国家日常生活的显著特征，似乎在今后很长一段时间内仍将是一种常态（Vilhanova，2018）。因此，为了加强非洲各国在政治、经济、军事、文化、教育等领域的合作，提升非洲大陆整体资源利用率，培养族际共通语或地区通用语成为促进非洲大陆融合与发展，国家间互敬、互谅、和平稳定的重要因素。

在后殖民时代，非洲各国的社会发展目标与殖民地时期遗留下来的经济、政治、文化层面的裂隙依然存在。西方主导的新自由主义带来的社会、经济变迁以及日益复杂的公平问题，激化了原有社会矛盾，语言教育、民族认同、文化变迁与社会平等成为非洲各国发展进程中的重要主题。当非

---

① 参见 cudoo 网：https://cudoo.com/blog/most-spoken-languages-in-africa/.
② 参见 Linkedin 网：https://www.linkedin.com/pulse/african-languages-detailed-look-africa-ofer-tirosh.
③ 大约 90%的非洲人会讲一种或两种非洲通用语。

洲民众意识到本土语言多样性具有无限潜能，尤其是族际共通语能够提升社会流动性、改善社会经济生活、帮助个人全面参与国家发展时，他们才不会孤注一掷地追求西方语言，抛弃本土语言。与此同时，各国政府需要通过"自上而下"的官方语言政策，强化族际共通语促进民族融合的积极作用。当然，一个国家所声明的语言政策与现实社会的语言生态之间往往是有区别的。明确语言在不同语域的使用功能和使用层级，形成语言社会功能的良性互补才是语言政策的合理目标。语言政策只有基于整个社会的历史条件和现实情况，从语言国情出发，最大限度地反映社会变迁，才能切实起到促进各民族交往、交流、交融的作用。

（3）最大化语言政策的积极功能，竭力规避其消极作用。虽然语言政策与规划学科创立的初衷是为了帮助摆脱殖民统治、获得民族独立的亚非拉国家解决语言问题，以协调族群关系为出发点，但具体政策在制定和执行过程中却催生了新的语言问题。具体而言，在拥有一种以上较大语言的国家中，一种语言通常比其他语言占优势。优势的第一个重要标志是语言使用者数量上占优势；第二个标志是，以其他语言为母语的当地人学习某种优势语言的广度；第三个标志是，某种语言服务于明显的国家目的，诸如出版法律法规的官方文本、公立学校的教学媒介语、国际交往中的外交语言等。如果这三个标志不尽一致，一般说来似乎都存在着有关语言问题的社会紧张局势。当然，这种不一致与不和谐可以通过语言政策进行协调和修复。与此同时，语言政策若规定在某一特定领域，某一语言在使用方面发生转变，相关规定内容也有可能成为语言冲突的必要因素，表现为社会双语现象的性质从无竞争和无冲突转变为有竞争和有冲突；社会流动受到优势语言群体的阻碍等。

不难看出，语言政策在一定程度上具有"双面性"特征，虽然大多以政治文本的形式存在，却永远不应被视作一种孤立存在。语言政策往往基于一系列假设和可能的结果，在各相关利益群体相互妥协之下制定而成，从一定程度上反映了政策制定之时迫切的政治需要。任何一个国家的权力机关都应该意识到这一点，并在审议、制定和执行相关政策时，充分考虑如何最大限度发挥语言政策维护各方利益、促进有效交流、实现国家融合的积极功能，最小化其引发族群对立和仇恨、阻碍社会流动的消极作用。语言政策能够和谐语言生活、解决语言争端、保护语言生态。

非洲场景中的语言政策应该包含如下内容：妥善处理外来语和本土语言间关系以及各民族语言间关系，重视并加强母语教育；保护本土语言，实现外来语的中立化和去精英化；努力实现本土语言的规范化、标准化、现代化，力争为尽可能多的本土语言创建书写系统，增强语言功能和语言活力。各国政府应为民众提供自由使用本土语言的空间和实践机会，完善本土语言服务，避免任何人由于使用某种语言而遭到歧视，将通晓本土语言作为获取某些职位、接受高等教育的必备条件，为语言专业的学生提供资金和学术援助，借此激发民众在更广范围内和更大程度上使用和发展本土语言。

一种语言如实记载了一个民族或一个群体的衍变历史，作为一种社会存在，其保存、传播、传承对人类作为一个整体的可持续发展至关重要。保存和保护濒危语言是保护文化多样性的重要内容，也是构建人类命运共同体的重要一环。正视语言矛盾、保护语言资源、减缓语言冲突、避免语言战争、构建和谐的语言生活是全球治理的重要任务。正确处理语言文字问题、推广国家通用语言文字、推行适宜的语言教育政策是关乎国家稳定和民族团结的大事。世界各国应从自身实际出发，借鉴他国实践经验、吸取实践教训，为进一步解决保护各国境内的语言资源、平衡语言格局、和谐语言生活等问题找寻良策。

参 考 文 献

埃里克·霍布斯鲍姆. 2006. 民族与民族主义. 李金梅译. 上海: 上海人民出版社.

艾布拉姆·德·斯旺. 2008. 世界上的语言——全球语言系统. 乔修峰译. 广州: 花城出版社.

薄守生. 2008. 论语言政治. 山西师大学报(社会科学版), 35(6): 128-131.

陈庆安, 王剑波. 2009. 论种族隔离罪. 西南民族大学学报(人文社会科学版), (1): 160-163.

陈涛. 2019. 韦伯眼中的经济与现代政治. 读书, (6): 78-87.

陈章太. 2005. 语言规划研究. 北京: 商务印书馆.

陈治国. 2011. 布尔迪厄文化资本理论研究. 博士学位论文. 北京: 首都师范大学.

戴桂斌. 2005. 科塞社会冲突论的历史地位. 襄樊学院学报, 26(6): 46-49.

戴维·斯沃茨. 2012. 文化与权力: 布尔迪厄的社会学. 陶东风译. 上海: 上海译文出版社.

杜韡, 王辉. 2012. 南非语言政策综述. 牡丹江大学学报, 21(12): 57-60.

范俊军, 肖自辉. 2008. 语言资源论纲. 语言学研究, (4): 128-132.

风笑天. 2001. 社会学研究方法. 北京: 中国人民大学出版社.

弗里茨·林格. 2011. 韦伯学术思想评传. 马乐东译. 北京: 北京大学出版社.

葛公尚. 1991. 初析坦桑尼亚的民族过程一体化. 民族研究, (2): 45-51.

葛公尚. 2003. 国语的选择与推广: 坦桑尼亚语言政策研究//中国社会科学院民族研究所"少数民族语言政策比较研究"课题组、国家语言文字工作委员会政策法规办编. 国家、民族与语言——语言政策国别研究. 北京: 语文出版社: 40-47.

公钦正, 薛欣欣. 2019. 南非后种族隔离时期高等教育招生政策变革及其启示. 重庆高教研究, 8(1): 1-13.

何俊芳, 周庆生. 2010. 语言冲突研究. 北京: 中央民族大学出版社.

贺晓星. 2006. 马克斯·韦伯与教育社会学研究. 广州大学学报(社会科学版), 5(5): 20-23.

黄行. 2002. 我国的语言和语言群体. 民族研究, (1): 59-64.

黄骏. 2001. 多元文化教育理念与中国的民族高等教育. 黑龙江高教研究, (6): 28-31.

黄少安, 苏剑, 张卫国. 2012. 语言产业的涵义与我国语言产业发展战略. 经济纵横, (5): 24-28.

黄志敏. 2001. 联合国及诸区域法律文件中的语言条款选摘//中国社会科学院民族研究所"少数民族语言政策比较研究"课题组、国家语言文字工作委员会政策法规室编. 国外语言政策与语言规划进程. 北京: 语文出版社: 238-257.

霍韩琦. 2013. 科塞与功能冲突论. 山西师大学报(社会科学版), 40(S2): 3-5.

蒋俊. 2012. 试论尼日利亚的少数民族问题及民族政策. 非洲研究, 3(1): 237-248.

金娜. 2008. 科塞社会"安全阀"思想的探究. 硕士学位论文. 长春: 东北师范大学.

井上史雄. 2010. 日语的价格. 李斗石译. 延吉: 延边大学出版社.

拉尔夫·达仁道夫. 2000. 现代社会冲突: 自由政治随感. 林荣远译. 北京: 中国社会科学出版社.

李安山. 1998. 论"去殖民化": 一个概念的缘起与演变. 世界历史, (4): 2-13.

李丹. 2017. 本土化视野下的坦桑尼亚教学媒介语问题. 西亚非洲, (3): 123-141.

李全生. 2003. 布尔迪厄的文化资本理论. 青岛大学学报, (1): 8-12.

李文刚. 2008. 试析尼日利亚国家民族建构中的语言问题. 西亚非洲, (6): 58-63.

李旭. 2006. 南非高等语言教育政策管窥. 西亚非洲, (2): 62-66.

李宇明. 2008a. 语言功能规划刍议. 语言文字应用, (1): 2-8.

李宇明. 2008b. 语言资源观及中国语言普查. 郑州大学学报(哲学社会科学版), 41(1): 5-7.

李政涛. 1997. 韦伯视野中的中国古代教育. 北京教育学院学报, (1): 27-31.

理查德·斯威德伯格. 2007. 马克斯·韦伯与经济社会学思想. 何蓉译. 北京: 商务印书馆.

梁砾文, 王雪梅. 2018. 民族融合视域下的南非语言教育政策研究——以《学后教育白皮书》为例. 民族教育研究, 29 (4): 140-144.

刘海方. 1999. 论阿非利卡民族的形成与南非种族主义的关系. 西亚非洲, (6): 47-53.

刘海涛. 2006. 语言规划和语言政策——从定义变迁看学科发展//陈章太等编. 语言规划的理论和实践. 北京: 语文出版社: 55-60.

刘鸿武. 1997. 黑非洲文化研究. 上海: 上海师范大学出版社.

刘兰. 2003. 南非种族隔离制与阿非利卡人政治经济优势地位的确立. 世界历史, (5): 36-43.

刘少杰. 2006. 国外社会学理论. 北京: 高等教育出版社.

刘旺洪, 徐梓文. 2017. 合法性理论及其意义——韦伯与哈贝马斯的比较. 世界经济与政治论坛, (6): 152-164.

刘晓绪, 陈欣. 2015. 南非高等教育改革中的平权行动政策分析. 外国教育研究, 42 (3): 62-74.

刘易斯·科塞. 1999. 社会冲突的功能. 孙立平等译. 北京: 华夏出版社.

鲁思·华莱士, 艾莉森·沃尔夫. 2008. 当代社会学理论: 对古典理论的扩展. 刘少杰等译. 北京: 中国人民大学出版社.

陆庭恩. 1992. 关于非洲去殖民化的几个问题. 铁道师范学院(社会科学版), (3): 1-7.

路易斯·科塞. 1991. 社会冲突的功能. 孙立平等译. 台北: 桂冠图书公司.

罗建波. 2007. 泛非主义与非洲一体化. 哈尔滨市委党校学报, (4): 76-81.

马和鸣. 1988. 西方"新韦伯主义"教育观概述. 国外社会科学, (3): 67-70.

马克斯·韦伯. 2020. 经济与社会(共三卷). 阎克文译. 上海: 上海人民出版社.

马莫·穆契. 2001. 泛非一体化: 非洲自由繁荣之路. 潘华琼译. 西亚非洲, (2): 48-55.

马秀杰. 2019. 南非语言政策及其对民族融合的影响. 语言政策与规划研究, (1): 17-24.

马正义, 谭融. 2016. 论国际制裁与南非政治转型. 世界民族, (5): 21-26.

牛长松. 2011. 非洲教育研究综述. 西亚非洲, (5): 47-51.

潘兴明. 2004. 试析去殖民化理论. 史学理论研究, (3): 108-114.

彭志红. 2000. 语言的发展与政治. 河南大学学报(社会科学版), 40(3): 94-96.

皮埃尔·布尔迪厄, J. C. 帕斯隆. 2021. 再生产: 一种教育系统理论的要点. 邢克超译.

北京: 商务印书馆.

皮埃尔·布尔迪厄. 2005. 言语意味着什么——语言交换的经济. 褚思真, 刘晖译. 北京: 商务印书馆.

乔纳森·H·特纳. 1987. 社会学理论的结构. 吴曲辉等译. 杭州: 浙江人民出版社.

瞿霭堂. 1990. 民族与语言. 民族语言, (1): 36-37.

阮西湖. 1988. 南非的种族、民族、阶级和班图斯坦计划. 国际社会科学杂志(中文版), (1): 93-104.

尚宇晨. 2018. 种族隔离制度下南非白人政府的黑人城市化政策 (1920—1960). 世界历史, (1): 79-95.

沈婷. 2008. 两次世界大战期间英属热带非洲适应性教育政策. 硕士学位论文. 上海: 华东师范大学.

宋林飞. 1997. 西方社会学理论. 南京: 南京大学出版社.

苏金智. 2018. 从语言立法宗旨和功能看中国语言立法. 语言文字应用, (3): 31-40.

孙晓萌. 2009. 围绕尼日利亚国语问题的政治博弈. 国际论坛, 11(5): 68-72.

孙晓萌. 2014. 语言与权力——殖民时期豪萨语在北尼日利亚的运用. 北京: 社会科学文献出版社.

王昊午. 2017. 开普敦的有色人 "镇区" 及其底边状态. 西南民族大学学报(人文社会科学版), 38 (11): 15-20.

王浩宇. 2019. 民族交融视域下的语言使用与身份认同. 中南民族大学学报(人文社会科学版), 39(4): 16-22.

王辉, 杜韡. 2019. 南非的多语政策. 语言文字周报, (002).

王亚蓝, 杨涛. 2014. 语言规划目标视域下的南非语言政策研究. 长沙大学学报, 28(3): 84-86.

王彦斌. 1996. 科塞与达伦多夫的冲突论社会学思想比较研究. 思想战线, (2): 1-7.

魏媛媛. 2013. 本土与殖民的冲突与共生: 1498-1964 年斯瓦希里文化在坦桑尼亚的发展. 博士学位论文. 北京: 北京外国语大学.

魏媛媛. 2019. 坦桑尼亚语言教育政策的历史演变. 语言政策与规划研究, (2): 72-79, 98.

沃尔夫, 郑欣龙. 1983. 达伦多夫及其冲突论. 现代外国哲学社会科学文摘, (11): 55-56.

谢立中. 2008. 西方社会学经典读本(上下册). 北京: 北京大学出版社.

熊俪嘉, 宋鹭. 2012. 对西方现代教育制度的社会学批判——读《文凭社会——教育与阶层化的历史社会学》. 中国人民大学教育学刊, (1): 170-180.

徐大明. 2008. 语言资源管理规划及语言资源议题. 郑州大学学报(哲学社会科学版), 41(1): 12-15.

徐丽华, 杨西彬, 潘建建. 2019. 坦桑尼亚语言政策的不足及启示. 辽宁师范大学学报(社会科学版), (6): 9-15.

徐瑞, 郭兴举. 2011. 文化资本理论视阈中的教育公平研究——皮埃尔·布迪厄的教育社会学思想撷拾. 教育学报, (2): 15-20.

杨立华. 2015. 南非的民主转型与国家治理. 西亚非洲, (4): 133-160.

杨西彬, 徐丽华. 2020. 坦桑尼亚语言政策施政影响研究. 浙江师范大学学报(社会科学版), 45(3): 72-80.

叶克林, 蒋影明. 1998. 现代社会冲突论: 从米尔斯到达伦多夫和科瑟尔——三论美国发展社会学的主要理论流派. 江苏社会科学, (2): 174-180.

伊竹. 2018. 马克思与达伦多夫的社会冲突思想比较. 中共山西省委党校学报, 41(5): 16-19.

尹新瑞, 王美华. 2018. 科塞社会冲突理论及对我国社会治理的启示——基于《社会冲突的功能》的分析. 理论月刊, (9): 170-176.

于春洋. 2017. 族性视野中多民族国家族际政治问题比较研究——基于尼日利亚与印度尼西亚民族国家建构的经验观察. 国际安全研究, 35(3): 19-35.

于海. 2010. 西方社会学思想史. 上海: 复旦大学出版社.

苑国华. 2010. 达伦多夫的社会冲突思想评析. 四川行政学院学报, (6): 51-54.

苑国华. 2011. 达伦多夫的社会冲突思想及其当代启示. 中南大学学报(社会科学版), 17(2): 72-76.

张宝增. 2003. 从官方双语制到官方多语制: 南非语言政策与语言规划研究//载中国社会科学院民族研究所"少数民族语言政策比较研究"课题组、国家语言文字工作委员会政策法规办编. 国家、民族与语言——语言政策国别研究. 北京: 语文出版社: 196-224.

张凤娟. 2016. 解读马克思与达伦多夫的社会冲突理论. 法制与社会, (27): 1-2.

张其学. 2004. 非殖民化中的文化抵抗与民族主义——对赛义德非殖民化思想的一种分析. 学术研究, (6): 67-60.

张荣建. 2017. 尼日利亚语言政策的多因分析. 重庆师范大学学报(哲学社会科学版), (1): 100-104.

张顺洪, 孟庆龙. 2007. 英美新殖民主义(第2版). 北京: 社会科学文献出版社.

张顺洪. 2003. 战后英国关于殖民地公职人员的政策(1945—1965). 历史研究, (6): 134-143.

张永红, 刘德一. 2005. 试论族群认同和国族认同. 中南民族大学学报(人文社会科学版), 25(2): 5-9.

张友国. 2010. 族际整合中的语言政治. 政治学研究, (4): 102-110.

张治国. 2019. 语言价值、语言选择和语言政策. 云南师范大学学报(哲学社会科学版), 51(5): 48-56.

张忠民. 1992. 泛非主义的产生及其对非洲的影响. 徐州师范学院学报(哲学社会科学版), (3): 109-112.

周平. 2010. 民族国家与国族建设. 政治学研究, (3): 85-96.

周庆生. 2005. 国外语言规划理论流派和思想. 世界民族, (4): 53-63.

周庆生. 2010. 语言规划发展及微观语言规划. 北华大学学报(社会科学版), 11(6): 20-27.

朱玲琳. 2013. 从阶级冲突到社会冲突——马克思与达伦多夫的冲突理论比较. 兰州学刊, (8): 19-23.

朱志勇. 1997. 教育社会学的功能论和冲突论——兼论两种理论对我国教育现状的解释. 上海教育科研, (6): 6-9.

庄晨燕. 2013. 南非民族和解的经验与挑战. 世界民族, (6): 13-23.

Abdulaziz, M. A. 1971. Tanzania's national language policy and the rise of Swahili political culture. In W. H. Whitely & D. Forde (Eds.), *Language Use and Social Change: Problems of Multilingualism with Special Reference to Eastern Africa* (pp. 150-171). London: Oxford University Press.

Abdulaziz-Mkilifi, M. H. 1972. Triglossia and Swahili-English bilingualism in Tanzania.

Language in Society, 1 (2): 197-213.

Adamu, H. al-Rashid. 1973. *The North and Nigerian Unity: Some Reflections on the Political, Social and Educational Problems of Northern Nigeria.* Zaria: Gaskiya Corp.

Adegbija, E. 1989. The implications of the language of instruction for nationhood: An illustration with Nigeria. *I. T. L. International Journal of Applied Linguistics,* (85-86): 25-50.

Adegbija, E. 1994a. *Language Attitudes in Sub-Saharan Africa: A Sociolinguistic Overview.* Clevedon, Avon: Multilingual Matters.

Adegbija, E. 1994b. The context of language planning in Africa: An Illustration with Nigeria. In M. Pütz (Ed.), *Language Contact and Language Conflict* (pp. 139-163). Philadelphia: John Benjamins Publishing Company.

Adegbija, E. 2004. Language policy and planning in Nigeria. In R. B. Baldauf, Jr. & R. B. Kaplan (Eds.), *Language Planning and Language Policy, Vol. 2: Algeria, Côte d'Ivoire, Nigeria and Tunisia* (pp. 190-255). Clevedon: Cromwell Press Ltd.

Adegbite, W. 2003. Enlightenment and attitudes of the Nigerian elite on the roles of languages in Nigeria. *Language, Culture and Curriculum,* 16 (2): 185-196.

Adegbite, W. 2011. Languages and the challenges of education in Nigeria. *Journal of the Nigeria English Studies Association,* 14 (1): 11-29.

Adegoju, A. 2008a. Empowering African languages: Rethinking the strategies. *Journal of Pan African Studies,* 2 (3): 14-32.

Adegoju, A. 2008b. On the revitalization of Nigeria's local languages. (Paper presented at the E-proceedings of the International Online Language Conference). New York, NY.

Adekunle, M. A. 1976. National language policy and planning: The Nigerian situation. *West African Journal of Modern Languages,* 1 (1): 23-29.

Adeniran, A. 1979. Personalities and policies in the establishment of English in Northern Nigeria (1900-1943). *International Journal of the Sociology of Language,* 9(2): 105-126.

Adeniran, A. 2005. Between Samuel Johnson and Noah Webster: Some of the issues on the agenda of a lexicographer of Nigerian English. *Journal of the Nigeria English Studies Association,* 11 (1): 1-10.

Adeniran, A. 2019. Towards language planning for poverty alleviation. In O. Ndimele (Ed.), *In the Linguistic Paradise: A Festschrift for E. Nolue Emenanjo*(pp. 145-153). Port Harcourt: M & J Grand Orbit Communications Ltd.

Afolayan, A. 1984. The English language in Nigerian education as an agent of proper multilingual and multicultural development. *Journal of Multilingual and Multicultural Development,* 5 (1): 1-22.

Ager, D. E. 2005. Prestige and image planning. In E. Hinkel & R. B. Baldauf. Jr. (Eds.), *Handbook of Research in Second Language Teaching and Learning* (pp. 1059-1078). New York: Routledge.

Ajulo, S. B. 1995. The Nigerian language policy in constitutional and administrative perspectives: Theory and practice. *Journal of Asian and African Studies,* 30 (3-4): 162-180.

Akinnaso, F. N. 1989. One nation, four hundred languages: Unity and diversiy in Nigeria's language policy. *Language Problems and Language Planning,* 13(2): 133-146.

Akinnaso, F. N. 1991. On the mother tongue education in Nigeria. *Education Review,* 43 (1): 89-106.

Akinnaso, F. N. 1993. Policy and experiment in mother tongue literacy in Nigeria. *International Review of Education,* 39 (4): 255-285.

Albaugh, E. A. 2007. Language choice in education: A politics of persuasion. *The Journal of Modern African Studeis,* 45 (1): 1-32.

Alexander, N. 1989. Language policy and national unity in South Africa/Azania. www. marxists. org/archive/alexander/language-policy-and-national-unity. pdf [2014-03-05].

Alexander, N. 1999a. English unassailable but unattainable: The dilemma of language policy in South African education (Paper presented at 14th ELET Annual Conference for Teachers of English). The University of Natal, Durban.

Alexander, N. 1999b. An African renaissance without African languages. *Social Dynamics (Special Issue: Language and Development in Africa),* 25 (1): 1-12.

Alexander, N. 2001. Language policy, symbolic power and the democratic responsibility of the post-apartheid university (Paper presented at D. C. S. Oosthuizen Memorial Lecture). Rhodes University, SA.

Alexander, N. 2003a. The African renaissance and the use of African languages in tertiary education (Paper presented at PRAESA, Occasional papers No. 13). Karen Press Printing, SA.

Alexander, N. 2003b. Language educational policy, national and sub-national identities in South Africa. http://citeseerx.ist.psu.edu/viewdoc/download?doi=10.1.1.476.2445&rep= rep1&type=pdf [2021-12-03].

Alexander, N. 2003c. The African renaissance, African languages and African education with special reference to South Africa. In H. E. Wolff (Ed.), *Tied Tongues. The African Renaissance As A Challenge for Language Planning* (pp. 21-37). Münster: LITVerlag.

Alidou, H. & Jung, I. 2002. Education language policies in Francophone Africa: What have we learned from field experience? In S. J. E. Baker (Ed.), *Language Policy: Lessons from Global Models* (pp. 61-73). Monterey: Monterey Institute of International Studies.

Allan, K. 1978. Nation, tribalism and national language: Nigeria's case. *Cahiers d'Etudes Africaines,* 18 (71): 397-415.

Anchimbe, E. A. 1999. *Language Policy and Identity Construction: The Dynamics of Cameroon's Multilingualism.* Amsterdam: John Benjamins Publishing Company.

Anderson, B. 1983. *Imagined Community: Reflections on the Origins and Spread of Nationalism.* London: Verso.

Attah, M. O. 1987. The national language problem in Nigeria. *Canadian Journal of African Studies,* 21 (3): 393-401.

Awobuluyi, O. 1998. Language education in Nigeria: Theory, policy and practice. http:// fafunwafoundation.tripod.com/fafunwafoundation/id8.html [2014-04-05].

Ayafor, I. M. 2005. Official Bilingualism in Cameroon: Instrumental or Integrative Policy? https://www.lingref.com/isb/4/009ISB4.PDF [2021-12-03].

Babaci-Wilhite, Z. 2013. Local languages of instruction as a right in education for sustainable development in Africa. *Sustainability,* 5(5): 1994-2017.

Baker, C. 1992. *Attitudes and Language.* Clevedon, Avon: Multilingual Matters.

Baker, C. 2006. *Foundations of Bilingual Education and Bilingualism* (4th edition). Buffalo: Multilingual Matters Ltd.

Baldauf, R. B. Jr. 2004. Issues of prestige and image in language-in-education planning in Australia. *Current Issues in Language Planning,* 5(4): 376-389.

Balfour, R. 2010. Mind the gaps: Higher education language policies, the national curriculum and language research. *Language Learning Journal,* 38(3): 293-305.

Bamgbose, A. 1983. Education in indigenous languages: The west African model of language education. *Journal of Negro Education,* 52 (1): 57-64.

Bamgbose, A. 1991. *Language and the Nation: The Language Question in Sub-Saharan Africa.* Edinburgh: Edinburgh University Press.

Bamgbose, A. 1992. Speaking in Tongues: Implications of Multilingualism for Language Policy in Nigeria. https://www.uni-giessen.de/faculties/f05/engl/ling/confs/spcl/index_html/ docs/Ihu_Ndi [2021-12-03].

Bamgbose, A. 1998. Language as a resource: An African perspective. http://citeseerx.ist.psu. edu/viewdoc/download?doi=10.1.1.462.8367&rep=rep1&type=pdf [2021-12-03].

Bamgbose, A. 2000. *Language and Exclusion: The Consequences of Language Policies in Africa.* London: Transaction Publishers.

Bamgbose, A. 2001. Language policy in Nigeria: Challenges, opportunities and constraints (Paper presented at the Nigerian Millennium Sociolinguistic Conference). University of Lagos, Nigeria.

Bamgbose, A. 2004. Language of instruction policy and practice in Africa. https://www. researchgate.net/publication/265148497_Language_of_Instruction_Policy_and_Practice _in_Africa [2021-12-03].

Bamgbose, A. 2005. Relationship between English and African languages (Paper presented at the Consultative Meeting on Partnership Between African and Other Languages in Africa). Lagos, Nigeria.

Bamgbose, A. 2011. African languages today: The challenges of and prospects for empowerment under globalization. In E. G. Bokamba, R. K. Shosted & B. T. Ayalew (Eds.), *Selected Proceedings of the 40th Annual Conference on African Linguistics* (pp. 1-14). Somerville, MA: Cascadilla Proceedings Project.

Bamgbose, A. 2019. Language as a factor in participation and exclusion. In O. Ndimele (Ed.), *Four Decades in the Study of Nigerian Languages and Linguistics* (pp. 75-91). Port Harcourt: M & J Grand Orbit Communications Ltd. .

Banjo, A. 1995. On language use and modernity in Nigeria. In K. Owolabi (Ed.), *Language in Nigeria: Essays in Honor of Ayo Bamgbose* (pp. 177-188). Ibadan: Group Publishers.

Barkhuizen, G. P. & Gough, D. 1996. Language curriculum development in South Africa: What place for English? *TESOL Quarterly,* 30 (3): 453-471.

Bartos, O. J. & Wehr, P. 2002. *Using Conflict Theory.* Cambridge: Cambridge University Press.

Bekker, I. 2005. Language attitudes and ethnolinguistic identity in South Africa: A critical review. In E. B. J. Cohen et al. (Eds.), *Proceedings of the 4th International Symposium on Bilingualism* (pp. 235-239). Somerville, MA: Cscadilla Press .

Benson, C. 2006. Bilingual programs as education development: Access, quality, empowerment and equity. In A. Weideman & B. Smieja (Eds.), *Empowerment through Language and Education: Cases and Case Studies from North America, Europe, Africa and Japan* (pp. 3-20). Frankfurt am Main: PETER LANG.

bin Kassim, M. 1991. National language policy: The Tanzanian experience. http://apjee. usm.my/JPP_11_1991/Jilid%2011%20Artikel%2006.pdf . [2014-09-26] .

Biswalo, T. A. 2011. *Policy Processes in Relation to Language in Tanzania: Examining Shifts in Language Policy.* (Unpublished doctoral dissertation). University of Illinois, Illinois.

Blaut, J. M. 1993. *The Colonizer's Model of the World: Geographical Diffusionism and Eurocentric History.* New York: The Guilford Press.

Blommaert, J. 1996. The politics of multilingualism and language planning: An introduction. In J. Blommaert (Ed.), *The Politics of Multilingualism and Language Planning: Proceedings of the Political Linguistics Conference* (pp. 3-26). Antwerp, Belgium: Antwerp Papers in Linguistics.

Blommaert, J. 2005. Situating language rights: English and Swahili in Tanzania revisited. *Journal of Sociolinguistics,* 9 (3): 390-417.

Bokamba, E. G. 2011. Ukolonia in African language policies and practices. In E. G. Bokamba R. K. Shosted & B. T. Ayalew (Eds.), *Selected Proceedings of the 40th Annual Conference on African Linguistics* (pp. 146-167). Somerville, MA: Cascadilla Proceedings Project.

Bottomore, T. 1993. *Elites and Society* (2nd edition). London: Routledge.

Bourdieu, P. & Passeron, J. C. 1977. *Reproduction in Education, Society and Culture.* London: Sage.

Bourdieu, P. 1986. The forms of capital. http://www.marxists.org/reference/subject/philosophy/ works/fr/bourdieu-forms-capital. htm[2014-01-06].

Bourdieu, P. 1991. *Language and Symbolic Power*, translated by G. Raymond & M. Adamson. Oxford: Polity Press.

Bourdieu, P., Camic, C. & Wacquant, L. D. 1992. *An Invitation to Reflexive Sociology.* Chicago: University of Chicago Press.

Brock-Utne, B. 1995. Cultural conditionality and aid to education in East Africa. *International Review of Education,* 41 (3/4): 177-197.

Brock-Utne, B. 2000. Book review of *Cross-Border Languages: Reports and Studies. International Review of Education,* 46 (1/2): 169-171.

Brock-Utne, B. 2001. Education for all: In whose language? *Oxford Review of Education,* 27 (1): 115-134.

Brock-Utne, B. 2002a. The most recent developments concerning the debate on language of instruction in Tanzania. (Paper presented at the NETREED conference). University of Oslo, Norway.

Brock-Utne, B. 2002b. *The Language Question in Africa seen in the Context of Globalisation, Social Justice and Democracy.* Uppsala: Nordiska Afrikainstitutet.

Brock-Utne, B. 2005. The continued battle over Kiswahili as the language of instruction in

Tanzania. In B. Brock-Utne & R. K. Hopson (Eds.), *Languages of Instruction for African Emancipation: Focus on Postcolonial Contexts and Considerations* (pp. 51-87). Dar es Salaam: Mkuki na Nyota Publishers.

Brock-Utne, B. 2007. Language of instruction and student Performance: New insight from research in Tanzania and South Africa. *International Review of Education,* 53 (5/6): 509-530.

Bwenge, C. 2012. English in Tanzania: A linguistic cultural perspective. *IJLTIC,* 1 (1): 167-182.

Carr-Hill, R. 2008. International literacy statistics: A review of concepts, methodology and current data. http://uis.unesco.org/sites/default/files/documents/international-literacy-statistics- a-review-of-concepts-methodology-and-current-data-en_0.pdf [2021-12-03].

Christ, H. 1997. Language attitudes and educational policy. In S. May & N. H. Hornberger (Eds.), *Encyclopedia of Language and Education Volume 1: Language Policy and Political Issues in Education* (pp. 1-11). Kluwer Academic Publishers.

Chumbow, B. S. 1987. Towards a language planning model for Africa. *Journal of West African Languages,* 17(1): 15-22.

Chumbow, B. S. 2009. Linguistic diversity, pluralism and national development in Africa. *African Development,* 34 (2): 21-45.

Cobarrubias, J. 1983. Ethical in status planning. In J. Cobarrubias & J. A. Fishman (Eds.), *Progress in Language Planning: International Perspectives* (pp. 41-85). The Hague: Mouton Publishers.

Collins, R. 1986b. *Max Weber: A Skeleton Key* (Vol. 3). Beverly Hills: Sage.

Collins, R. 1979. *The Credential Society: An Historical Sociology of Education and Stratification.* New York: Academic Press.

Collins, R. 1986a. *Weberian Sociological Theory.* New York: Cambridge University Press.

Cooper, R. L. 1989. *Language Planning and Social Change.* Cambridge: Cambridge University Press.

Coser, L. A. 1956. *The Functions of Social Conflict.* Glencoe, III: Free Press.

Criper, C. & Dodd, W. 1984. *Report on the Teaching of English and Its Use as a Medium of Instruction.* London: ODA/British Council.

Csapo, M. 1983. Universal primary education in Nigeria: Its problems and implications. *African Studies Review,* 26 (1): 91-106.

Cummings, J. 1991. Interdependence of first-and second-language proficiency in bilingual children. In E. Bialystok (Ed.), *Language Processing in Bilingual Children* (pp. 70-89). Cambridge: Cambridge University Press.

Cummings, J. 2000. *Language, Power and Pedagogy: Bilingual Children in the Crossfire.* Clevedon: Multilingual Matters.

Dahrendorf, R. 1959. *Class and Class Conflict in Industrial Society.* Stanford, California: Stanford University Press.

Dalvit, L. , Murray, S. & Terzoli, A. 2009. Deconstructing language myths: Which languages of learning and teaching in South Africa. *Journal of Education,* (46): 33-56.

Darquennes, J. 2015. Language conflict research: a state of the art. *International Journal of the Sociology of Language,* (235): 7-32.

Dascal, M. 2007. Colonizing and decolonizing minds. www.tau.ac.il/humanities/philos/dascal/papers/Colonizing and decolonizing minds [2014-11-23].

Davenport, T. R. H. 1991. *South Africa-A Modern History* (4th edition). London: Macmillan.

Department of Arts and Culture. 2003. National language policy framework. http: //www. dac. gov. za/sites/default/files/LPD_Language%20Policy%20Framework_English_0. pdf [2015-03-24].

Djité, P. G. 2008. *The Sociolinguistics of Development in Africa.* Clevedon: Multilingual Matters.

du Toit, B. M. 1970. Afrikaners, nationalists, and apartheid. *The Journal of Modern African Studies,* 8 (4): 531-551.

Ebegbulem, J. C. 2011. Ethnic politics and conflicts in Nigeria: Theoretical perspective. *Khazar Journal of Humanities and Social Sciences,* 14 (3): 76-90.

Edelstein, M. L. 1972. *What Do Young Africans Think?* Johannesburg: SA Institute of Race Relations.

Egbokhare, F. 2001. The Nigerian linguistic ecology and the changing profiles on Nigerian Pidgin. In H. Igboanusi (Ed.), *Language Attitudes and Language Conflict in West Africa* (pp. 21-40). Ibadan: Enicrownfit Publishers.

Emenanjo, E. N. 1985. Languages and the National Policy on Education: Implications and prospects. http://fafunwafoundation.tripod.com/fafunwafoundation/id9.html [2014-06-20].

Fabunmi, M. 2005. Historical analysis of educational policy formulation in Nigeria: Implications for educational planning and policy. *International Journal of African and African American Studies,* 4 (2): 1-7.

Fafunwa, A. B. 1986. Language and the national question in Nigeria (Paper presented at the National Seminar on The National Question in Nigeria: Its Historical Origins and Contemporary Dimensions). Abuja, Nigeria.

Fafunwa, A. B. et al. 1989. *Education in Mother Tongue: The Ife Primary Education Research Project (1970-1978).* Ibadan: University Press Limited.

Fairclough, N. 1989. *Language and Power.* London: Longman Group UK Limited.

Fajana, A. 1969. *The Evolution of Educational Policy in Nigeria 1842-1939.* (Unpublished doctoral dissertation). University of Ibadan, Ibadan.

Fasold, R. W. 1984. *The Sociolinguistics of Society.* Oxford: Basil Blackwell.

Fishman, J. A. 2001. From theory to practice (and vice versa): Review, reconsideration and reiteration. In J. A. Fishman (Ed.), *Can Threatened Languages be Saved? Reversing Language Shift, Revisited: A 21st Century Perspective* (pp. 451-483). Clevedon: Multilingual Matters.

Gardner, R. C., Lalonde, R. N. & Moorcroft, R. 1985. The role of attitudes and motivation in second language learning: Correlational and experimental considerations. *Language Learning,* 35 (2): 207-227.

Garrett, P. 2010. *Attitudes to Language.* Cambridge: Cambridge University Press.

Gerth, H. H. & Mills, C. W. 1946. *From Max Weber: essays in sociology.* New York: Oxford University Press.

Giliomee, H. 2003. *The Afrikaners: Biography of a People*. Charlottesville: University of Virginia Press.

Giliomee, H. 2012. The rise and possible demise of Afrikaans as a public language. http://www.praesa.org.za/[2014-05-04].

Goodwin, J. & Schiff, B. 1995. Heart of Whiteness: Afrikaners Face Black Rule In the New South Africa. New York: Scribner Book Company.

Griefenow-Mewis, C. 1996. J. L. Krapf and His Role in Researching and Describing East-African Languages. https://ul.qucosa.de/api/qucosa%3A11641/attachment/ATT-0/ [2022-02-17].

Grin, F. 2005. The economics of language policy implementation: Identifying and measuring costs. In N. Alexander (Ed.), *Mother Tongue-Based Bilingual Education in Southern Africa: the Dynamics of Implementation* (pp. 16-35). Cape Town: Volkswagen Foundation & PRAESA.

Haarmann, H. 1990. Language planning in the light of a general theory of language: A methodological framework. *International Journal of the Sociology of Language,* 86 (1) : 103-126.

Hameso, S. 1997. The language of education in Africa: The key issues. *Language, Culture and Curriculum,* 10 (1): 1-13.

Hartshorne, K. B. 1995. Language policy in African education: A background to the future. In R. Mesthrie (Ed.), *Language and Social History: Studies in South African Sociolinguistics* (pp. 306-318). Cape Town: David Philip .

Haugen, E. 1965. Construction and reconstruction in language planning: Ivar Aasen's grammar. *Word ,* 21(2): 188-207.

Haugen, E. 1973. The curse of Babel. *Daedalus,* 102 (3): 47-57.

Hazeltine, R. 2013. *Language Policy and Education in Multi-lingual South Africa*. Honolulu: Hawaii Community College.

Heugh, K. 2000. The case against bilingual and multilingual education in South Africa. http://www.praesa.org.za/wp-content/uploads/2017/01/Paper6.pdf[2018-04-15].

Heugh, K. 2006. Theory and practice-language education models in Africa: Research, design, decision-making, and outcomes. http://ecommons.hsrc.ac.za/handle/20.500.11910/3362 [2018-03-15].

Heugh, K. A. 2003. A re-take on bilingual education in and for South Africa. In K. Fraurud & K. Hyltenstam (Eds.), *Multilingualism in Global and Local Perspectives.* Stockholm: Stockholm University and Rinkeby Institute of Multilingual Research.

Hill, L. 2019. Language, ethno-nationalism and the South African university. *Modern Africa: Politics, History and Society,* 7(1): 41-79.

Himes, J. S. 1980. *Conflict and Conflict Management*. Athens: University of Georgia Press.

Hornberger, N. H. 2002. Multilingual language policies and the continua of biliteracy: An ecological approach. *Language Policy,* (1): 27-51.

Howie, S. J., Venter, E. & van Staden, S. 2008. The effect of multilingual policies on performance and progression in reading literacy in South African primary schools. *Educational Research and Evaluation,* 14 (6): 551-560.

Ibekwe, J. O. 2006. *Educational Language Policy in Nigeria: A Critical Analysis*. (Unpublished doctoral dissertation). University of Connecticut, Connecticut.

Igbeneghu, B. O. 1999. Towards French as a second official language in Nigeria. *Research in African Languages and Linguistics*, 5(1): 53-59.

Igboanusi, H. 2008. Mother tongue-based bilingual education in Nigeria: Attitudes and practice. *International Journal of Bilingual Education and Bilingualism*, 11 (6): 721-734.

Ihemere, K. U. 2006. A basic description and analytic treatment of noun clauses in Nigerian pidgin. *Nordic Journal of African Studies*, 15 (3): 296-313.

Ihemere, K. U. 2009. Revisiting the issue of language in education policy and mother tongue medium of instruction in Nigeria. *The International Journal of the Humanities*, 7 (3): 119-132.

Imam, H. 2012. Educational policy in Nigeria from the colonial era to the post-independence period. *Italian Journal of Sociology of Education*, 4(1): 181-204.

Ingram, D. E. 1989. Language-in-education planning. *Annual Review of Applied Linguistics*, (10): 53-78.

Iwara, A. U. 2019. On the use of indigenous languages for national development in Nigeria: Problems and prospects. In O. M. Ndimele (Ed.), *In the Linguistic Paradise: A Festschrift for E. Nolue Emenanjo* (pp. 117-124). Port Harcourt: M & J Grand Communications Ltd. .

Iwuchukwu, G. C. S. & Iwuchukwu, R. N. 2018. Sociolinguistics and language education in Nigeria. *Global Journal of Social Sciences Studies*, 4(1): 13-22.

Jahr, E. H. 1993. Introduction. In E. H. Jahr (Ed.), *Language Conflict and Language Planning* (pp. 1-6). Berlin: Mouton de Gruyter.

Jones, T. J. 1925. *Education in East Africa: A Study of East. Central and South Africa by the Second African Education Commission*. New York: Phelps-Stokes Fund.

Kachru, B. B. 1990. *The Alchemy of English: The Spread, Functions, and Models of Non-Native Englishes*. Urbana: University of Illinois Press.

Kallaway, P. 1984. An introduction to the study of education for blacks in South Africa. In P. Kallaway (Ed.), *Apartheid and Education: The Education of Black South Africans* (pp. 1-44). Johannesburg: Ravan.

Kallaway, P. 2002. *The History of Education under Apartheid, 1948-1994: The Doors of Learning and Culture Shall be Opened*. New York: Peter Lang Publishing.

Kamwangamalu, N. M. 2003. Globalisation of English, and language maintenance and shift in South Africa. *International Journal of the Sociology of Language*, (164): 65-81.

Kamwangamalu, N. M. 2004. Language planning situation in South Africa. In R. B. Baldauf, Jr. & R. B. Kaplan (Eds.), *Language Planning and Language Policy in Africa, Vol. 1: Botswana, Malawi, Mozambique and South Africa* (pp. 197-281). Clevedon: Multilingual Matters.

Kaplan, R. B. & Baldauf, R. B. Jr. 1997. *Language Planning: From Practice to Theory*. Clevedon: Multilingual Matters.

Kaplan, R. B. & Baldauf, R. B. Jr. 2003. *Language and Language-in-Education Planning in the Pacific Basin*. Dordrecht : Kluwer.

Katz, D. 1960. The functional approach to the study of attitudes. *The Public Opinion Quarterly*, 24 (2): 163-204.

Kiango, J. G. 2005. Tanzania's historical contribution to the recognition and promotion of Kiswahili. *Africa and Asia,* (5): 157-166.

Kirk-Greene, A. H. M. 1971. *Crisis and Conflict in Nigeria, A Documentary Sourcebook, 1966-1970, Vol.1: January 1966-July 1967*. London: Oxford University Press.

Kola, O. 2018. Accentuating English language as the sole medium of pedagogy in South Africa: Issues and perspectives. https://www.semanticscholar.org/paper/Accentuating-English-Language-as-the-Sole-Medium-of-Kola/8c90b5788c9aad6fb10f792d370c4037d30ab5c6 [2019-10-22].

Kotze, H. & Steyn, C. 2003. *African Elite Perspectives: AU and NEPAD*. Johannesburg: Konrad-Adenauer-Stiftung.

Kriesberg, L. & Dayton, B. W. 2011. *Constructive Conflicts: From Escalation to Resolution* (4th edition). Lanham, Md. : Rowman & Littlefield Publishers.

Kriesberg, L. 1973. *The Sociology of Social Conflicts*. Englewood Cliffs, NJ: Prentice-Hall, Inc.

Lafon, M. 2009. The impact of language on educational access in South Africa. https://halshs. archives-ouvertes. fr/halshs-00451832/document [2015-03-25].

Legere, K. 2006. Formal and informal development of the Swahili language: Focus on Tanzania. https://www.lingref.com/cpp/acal/36/paper1422.pdf [2021-12-03].

Lewis, E. G. 1980. *Bilingualism and Bilingual Education*. Oxford: Pergamon.

Liddicoat, A. J. 2013. *Language-in-education Policies: The Discursive Construction of Intercultural Relations*. Bristol: Multilingual Matters.

Lloyd, P. C. 1967. *Africa in Social Change: Changing Traditional Societies in the Modern World*. Harmandsworth: Penguin Books.

Loos, E. 2000. Language choice, linguistic capital and symbolic domination in the European Union. *Language Problems & Language Planning,* 24 (1): 37-53.

Lord, J. & Hutchison, P. 1993. The process of empowerment: Implications for theory and practice. *Canadian Journal of Community Mental Health,* 12 (1): 5-22.

Lovell, C. R. 1956. Afrikaner nationalism and apartheid. *The American Historical Review,* 61 (2): 308-330.

Macdonald, C. A. & Burroughs, E. 1991. *Eager to Talk and Learn and Think: Bilingual Primary Education in South Africa*. https://www.oerafrica.org/sites/default/files/L%20&%20L%20reader_section%20two-Reading%208.pdf [2021-12-03].

Mack, R. & Snyder R. C. 1957. Approaches to the study of social conflict: A colloquium. *Conflict Resolution,* 1 (2): 217-218.

Makinde, T. 2005. Problems of policy implementation in developing nations: The Nigerian experience. *Journal of Social sciences,* 11(1): 63-69.

Malherbe, E. G. 1977. *Education in South Africa II: 1923-75*. Cape Town: Juta.

Maseko, P. 2014. Multilingualism at work in South African higher education: from policy to practice. In L. Hibbert & C. van der Walt (Eds.), *Multilingual Universities in South Africa* (pp. 28-47). Bristol, Blue Ridge Summit: Multilingual Matters.

Mazrui, A. 1997. The World Bank, the language question and the future of African education. *Race & Class,* 38(3): 35-48.

Mazrui, A. 1998. Language and race in the black experience. In A. A. Mazrui & A. M. Mazrui (Eds.), *The Power of Babel: Language and Government in the African Experience* (pp. 16-34). Oxford: James Currey.

Mazrui, A. A. & Mazrui, A. A. M. 1995. *Swahili State and Society: The Political Economy of an African Language*. Nairobi: East African Educational Publishers.

Mazrui, A. A. & Mazrui, A. M. 1998. *The Power of Babel: Language and Governance in the African Lierature*. Oxford: James Currey.

McGroarty, M. 2008. The political matrix of linguistic ideologies. In B. Spolsky & F. M. Hult (Eds.), *The Handbook of Educational Linguistics* (pp. 98-112). Malden: Wiley-Blackwell.

McKinney, C. 2010. Schooling in black and white: Assimilationist discourses and subversive identity performances in a desegregated South African girls' school. *Race, Ethnicity & Education,* 13 (2): 191-207.

Mclean, D. 1999. Neocolonizing the mind? Emergent trends in language policy for South African education. *International Journal of the Sociology of Language,* (136): 7-26.

Ministry of Education and Vocational Training of Tanzania. 2001. *Education Sector Development Programme*. Dar es Salaam: Government Printers.

Ministry of Finance of Tanzania. 2013. *Tanzania in Figures 2012*. Dar es Salaam: National Bureau of Statistics.

Mkhize, D. 2018. The language question at a historically Afrikaans university: Access and social justice issues. *Southern African Linguistics and Applied Language Studies,* 36(1): 13-24.

Mohr, S. 2018. The changing dynamics of language use and language attitudes in Tanzania. *Language Matters,* 49(3): 105-127.

Morrock, R. 1973. Heritage of strife: The effects of colonialist "Divide and Rule" strategy upon the colonized peoples. *Science & Society,* 37 (2): 129-151.

Mufwene, S. S. & Vigouroux, C. B. 2008. Colonization, globalization and language vitality in Africa: An introduction. In I. Ebrary, C. B. Vigouroux & S. S. Mufwene (Eds.), *Globalization and Language Vitality: Perspectives from Africa* (pp. 1-31). London: Continuum Press.

Mufwene, S. S. 2002. Colonisation, globalization and the future of languages in the Twenty-first Century. *International Journal of Multicultural Societies,* 4 (2): 162-193.

Mufwene, S. S. 2005. Globalization and the myth of killer language: What's really going on? In G. Huggan & S. Klasen (Eds.), *Perspecives on Endangerment* (pp. 19-48). New York: Georg Olms Verlag.

Mulokozi, M. M. 2002. Kiswahili as a national and international language. http://www.chakita.org/documents/Kiswahili Mulokozi.pdf [2014-09-30].

Mustapha, A. S. 2010. A sociolinguistic answer to Nigeria's national language question. *Ife Studies in English Language,* 8 (1): 61-76.

Myers-Scotton, C. 1981. The linguistic situation and language policy in Eastern Africa. *Annual Review of Applied Linguistics,* 2: 8-20.

Myers-Scotton, C. 1993. Elite closure as a powerful strategy: The African case. *International*

Journal of the Sociology of Language, (103): 149-164.

Nadel, S. F. 1956. The concept of social elites. *International Social Science Bulletin (UNESCO),* VIII (1): 413-424.

Ndolo, I. S. 1989. The case for promoting the Nigerian pidgin language. *The Journal of Modern African Studies,* 27 (4): 679-684.

Neke, S. M. 2002. English in Tanzania: An anatomy of hegemony. http://tanzaniagateway. org/docs/English_in_Tanzania_an_anatomy_of_hegemony_2003%20. pdf [2015-1-12].

Nelde, P. H. 1998. Language conflict. In F. Coulmas (Ed.), *The Handbook of Sociolinguistics* (pp. 285-300). New York: Blackwell.

Ngonyani, D. 1995. Language shift and national identity in Tanzania. *Ufahamu: A Journal of African Studies,* 23 (2): 69-78.

Nieto, S. 2002. Language, culture and teaching: critical perspectives for a new century. New Jersey: Lawrence Erlbaum Associates.

Novick, M. 2009. Between coercion and choice: English(es) and multilingual education in post-apartheid South Africa. jps. library. utoronto. ca/index. php/elhdc/article/download/ 14582/11580 [2014-5-19].

Obanya, P. 1998. Language education in Africa: Lessons for and from Nigeria.

Obanya, P. 1999. Popular fallacies on the use of African languages in education. S*ocial Dynamics*, 25 (1): 81-100.

Ogunmodimu, M. 2015. Language policy in Nigeria: Problems, prospects and perspectives. *International Journal of Humanities and Social Science*, 5(9): 154-160.

Ojetunde, F. 2012. A critical evaluation of the implementation of the Nigerian language policy at the pre-primary and primary school levels. *Journal of Education and Practice,* 3 (16): 8-13.

Okombo, O. 2000. Towards a non-adversal relationship between English and indigenous African languages. https://www.worldcat.org/title/local-languages-in-education-science-and-technology-proceedings-of-the-second-national-symposium-on-language-policy-formul ation-held-at-sun-n-sand-mangochi-25-28-october-2000/oclc/50521590 [2014-09-08].

Olagbaju, O. O. 2014. Multilingual education in Nigeria: Policy, practice, challenges and solutions. *Journal of Education and Practice,* 5 (6): 66-73.

Omoniyi, T. 2003. Language ideology and politics: A critical appraisal of French as second official language in Nigeria. *AILA Review,* (16): 13-25.

Omoniyi, T. 2007. Alternative contexts of language policy and planning in Sub-Saharan Africa. *TESOL Quarterly,* 41 (3): 533-549.

Onukaogu, C. E. 2001. Second lauguage teaching and learning: The Nigerian experience. https: //eric. ed. gov/?id=ED476747 [2013-11-24].

Orekan, G. 2010. Language policy and educational development in Africa: The case of Nigeria. *Scottish Languages Review,* (21): 17-26.

Orman, J. 2008. *Language Policy and Nation-Building in Post-Apartheid South Africa.* New York: Springer.

Osinubi, T. S. & Osinubi, O. S. 2006. Ethnic conflicts in contemporary Africa: The Nigerian experience. *J. Soc. Sci.,* 12 (2): 101-114.

Oyelaran, O. O. 1988. Language, marginalization and national development. *Ife Studies in English,* 2 (1): 1-13.

Oyetade, O. S. 2003. Language planning in a multi-ethnic state: The majority/minority dichotomy in Nigeria. *Nordic Journal of African Studies,* 12(1): 105-117.

Paden, J. 1968. Language problems of national integration in Nigeria: The special position of Hausa. In J. A. Fishman & C. A. Ferguson (Eds.), *Language Problems of Developing Nations* (pp. 199-213). New York: Wiley and Sons.

Parker, B., Wedekind, V. & Lubisi, C. 1999. *Understanding Outcomes-based Education: Teaching and Assessment in South Africa.* Cape Town: Oxford University Press.

Parmegiani, A. 2012. Language, power and transformation in South Africa: A critique of language rights discourse. *Transformation: Critical Perspectives on Southern Africa,* 78(1): 74-97.

Peddie, R. A. 1991. Coming-ready or not? Language policy development in New Zealand. *Language Problems & Language Planning,* 15(1): 25-42.

Petzell, M. 2012. The linguistic situation in Tanzania. *Moderna sprak,* (1): 136-144.

Phillipson, R. 1992. *Linguistic Imperialism.* Oxford: OUP.

Phillipson, R. 1999. Political science. In J. A. Fishman (Ed.), *Handbook of Language & Ethinic Identity* (pp. 94-108). Oxford: Oxford University Press.

Pike, C. 1986. History and imagination: Swahili literature and resistance to German language imperialism in Tanzania, 1885-1910. *International Journal of African Historical Studies,* 19 (2): 201-233.

Prah, K. K. 2006. Challenges to the promotion of indigenous languages in South Africa. https://www.semanticscholar.org/paper/Challenges-to-the-Promotion-of-Indigenous-Languages-Prah/3ab89a2263256cf60f896b664cafcd61e3cd9e25 [2015-02-11].

Pyrah, G. B. 1955. *Imperial Policy and South Africa, 1902-1910.* Oxford: Clarendon Press.

Qorro, M. A. 2007. Does language of instruction affect quality of education? https://www.yumpu.com/en/document/read/37078229/does-language-of-instruction-affect-quality-of-education-hakielimu [2021-07-21].

Qorro, M. A. S. 2013. Language of instruction in Tanzania: Why are research findings not heeded? *International Review of Education,* 59 (1): 29-45.

Qorro, M. A. S. 2018. The challenges of teaching English in Africa: With reference to Tanzania public secondary schools. *Utafiti Journal,* 8(2): 35-52 .

Reagan, T. 2001. The promotion of linguistic diversity in multilingual settings: Policy and reality in post-apartheid South Africa. *Language Problems and Language Planning,* 25 (1): 51-72.

Richard, J. C. & Schmidt, R. W. 2002. *Longman Dictionary of Language Teaching and Applied Linguistics* (3rd edition). London: Longman.

Roth, G. & Wittich, C. 1978. *Economy and Society: An Outline of Interpretive Sociology* (2 volumes) . Berkeley: University of California Press.

Roy-Campbell, Z. M. & Qorro, M. A. S. 1997. *Language Crisis in Tanzania.* Dar es Salaam: Mkuki na Nyota Publishers Limited.

Roy-Campbell, Z. M. 1992. *Power and Pedagogy: Choosing the Medium of Instruction in*

Tanzania (Unpublished doctoral dissertation). University of Wisconsin, Madison.

Roy-Campbell, Z. M. 1995. Does medium of instruction really matter? The language question in Africa: The Tanzanian experience. *UTAFITI*, 2 (1): 22-39.

Rubagumya et al. 2007. A three-tier citizenship: Can the state in Tanzania guarantee linguistic human rights? *International Journal of Educational Development*, 31(1): 78-85.

Rubagumya, C. M. 1991. Language promotion for educational purposes: The example of Tanzania. *International Review of Education*, 37 (1): 67-85.

Rubanza, Y. I. 1996. Can a three-tier language policy model work in Tanzania? A new perspective. *Ufahamu: A Journal of African Studies*, 24 (1): 82-97.

Sa, E. 2007. Language policy for education and development in Tanzania. http://www.swarthmore.edu/SocSci/Linguistics/Papers/2007/sa_eleuthera. pdf [2014-07-14].

Salami, L. O. 2004. "Other Tongue" policy and ethnic nationalism in Nigeria. *Language Policy*, 3: 271-287.

Salami, L. O. 2005. Lying in ambush: Ethnic nationalism and "Other Tongue" policy in Nigeria. In J. Cohen, K. T. McAlister & K. Rolstad, et al. (Eds.), *ISB 4: Proceedings of the 4th International Symposium on Bilingualism* (pp. 2037-2047). Somervile, MA: Cascadilla Press.

Salawu, A. 2006. Indigenous language media: A vertical tool for African language learning. *Journal of Multicultural Discourses*, 1(1): 86-95.

Samoff, J. 2007. Institutionalizing international influence. In R. Arnove & C. A. Torres (Eds.), *Comparative Education: The Dialectic of the Global and the Local* (pp. 52-91). Lanham: Rowman & Littlefield Publishers.

Sarnoff, I. 1970. Social attitudes and the revolution of motivational conflict. In M. Jahoda & N. Warren (Eds.), *Attitudes* (pp. 279-284). Harmondsworth: Penguin.

Saronga, F. S. S. 2019. Education policy and practice in Tanzania: A critical conversation. In J. L. Lugalla & M. Ngwaru (Eds.), *Education in Tanzania in the Era of Globalisation: Challenges and Opportunities* (pp. 191-206). Dar es salaam: Mkuki na Nyota Publishers.

Seddik, G. A. 2012. *Change of Language Attitude in Language Conflict: Implications for Language Planning*. (Unpublished magister dissertation). University of Es-Senia: Algeria.

Senkoro, F. E. M. K. 2005. Language of instruction: The forgotten factor in education quality and standards in Africa? https://codesria.org/spip.php?action=api_docrestreint&arg=0/0/pdf/senkoro.pdf [2021-12-03].

Shepherd, R. H. W. 1955. The South African Bantu education Act. *African Affairs*, 54 (215): 138-142.

Simmel, G. 1955. *Conflict and the Web of Group Affiliations*, translated and edited by K. H. Wolff & R. Bendix. New York: The Free Press.

Simpson, G. 1937. *Conflict and Community: A Study in Social Theory*. New York: T Simpson.

Singh, I. & Peccei, J. S. 2004. *Language, Society and Power: An introduction* (2nd edition). London: Routledge.

Skutnabb-Kangas, T. 2000. *Linguistic Genocide in Education-or Worldwide Diversity and Human Rights?* Mahwah, NJ: Lawrence Erlbaum.

Sonntag, S. K. 2003. *The Local Politics of Global English: Case studies in Linguistic Globalization*. New York and Oxford: Lexington Books.

Soudien, C. 2009. Multilingual education in South Africa. In J. A. Banks (Ed.), *The Routledge International Companion to Multicultural Education* (pp. 146-158). London and New York: Routledge.

Soudien, C. 2010. Multicultural education in South Africa. http://www.daneshnamehicsa.ir/userfiles/files/1/16-%20The%20Routledge%20international%20companion%20to%20multicultural%20education.pdf#page=167 [2021-12-04].

Spolsky, B. 2004. *Language Policy*. Cambridge: Cambridge University Press.

St. Clair, R. N. 1982. From social history to language attitudes. In E. B. Ryan & H. Giles (Eds.), *Attitudes toward Language Variation: Social and Applied Context* (pp. 164-174). London: Edward Arnold Publishers Ltd.

Sumra, S. & Rajani R. 2006. Secondary education in Tanzania: Key policy challenge. https://hakielimu.roomtocode.com/wp-content/uploads/2020/11/wp_06_4_secondary_edu_tz_policy_challenges_en.pdf [2021-12-03].

Sure, K. 1991. Language functions and language attitudes in Kenya. *English World-Wide*, 12 (2): 245-260.

Swilla, I. N. 2009. Language of instruction in Tanzania: Contradictions between ideology, policy and implementation. *African Study Monographs,* 30 (1): 1-14.

Tadadjeu, M. 1980. A model for functional trilingual education planning in Africa. https://unesdoc.unesco.org/ark:/48223/pf0000040386 [2021-12-03].

Thiong'o, N. W. 2019. Liberate the base: Thoughts toward an African language policy. In E. A. McKinley & L. T. Smith (Eds.), *Handbook of Indigenous Education* (pp. 129-137). Singapore: Springer.

Tibategeza, E. R. & du Plessis, L. T. 2010. Implementation of bilingual education in Tanzania: The realities in the schools. *Nordic Journal of African Studies,* 19 (4): 227-249.

Tibategeza, E. R. & du Plessis, T. 2012. Language-in-Education policy development in Tanzania: An overview. *Language Matters: Studies in the Languages of Africa,* 43 (2): 184-201.

Tibategeza, E. R. 2009. *Language-in-Education in Tanzania: A Sociolinguistic Analysis*. (Unpublished doctoral dissertation). University of the Free State, Free State.

Tollefson, J. W. 1991. *Planning Language, Planning Inequality: Language Policy in the Community*. London: Longman.

Tollefson, J. W. & Tsui, A. B. M. 2004. *Medium of instruction policies: Which agenda? Whose agenda?* New York: Routledge.

Trudell, B. L. 2011. The making of a killer (language): Language contact and language dominance in Sub-Saharan Africa. http://www.nai.uu.se/ecas-4/panels/141-156/panel-149/Barbara-Trudell-full-paper. pdf [2014-07-20].

Turner, J. H. 2004. *The Structure of Sociological Theory* (7th edition). Beijing: Peking University Press.

Ufomata, T. 1999. Major and minor languages in complex linguistic ecologies: The Nigerian experience. *International Journal of Educational Development,* 19 (4-5): 315-322.

Ugal, D. B. 2011. Language teaching and language policy in Nigeria. https://papers.ssrn.com/sol3/papers.cfm?abstract_id=1896330 [2021-12-03].

UNESCO Institute of Education 1979. *The Tanzanian Experience: Education for Liberation and Development.* London: Evans Brothers Limited.

UNESCO. 1996. Universal declaration of linguistic rights. https://culturalrights.net/descargas/drets_culturals389.pdf [2021-12-03].

UNESCO. 1997. Working document-intergovernmental conference on language policies in Africa. unesdoc. unesco. org/images/0014/001457/145746e. pdf [2014-10-17].

UNESCO. 2007. Advocacy kit for promoting multilingual education: Including the excluded. unesdoc. unesco. org/images/0015/001521/152198e. pdf [2015-2-21].

University of Pretoria. 2002. Official language policy for the university of Pretoria. http: // www.up.ac.za/policies/language.html [2015-5-27] .

Uwajeh, M. C. K. 2019. The marginalisation of indigenous Nigerian languages in Nigeria. In O. M Ndimele (Ed.), *Four Decades in the Study of Nigerian Languages and Linguistics: A Festschrift for Kay Williamson* (pp. 101-109). Port Harcourt: M & J Grand Orbit Communications.

Uwalaka, A. 2001. The anguish of Igbo as a mother tongue: Internal and external conflicts. In H. Igboanusi (Ed.), *Language Attitudes and Language Conflict in West Africa* (pp. 50-67). Lagos: Enicrownfit Publishers.

Vavrus, F. 2002. Postcoloniality and English: Exploring language policy and the politics of development in Tanzania. *Tesol Quarterly,* 36 (3): 373-397.

Vilhanova, V. 2018. Multilingualism in Africa. Challenges and solutions. https://www.researchgate.net/publication/323357591_Multilingualism_in_Africa_Challenges_andSolutions [2021-8-10].

Vuzo, M. 2018. Exclusion through language: A reflection on classroom discourse in Tanzanian secondary schools. https://journals.udsm.ac.tz/index.php/ped/article/view/1450/1353 [2019-10-27].

Wa Thiongo, N. 1986. *Decolonizing the Mind: The Politics of Language in African Literature.* Nairobi: Heinemann.

Walters, P. 1996. Issues in English teaching in black primary schools. In V. de Klerk (Ed.), *English Around the World: Focus on South Africa* (pp. 211-230). Amsterdam/Philadelphia: Benjamins.

Wardhaugh, R. 1992. *An Introduction to Sociolinguistics* (2nd edition). Oxford, Cambridge: Blackwell.

Watson, K. 1999. Language, power, development and geographical changes: Conflicting pressures facing plurilingual societies. *Compare,* 29 (1): 5-22.

Webb, V. , Lafon, M. & Pare, P. 2010. Bantu languages in education in South Africa: An overview. *Language Learning Journal*, 38 (3): 273-292.

Webb, V. 1996. Language planning and politics in South Africa. *International Journal of the Sociology of Language,* (118): 139-162.

Weber, M. 1946. *From Max Weber: Essays in Sociology*, translated, edited and with an introduction by H. H. Gerth & C. W. Mills. New York: Oxford University Press.

Weber, M. 1978. *Economy and Society: An Outline of Interpretive Sociology* (2 volumes). Berkeley: University of California Press.

Weideman, A. & Smieja, B. 2006. Introduction. In A. Weideman & B. Smieja (Eds.), *Empowerment through Language and Education: Cases and Case Studies from North America, Europe, Africa and Japan* (pp. ix-xi). Frankfurt am Main: PETER LANG.

Williams, E. & Cooke J. 2002. Pathways and labyrinths: Language and education in development. *TESOL Quarterly,* 36 (3): 297-322.

Wolff, H. E. 2006. Background and history-language politics and planning in Africa.

Wolff, H. E. 2010. Multilingualism and language policies in *Anglophone* and *Francophone* Africa from a sociolinguistic macro-perspective, with reference to language-in-education issues. https://www.semanticscholar. org/paper/Multilingualism-and-Language-Policies-in-Anglophone-Wolff/3ddda8bddb6a4e93099e3659745099dc3e3b56e8 [2015-02-27].

Wright, S. 2004. *Language Policy and Language Planning: From Nationalism to Globalisaion*. New York: Palgrave.

后　记

　　本书在我的博士学位论文基础上几经修改而成。每每看到堆满书柜的各类文献，我依旧无法抑制心中的激动，却也油然而生一种精神洗礼后的释然。在本书创作过程中，我得益于许多专家学者的帮助和指点。首先要感谢的是我的导师北京外国语大学中文学院戴曼纯教授，他从事语言政策与规划研究多年，学识渊博，治学严谨。在我师从戴曼纯教授攻读博士学位期间，我的博士学位论文从选题确立、结构规划、撰写，每一个微小的细节都渗透了导师的心血和智慧。当写作遇到问题和困难时，他总是及时施以援手，为我指点迷津，令我豁然开悟；在生活中，他乐观向上的人生态度、豁达的心胸和对学生的呵护与关爱之情让人动容。戴曼纯教授引领我树立了长远的学术目标和追求，教会了我理性思考的意义和学术研究的温度，从导师身上我学到的远不止学问本身，更重要的是为人之道，这也是我邀请他为本书作序的缘故。

　　我必须感谢敬爱的刘润清教授，他高尚的情操、深邃的思想和执着的学术热情令人敬仰。刘润清教授一直为博士研究生开设语言哲学和西方语言学流派两门课程，每次课后，我总会和他一起从北京外国语大学的东院走回西院，而这十几分钟的路程，便成为了我的"专属小课堂"。每有读书或研究难以为继之时，他的一席话总是能够为我解开心中郁结。学业上，刘润清教授对学生严格要求；生活中，他对学生温暖关爱，难忘"刘爷爷"的深切关怀。

　　我还要感谢博士学位论文答辩委员会的专家学者们。北京语言大学李宇明教授百忙中回复邮件，细致解答了关于语言冲突维度的相关问题，并在预答辩和答辩时给予了精彩深入的剖析和点评，为本书的撰写带来了灵感与启迪。中国社会科学院周庆生教授悉心解答了论文写作过程中的一些疑惑，并在具体案例选择方面为我指明方向。北京语言大学王建勤教授为选取并确定研究侧重点提出了宝贵建议。北京外国语大学英语学院杜学增教授对本书如何撰写启示部分的指导颇具价值。北京外国语大学外语教育与研究中心文秋芳教授多次出席论文进展汇报会，并就论文选题和实际操作提出了许多具有建设性的意见和建议。各位专家敏锐的学术眼光和深厚的学术功底激励着我在学术之路上坚定信念，执着理想。

此外，感谢同门李艳红、潘巍巍、曹佳、何山华、毛眺源、林化平，他们为本书提出了十分有益的修改意见，且一如既往地鼓励和帮助我。感谢北京外国语大学外语教育与研究中心2012级全体博士研究生，与大家相遇是一件美好的事情。我有幸与这些同辈学者共同经历成长，他们追逐梦想的勇气和对学术的热爱之情时刻感动着我。友情可贵，谨记于心。

最后，感谢我的父母，感谢他们对我始终如一的支持、关怀与牵挂。在我苦闷、焦躁、不安的时候，正是父母无私的爱支撑着我一路走来。感谢他们的付出与牺牲，让我有机会站到象牙塔的顶端，实现人生理想。父母恩情，难以为报。

感谢成长路上帮助过我的每一个人！

学海无涯，仍待努力前行；恩情难忘，定当铭记于心。学习是一个终身过程，而新的征程也已起航。在今后的岁月中，我唯有更加勤勉，以回报师长亲朋的期许和厚爱。

李 丹

2022 年 1 月于大连